智能智造专家

工业互联网平台（企业级）

ERP/MES/PCS等多系统无缝深度对接，高效协同生产，节省投资及人工，提质增效，降本增效，快速低成本维护升级服务。

染整ERP
智能工厂数字中枢平台，构建统一数据底座，支撑生产管理敏捷变化

染色机中央监控
稳定染色品质，显著节能降排，结合ERP实现无人值守减人增效

掌上智慧印染
单据审批/预警推送/数据查询(ERP/MES/能源)，订单进度跟踪

智慧化验室
双向对接测色仪、滴液机、小样复版机、全自动打样机，助剂计算规则，色卡管理，近似色查找，效率满满

定型机中央监控
多品牌定型机工艺管理及排产，自动下载设置定型机工艺参数，定型过程监控记录及警示，数据可追溯

染缸高级排程APS
根据规则和实时数据自动预排/分缸/实排，前拉后推其他工序，辅以现场安灯呼叫看板，增强计划执行力度

盐碱/助剂自动配送
盐碱浓度在线检测，恒温存储，循环配送高效，投资回报高

染料自动称量配送
称量、溶解、输送全程自动化，确保染色质量的一致性和连续性，提高染色一次OK率

染料自动仓储系统
无线穿梭车模式，封闭式存储，吞吐量170箱/小时，故障少、效率高

中心圆：
天富染整
智能工厂
整体解决方案

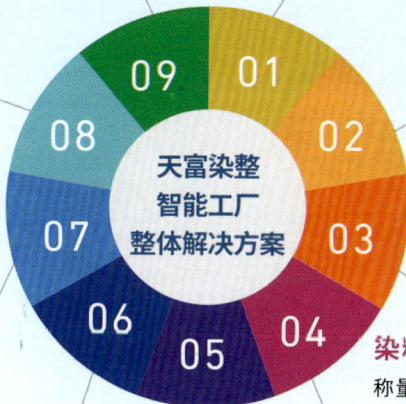

编号：01 02 03 04 05 06 07 08 09

杭州天富德泰信息技术有限公司
电话：0571-82892256　82892180
网址：www.hztianfu.com.cn
联系：18057186018(周)　13806555927(刘)
公司官网

佛山市南海天富科技有限公司
网址：www.tenfull.com
电话：0757-81201900
联系：13825580082(郑) 13703075233(李)
公司官网

浙江绍兴办事处	福建石狮办事处	山东办事处	江苏无锡办事处	广东普宁办事处	湖北办事处
13575589777 18261836799	18969123709 13506082583	13754659949	13702743832	13923543617	13301516531

HUANSI

HUA

致力于纺织服装产业，
做行业细分领域的领导者

环思智慧科技股份有限公司致力于引领纺织产业数字化新智造，专注纺织产业链信息化解决方案研究与实施二十年。本着"环融思远 共创未来"的宗旨，凭借专业的产品和优质的服务，环思目前已成为国内独具规模的纺织业管理软件供应商。

环思专注于大纺织相关领域，为行业提供全产业链一站式数字化产品与解决方案。为了做深产业、服务市场，环思在全国落点布局，**下设绍兴环思智慧科技股份有限公司、上海环纺科技有限公司、杭州环思云联科技有限公司、广州环思智慧科技有 限公司、青岛环思云联科技有限公司和兰溪环思信息科技有限公司**。成立 20 年来，环思为鄂尔多斯、盛虹集团、即发集团、罗莱家纺等 4000 多家纺织服装企业提供信息化和智能化服务，同时也赋能迪卡侬等全球知名服装品牌供应链升级与协同管控方案。

顺应数字化改革与"十四五"转型的产业升级大趋势，环思智慧融合了云计算、物联网、大数据、人工智能等新兴信息技术，打造 T+1 产品矩阵，做到真正为中国纺织产业链升级赋能，驱动产业升级。

环思云联-产业互联网平台

- 纺织服装供应链协同平台
- 纺织服装B2B交易平台
- 智慧产业集群协同平台

环思智慧-智能智造平台

- 纺织产业
- 印染产业
- 服装产业
- 家纺产业
- 工业产业
- ......

环思科技PAAS平台

- 数据平台
- 业务中心
- 开放接入
- 低代码平台
- ......

中纺网络信息技术有限责任公司

中纺网络信息技术有限责任公司是中国纺织工业联合会旗下进行行业信息化服务的专业机构。以为纺织服装行业提供数字化转型服务为核心，形成大数据、解决方案、行业活动、规划、元宇宙五条主打产品线，为政府、产业集群和企业提供数据中心建设推广、数字化转型解决方案、行业性/地区性纺织服装数字化转型规划、信息化/数字化咨询诊断和成熟度评估、资源/供需对接等服务，促进纺织行业转型升级与高质量发展。

致力于纺织服装行业的信息化提升，数字化转型

微信公众号

服务电话：13693290423 13811957097

全国免费电话：400-900-5217

五大产品系列

大数据

大数据中心

数据工坊

碳盘查系统

行业活动

两化融合大会

工业互联网万里行

大数据峰会

工业互联网联盟理事会

数字化转型论坛

工业互联网论坛

中纺云课堂

"数说纺织服装产业"
系列活动

规划

数字化转型

工业互联网

智慧产业集群
（园区）规划

解决方案

ERP 系列

DCMM

中国纺织经济信息网

纺织服装数字化转型
应用推广公共服务
平台

元宇宙

数字展厅

物联网金融

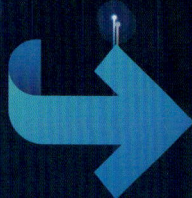

北京中纺达软件开发有限公司

拥有20多年行业开发和服务经验，ERP系列产品覆盖棉纺、毛纺、化纤、服装等众多子行业，帮助纺织企业实现管理、资源、知识、能力等管理与整合，规范业务流程、降低企业经营成本，提升企业管理效率和反应速度,助力企业进行数字化转型，赋能行业的高质量发展。

四个系列版本

| VIP量身定制版 | PRO行业专业版 | PLUS通用功能版 | MINI基础免费版 |

能够充分地满足小微企业、中大型企业和特大型企业的信息化和数字化转型需求

MINI基础免费版无缝升级VIP量身定制版

服务电话：
13811069701 / 13811957097

全国免费电话：
400-900-5217

隆重推出

《纺织行业数字化转型发展报告》

（2021—2022）

由中国纺织工业联合会编著的《纺织行业数字化转型发展报告》，是集权威性、前瞻性、研究性和指导性于一体的中国纺织行业数字化转型白皮书。该书首次对纺织行业数字化转型的发展现状进行了全面的分析和展现，重点对当前纺织行业各领域数字化转型发展的需求、现状以及存在的问题进行梳理和分析；对纺织行业数字化转型发展催生的新模式、新业态等方面的情况进行总结和提炼；对纺织行业数字化转型的内容、方法和路径进行研究和探索；并对行业内优秀企业的数字化应用案例进行分析和整理，是对纺织行业数字化转型发展情况进行研究的综合性年度报告。

该书研究深入实际，从纺织行业数字化转型的应用需求、发展路径和发展趋势等方面，对纺织行业数字化转型的发展状况进行了全面描绘。主要面向国内外纺织行业及相关企业，各级政府与行业社团组织，科研与教育机构，极具参考、使用和研究价值。

品牌图书　　权威发布

纺织制造
智能化管理系统

锭子

经编

棉纺

摇架

罗拉

捻线

钢领

化纤

经纬纺织机械股份有限公司
JINGWEI TEXTILE MACHINERY CO.,LTD.

地址：中国北京市北京经济技术开发区永昌中路8号院2栋　　传真：86-10-84534135
邮编：100176　　　　　　　　　　　　　　　　　　　　网址：www.jwgf.com
电话：86-10-84534078/79/80

纺织行业数字化转型
发展报告

Annual Report on the Development of Digital Transformation of
Textile and Apparel Industry

2021—2022

中国纺织工业联合会　编著

中国纺织出版社有限公司

内 容 提 要

本书是首次集中反映纺织工业及其子行业数字化转型发展现状、问题和需求的综合性年度报告。内容主要包括：纺织行业两化融合、工业互联网发展现状、问题和趋势分析，企业数字化转型发展研究与实践，组织措施和政策建议；棉纺织、毛纺织、化学纤维、印染、针织、家用纺织品、长丝织造、纺织机械、服装九个子行业的数字化转型发展情况分析；产业集群、纺织服装园区、专业市场的数字化转型发展情况分析和诸多数字化转型和工业互联网平台应用案例分享。

本书主要面向国内外纺织行业及相关企业，各级政府与行业社团组织，科研与教育机构，为相关政府部门、行业组织、纺织服装企业以及数字化转型解决方案服务商等提供有益的借鉴参考，具有一定的使用和研究价值。

图书在版编目（CIP）数据

纺织行业数字化转型发展报告. 2021—2022 / 中国纺织工业联合会编著. -- 北京：中国纺织出版社有限公司，2022.11

ISBN 978-7-5229-0036-0

Ⅰ.①纺… Ⅱ.①中… Ⅲ.①纺织工业—数字化—研究报告—中国—2021-2022 Ⅳ.①F426.81

中国版本图书馆 CIP 数据核字（2022）第 204915 号

FANGZHI HANGYE SHUZIHUA ZHUANXING FAZHAN BAOGAO. 2021—2022

责任编辑：孔会云　　责任校对：王花妮　　责任印制：王艳丽

中国纺织出版社有限公司出版发行
地址：北京市朝阳区百子湾东里 A407 号楼　邮政编码：100124
销售电话：010—67004422　传真：010—87155801
http://www.c-textilep.com
中国纺织出版社天猫旗舰店
官方微博 http://weibo.com/2119887771
三河市宏盛印务有限公司印刷　各地新华书店经销
2022 年 11 月第 1 版第 1 次印刷
开本：710×1000　1/16　印张：13.75
字数：216 千字　定价：198.00 元
京朝工商广字第 8172 号

编辑委员会

序

纺织行业是我国国民经济和社会发展的支柱产业、解决民生和美化生活的基础产业、国际合作与融合发展的优势产业。经过几代纺织人砥砺奋进、攻坚克难，我国已经基本实现了建设纺织强国的目标，纺织行业成为中国居于世界领先地位的五个行业之一，而且是其中规模最大的行业；特别是面对新冠肺炎疫情的冲击，纺织行业更充分展现了稳经济、保就业的支撑作用，也充分展现了产业发展的韧性与活力。

当今世界，百年变局加速演进，国际局势复杂动荡，面对错综复杂的国内外环境，纺织行业要应对的新问题、新矛盾、新挑战非常多，如何通过新一代信息技术与纺织行业的深度融合，促进产业的健康可持续发展，进一步巩固我国纺织产业的国际竞争优势地位，成为行业必须破解的时代命题。《纺织行业数字化转型发展报告（2021—2022）》站在行业发展前沿，全面分析了行业数字化现状、需求和趋势，对促进纺织服装产业向数字化、网络化、智能化转型升级，实现新的跨越，提供积极有益的借鉴价值。

我国纺织行业信息化起步于20世纪80年代末、90年代初期，从大型企业局部管理信息技术应用开始，主要目的是解决企业管理模式粗放、管理效率低下问题，提升企业管理水平；成长于20世纪90年代末期，纺织行业全链条应用互联网技术发展新成果，主要解决企业面临的信息不对称问题，全面提升行业国际竞争力；深化于21世纪头十年中后期，纺织服装企业成为电子商务的主要参与者，纺织服装产品成为电商零售的第一大品类，带动了全产业链从研发设计、生产销售、消费服务所有环节信息技术的深度应用，解决了非标准化的时尚消费品与消费者直接互动的数字鸿沟。"十四五"时期是纺织行业全面建设纺织强国、构建现代化纺织产业体系、实现高质量发展的重要阶段，也是新一代信息技术处于快速创新的爆发期，正催生第四次工业革命，互联网、大数据、人工智能、区块链等新技术正深度融合到纺织服装产业，数据要素对产业的赋能作用持续显现，数字技术不断催生纺织产业新变革、新技术、新模式、新业态。加快纺织行业两化深度融合，推动产业数字化转型升级，推动行业健康可持续发展是行业信息化工作的根本目的。

推进纺织行业两化深度融合、实现产业数字化转型是一项长期的任务，仍需不断探索，进一步深化。《纺织行业数字化转型三年行动计划（2022—2024 年》已经发布，要在重点企业、重点产业集群、重点产业园区加紧试点，抓紧实施。同时，要更深入地做好纺织行业数字化转型研究工作，发现问题、分析问题、解决问题，促进新技术、新成果在行业的融合应用。

面对新时代、新征程，在工业和信息化部的大力支持下，在各级政府部门的积极推动下，在各位企业家、各位专家的积极努力下，纺织行业数字化发展必将取得丰硕的成果。

夏令敏

2022 年 8 月

前　言

当前世界正在经历百年未有之大变局，新一轮科技革命和产业变革深入发展，国际形势错综复杂，产业竞争格局面临深度调整。习近平总书记指出："要主动应变、化危为机，以科技创新和数字化变革催生新的发展动能。"制造业是兴国之器、强国之基，推动产业数字化，带动数字产业化，加快制造业数字化转型进程，是促进我国制造业迈向全球价值链中高端、实现经济高质量发展的必然选择。

新技术的发展，为构建形成以数据为驱动要素的新型工业体系奠定了基础，工业传感器、电子标签等技术产品在工业领域应用日趋广泛，极大地拓展了工业设施和作业环境的可感知范围；互联网、大数据、人工智能等技术的发展及其与工业技术的融合应用，能够从海量数据中深入挖掘数据价值，不断突破人类认知的限制，形成新关联、新洞察、新发现，催生了实体经济发展动力和活力的根本性变化，传统经济发展和产业模式加速变革，数字经济成为新一轮产业革命的重要引擎和驱动经济增长的新动力。

纺织工业有着悠久而辉煌的历史，是我国传统的民生产业和支柱产业，为新中国的经济发展做出了巨大的贡献。改革开放以来，纺织行业的发展更是取得了举世瞩目的成就，实现了行业由小到大、由大向强的伟大蜕变。我国拥有全球规模最大、体系最完善、门类最齐全的纺织产业链，是满足人民群众美好生活需求的时尚产业。随着我国劳动力成本、能源成本、运输成本和环境治理成本的不断上升，消费者时尚化、个性化需求的不断提高，纺织行业面临着转型升级和高质量发展的迫切需求。如何通过深化新一代信息技术与纺织工业融合发展，推动行业沿着数字化、网络化、智能化方向演进升级，以科技创新为引领，打造新型数字化产业体系，向创新驱动的科技产业、责任导向的绿色产业和文化引领的时尚产业发展，成为一个重要的时代命题。

充分做好纺织行业数字化转型发展的研究工作，探索规划可行的发展路径，对加快纺织行业数字化转型、推动纺织产业高质量发展至关重要。本报告首次对纺织行业数字化转型的发展现状进行了全面分析和展现，包括纺织行业数字化转型总体发展情况，以及重点细分行业、产业集群、产业园区、专业市场数字化转型的发展情况。报告重点对当前纺织行业各领域数字化转型发展的需求、现状以及存在的问题进行梳理和分析，对纺织行业数字化转型发展催生的新模式、新业态等方面的情况进行总结和提炼，对纺织行业数字化转型的内容、方法和路径进行研究和探索，并对行业内优秀企业的数字化应用案例进行分析和整理。报告共包括四部分内容，即：第一部分，总体篇；第二部分，行业篇；第三部分，产业集群/园区/专业市场篇；第四部分，案例篇。

本报告是对纺织行业数字化转型发展情况进行研究的综合性年度报告，由中国纺织工业联合会信息化部牵头编制。报告力图从纺织行业数字化转型的应用需求、发展路径和发展趋势等方面，对纺织行业数字化转型的发展状况进行全面描绘，为相关政府部门、行业组织、纺织服装企业以及数字化转型解决方案服务商等提供有益的借鉴参考。

编著者
2022 年 8 月

鸣　谢

经过多月来的策划、筹备、资料搜集、编撰和校对等工作，由中国纺织工业联合会（以下简称中国纺联）信息化部牵头编制、首次对纺织行业数字化转型发展情况进行总结和分析的综合性年度报告——《纺织行业数字化转型发展报告（2021—2022）》得以出版发行。

本报告编辑委员会衷心感谢中国纺联信息化部、中国棉纺织行业协会、中国毛纺织行业协会、中国丝绸协会、中国化学纤维工业协会、中国印染行业协会、中国针织工业协会、中国家用纺织品行业协会、中国长丝织造协会、中国纺织机械协会、中国服装协会以及中国纺织工业联合会产业集群工作委员会、产业园区工作办公室和流通分会等单位相关领导、研究人员的大力支持和协助，衷心感谢为该报告出谋献策和提供资料的行业贤能与同仁，衷心感谢入选案例企业，是大家的共同努力，让该报告能够圆满付梓。

在此深表谢意！

《纺织行业数字化转型发展报告（2021—2022）》编辑委员会
2022 年 8 月

目 录

第一部分 总体篇

第二部分　行业篇

第三部分　产业集群/园区/专业市场篇

总 体 篇

　　制造业是实体经济的主体，正处在数字化、网络化向智能化发展的重要时期，充分把握新一代信息技术与制造业融合发展的趋势和机遇，加快制造业数字化转型进程，是促进我国制造业迈向全球价值链中高端、实现经济高质量发展的必然选择。

　　纺织行业始终如一地推进两化深度融合，引导企业加快全链条数字化改造，通过工业网络改造、装备数字化升级，加强各业务环节的数字化应用和数据的集成共享，取得积极成效。新一代信息技术在纺织企业不断深化应用，企业数字化转型基础日趋坚实，数字化转型已箭在弦上。

第一章

纺织行业两化融合发展现状分析

一、 纺织行业发展概况

纺织行业是满足人民群众美好生活需求的时尚产业。在错综复杂的国内外环境中，纺织行业创造国际化新优势产业的地位不断巩固，综合竞争力持续增强，已经初步实现了建设纺织强国的目标。

（一）产业发展情况

我国拥有全球规模最大、体系最完善、门类最齐全的纺织产业链，产业规模庞大。我国纺织纤维加工总量占世界纤维加工总量连续多年保持在 50% 以上，化纤产量占世界总产量的比重超过 70%，稳居世界首位。纺织行业贡献了我国净创汇额的 70% 以上，纺织品服装出口额占全球的 35% 左右，吸纳了超过 2000 万人就业，是我国稳外贸、稳就业的重要支柱产业。根据国家统计局和海关数据统计，2021 年，全国规模以上纺织企业实现营业收入51749.4 亿元；全国纺织品服装出口总额达到 3154.6 亿美元。

集群化发展是我国纺织服装产业的突出特征，也是全行业高速高效成长的重要因素。目前，全国纺织产业集群有 212 个，产业集群地区的企业总户数 24 万余户，其中规模以上企业 1.6 万户；产业集群地区纺织企业主营业务收入占全国纺织行业主营业务收入超过 45%，集群经济已成为纺织行业的重要组成部分，在有效配置生产要素资源、提升企业运行效率、促进行业健康可持续发展等方面发挥着重要作用。

（二）经济运行情况

1. 内需市场持续恢复，出口总额创历史新高

2021 年，我国纺织品服装内销市场克服新冠肺炎疫情散发、极端天气等短期因素冲击，呈现持续恢复态势。根据国家统计局数据，2021 年，全国限额以上服装鞋帽、针纺织品类商品零售额同比增长 12.7%，增速较 2020 年回

升 19.3 个百分点，两年平均增长 2.6%；线上消费对内需市场仍发挥较强拉动作用，全国网上穿类商品零售额同比增长 8.3%，增速较 2020 年提高 2.5 个百分点，两年平均增长 7%。

受到世界经济逐步复苏带动市场回暖、出口订单回流带动采购需求等因素影响，我国纺织行业出口实现较快增长，增速明显超过新冠肺炎疫情前水平，出口总额创下历史新高，在新冠肺炎疫情造成全球物流、人流不畅的特殊条件下，充分展现了我国完整纺织产业链所具备的稳定供给优势。中国海关数据显示，2021 年，我国纺织品服装出口总额达到 3154.6 亿美元，同比增长 8.3%，两年平均增长 7.8%。其中，服装出口形势明显回暖，对行业出口增长的支撑作用突出，全年出口额达 1702.6 亿美元，同比增长 24%，两年平均增长 6.1%，是 2015 年以来的最好增长水平；在口罩、防护服出口金额减少 482 亿美元、同比降幅达到 76.1% 的情况下，纺织品出口额仍达到 1452 亿美元，虽然同比减少 5.6%，但两年平均增速仍达到 9.9%。

2. 企业效益显著改善，投资信心有所恢复

在需求回暖带动以及减负政策支持下，纺织企业经济效益稳步改善。根据国家统计局数据，2021 年，全国 3.4 万户规模以上纺织企业实现营业收入 51749.4 亿元，同比增长 12.3%，增速较 2020 年回升 21.1 个百分点，两年平均增长 1.2%；实现利润总额 2676.8 亿元，同比增长 25.4%，增速较 2020 年回升 31.8 个百分点，两年平均增长 8.3%；营业收入利润率为 5.2%，较 2020 年提高 0.6 个百分点，达到自 2018 年以来的最高水平。纺织全产业链超八成环节效益明显改善，超半数环节利润同比增幅达到 50% 以上。受大宗商品价格上涨影响，产业链前端的化纤行业效益改善尤为突出，2021 年利润总额同比大幅增长 149.2%，增速居全产业链之首；两年平均增速达到 45.5%，明显高于新冠肺炎疫情前水平。

纺织企业运营效率及资金周转状况大体平稳，全年规模以上企业产成品周转率为 13.6 次/年，同比略放缓 0.7%；总资产周转率为 1.2 次/年，同比加快 5.5%；三费比例为 6.6%，较 2020 年下降 0.4 个百分点。企业效益情况修复带动投资信心逐步恢复。根据国家统计局数据，2021 年，我国纺织业、化纤业和服装业固定资产投资完成额同比分别增长 11.9%、31.8% 和 4.1%，增速较上年同期分别回升 18.8、51.2 和 36 个百分点。其中，纺织业和化纤业投资额两年平均增速分别为 2.1% 和 3.1%，投资规模已超过疫情前水平。

二、 纺织行业两化融合发展现状

纺织行业持续推进两化深度融合，鼓励发展以新一代信息通信技术为核心的技术、应用与模式创新，取得了长足的进步，为纺织行业转型发展提供了重要的技术支撑。深化新一代信息技术与纺织工业融合发展，推动纺织全产业链数字化转型，是纺织行业构建新格局，形成新型现代化产业体系的重要举措。

（一） 两化融合总体水平跃升趋势明显

党的十七大以来，两化融合发展的理念在纺织行业深层次渗透并取得了全方位的积极影响，纺织企业两化融合建设和发展的内生动力不断增强，信息化环境下的创新能力和核心竞争力稳步提升。

纺织行业两化融合发展水平总体呈现快速提高的趋势，据 2017 年至 2021 年的《中国两化融合发展数据地图》数据显示：纺织行业近五年两化融合发展指数从 48.4 提高到 56.6，实现了 16.9% 的跃升，高于全国 11.6% 的平均增速水平。具体情况如表 1-1 和图 1-1 所示。

表 1-1 表征性指标变化趋势表

表征性指标	2017 年	2018 年	2019 年	2020 年	2021 年
两化融合发展指数	48.4	51.4	54.8	55.4	56.6

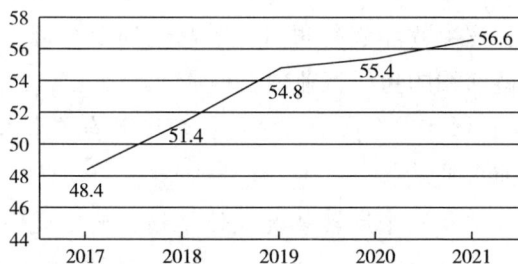

图 1-1 两化融合发展指数趋势图

（二） 两化融合关键指标稳步提升

近年来，纺织行业大力推动企业数字化改造，企业数字化转型基础能力进步明显。

1. 数字化生产装备配置水平与工业网络应用水平明显提高

数字化生产装备的配置与工业网络的应用是企业数字化转型的硬件基础，近年来，纺织服装企业数字化改造力度明显加大，生产设备数字化率和数字化设备联网率水平明显提高。据《中国两化融合发展数据地图》数据显示：2021年，纺织行业生产设备数字化率、数字化设备联网率分别达到53.6%和46.1%，较2018年分别提高了11.7%和17.6%，取得了明显的进步。具体情况如表1-2和图1-2所示。

表1-2 表征性指标变化趋势表

表征性指标	2018年	2019年	2020年	2021年
生产设备数字化率/%	48.0	49.1	52.1	53.6
数字化设备联网率/%	39.2	42.3	45.3	46.1

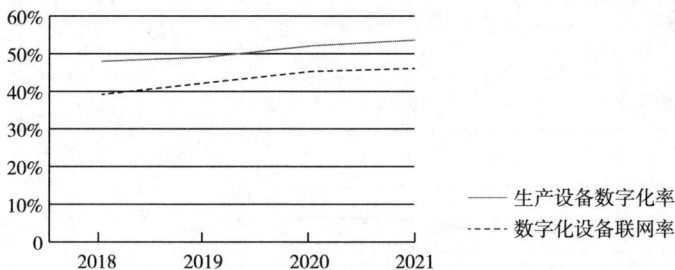

图1-2 表征性指标趋势图

与全国制造业平均水平相比较，纺织行业的生产设备数字化率、数字化设备联网率分别高于全国制造业平均水平2.8和1.9个百分点。

以2021年统计数据为例，如图1-3所示。

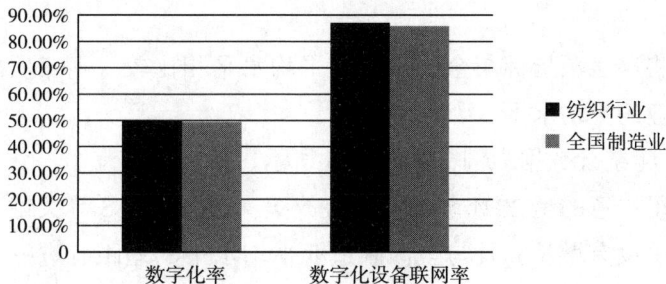

图1-3 表征性指标对比图

2. 工业软件与系统应用普及率稳步提高

工业软件与系统是企业在研发设计、生产制造、经营管理、运营服务等各环节普遍规律的模型化和工具化，是企业数字化转型的核心。近年来，纺织行业 CAX、ERP、MES 等工业软件和系统的应用普及率不断提升。据《中国两化融合发展数据地图》数据显示：2021 年，纺织行业数字化研发设计工具普及率、ERP 普及率和 MES 普及率分别达到 70.8%、62.6% 和 24.6%，分别高于消费品行业 3.6、1.1 和 2.3 个百分点，较 2018 年分别提高了 8.1%、16.8% 和 28.1%，应用覆盖率稳步提高。具体指标变化如表 1-3 和图 1-4 所示。

表 1-3 表征性指标变化趋势表

表征性指标	2018 年	2019 年	2020 年	2021 年
数字化研发设计工具普及率/%	65.5	66.8	70.3	70.8
ERP 普及率/%	53.6	58.0	62.6	62.6
MES 普及率/%	19.2	21.4	24.6	24.6

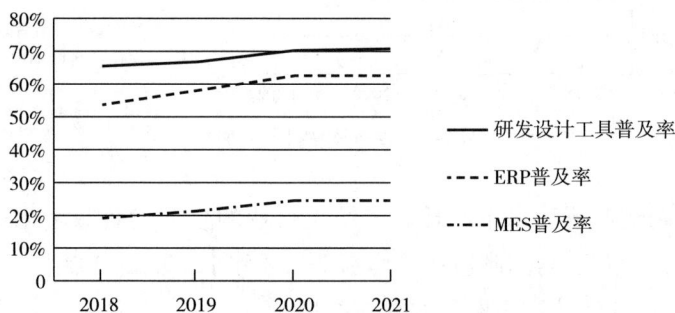

图 1-4 表征性指标趋势图

但如果将这三项指标与全国制造业平均水平相比较，则三项指标均略低于全国制造业的平均水平。

以 2021 年统计数据为例，如图 1-5 所示。

特别值得注意的是 2021 年增长趋势放缓，ERP、MES 等关键工业软件应用覆盖率几乎没有增长，且与全国制造业平均水平的差距有进一步加大的趋势。具体如表 1-4 所示。

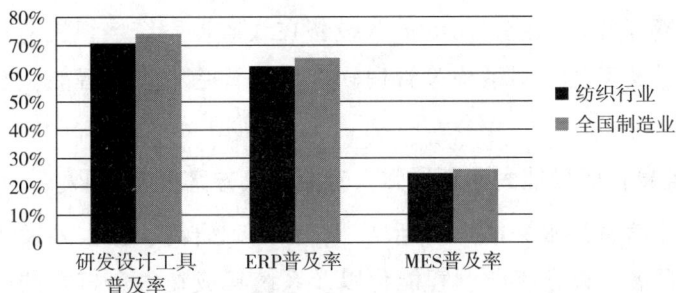

图 1-5 表征性指标对比图

表 1-4 表征性指标趋势变化对照表

表征性指标	2019 年		2020 年		2021 年	
	纺织行业	全国制造业	纺织行业	全国制造业	纺织行业	全国制造业
数字化研发设计工具普及率/%	66.8	69.3	70.3	73	70.8	74.1
ERP 普及率/%	58.0	59.2	62.6	64.3	62.6	65.5
MES 普及率/%	21.4	22.7	24.6	25.5	24.6	26

（三）智能化发展进程加快

纺织行业智能化发展步伐加快，基于智能生产装备的智能制造单元、智能生产线、智能车间建设提速，已有数十家企业完成了数字化车间建设，智能化转型也得到初步探索和实践，已发掘、培育了一批纺织行业智能制造试点示范企业，取得了较为显著的成效，是纺织行业两化融合深入发展和数字化转型的重要基础。

近年来，我国纺织智能装备在研发和产业化方面发展较快，特别是在棉纺、化纤、针织、印染、服装等行业取得了较大突破，例如：棉纺行业已形成纺纱全流程智能化生产线，自动落纱粗纱机及粗细联输送系统、细络联型和纱库型自动喂管自动络筒机均已经形成生产规模；服装行业的智能吊挂柔性制造系统、智能悬挂式高速分拣与仓储系统的应用已成规模；物联网缝纫机、智能缝纫机、自动缝制单元、模板缝制系统等装备的产业化应用也在加速。

另外，纺织专用软件在智能化方面取得了技术突破，如覆盖纺织各制造环节的企业资源计划系统、纺纱成套设备在线监控系统、织机监控系统、染化料自动配送及工艺控制系统等管理软件功能日趋完善，智能化水平大幅度提升。

（四）信息化服务能力不断增强，专业解决方案日趋成熟

纺织行业信息化服务能力不断增强，在基础研究、技术开发、工程建设等方面取得进展，以数字化、智能化以及系统集成技术为核心的综合解决方案取得技术突破，涌现出一批行业数字化新成果，并且得到了很好的创新应用，信息化服务商的服务能力明显增强。例如，在纺织服装企业应用较为广泛的中纺网络技术有限责任公司的"棉纺云 ERP 系统解决方案"、绍兴环思智慧科技股份有限公司的"印染数字化转型解决方案"、宁波圣瑞思工业自动化有限公司的"智能柔性材料生产吊挂系统"等。

2022 年，中国纺联发布了《纺织服装行业数字化转型解决方案重点推广名录》，共有 36 项数字化转型优秀解决方案入选。

（五）企业上云用云步伐加快，大中小型企业协同融通发展生态正在形成

行业内大型企业加快业务系统云化改造，创新创业要素平台化开放；中小企业通过业务云端迁移，导入先进的技术方案和管理理念。据《中国两化融合发展数据地图》数据显示：2021 年，纺织行业大型骨干企业"双创"平台普及率达到 87.1%，工业云平台普及率达到 50%，均高于全国制造业平均水平。

随着企业业务上云逐步普及，云化工业软件的研发和应用也进入了快车道，云 MES、云 ERP 的应用覆盖率快速提升，赋能中小微型企业数字化转型。具体情况如表 1-5 所示。

表 1-5　表征性指标对照表

表征性指标	纺织行业	全国制造业平均水平
工业云平台应用普及率/%	50.0	49.4
骨干企业"双创"平台普及率/%	87.1	85.9

注　工业云平台应用普及率的统计包括公有云和私有云，其中公有云是指第三方服务商为企业提供的云资源及服务，私有云是指企业专有并独立使用的云资源及服务。

与 2019 年、2020 年各项指标数据相比较，均有不同程度的提高，总体呈现稳步发展的态势。具体如表 1-6 所示。

表 1-6　表征性指标变化趋势表

表征性指标	2019 年	2020 年	2021 年
工业云平台应用普及率/%	45.6	49	50.0
骨干企业"双创"平台普及率/%	81.7	85.9	87.1

（六）纺织行业是基于互联网催生新模式新应用最多的行业之一

纺织行业互联网应用极为活跃，是工业领域中互联网应用覆盖最为广泛的行业之一，也是最先探索基于互联网的模式创新应用的行业之一。

纺织工业与互联网的融合发展不断催生新的模式和业态，共享制造、按需制造、产融结合等新模式新业态加速形成；个性化定制、网络化协同、服务性制造等新模式应用加速普及。2021 年，纺织行业开展个性化定制的企业比例达到 12.7%，高于全国制造业平均水平 2.7 个百分点；开展网络化协同、服务型制造的企业比例也均高于全国制造业平均水平。

由于终端消费者对个性化、功能化、快时尚产品的需求越来越高，因此，个性化定制、柔性化生产、共享制造、供应链高效协同等基于工业互联网的新模式新应用不断涌现。

三、 纺织行业工业互联网发展现状

工业互联网的兴起和发展，帮助企业打破了传统的企业边界和时空限制，促进企业资源从物理汇聚到平台汇聚，使企业两化融合建设和发展呈现出内外兼修的新生态，从而加速赋能产业数字化转型。

为深入分析纺织行业工业互联网平台的发展现状，以及对纺织行业数字化转型的促进作用，下面对纺织行业工业互联网的发展情况进行单独的总结和梳理。

（一）工业互联网与纺织工业加速融合发展

为贯彻国务院《关于深化"互联网+先进制造业"发展工业互联网的指导意见》和工信部《工业互联网发展行动计划（2018—2020 年）》相关工作部署，中国纺联制定并印发了《纺织行业工业互联网发展三年行动计划

（2018—2020）》，大力推动工业互联网与纺织工业融合发展。

在国家以及行业相关政策、规划的引导带动下，纺织行业工业互联网平台呈现快速发展的良好局面，目前已经从落地建设阶段进入推广应用阶段。

1. 开展试点示范

为积极落实《纺织行业工业互联网发展三年行动计划（2018—2020）》，中国纺联聚焦工业互联网平台等领域，于 2019 年和 2020 年连续开展了纺织行业工业互联网平台的试点培育工作，共遴选出 26 个工业互联网平台试点项目进行重点培育，从服务模式创新、技术路线优化、制造资源高效配置、产业链协同等方面，探索纺织行业工业互联网平台建设和应用的有效路径。

随着纺织行业工业互联网平台发展逐步走深向实，2021 年又遴选出 20 个在纺织行业具有典型应用的工业互联网示范平台，以此带动工业互联网平台应用范围不断扩大，应用深度不断延伸。

2. 搭建合作交流平台

2019 年，由中国纺联信息化部倡议成立了"中国纺织行业工业互联网联盟"，为行业搭建了合作交流、创新提升、开放共赢的平台。组织部分联盟成员单位开展工业互联网应用调研，深入了解、把握纺织行业工业互联网发展现状；通过行业会议、联盟理事会等多种渠道，促进会员单位加强技术交流和应用推广。

3. 加快成果推广

当前，工业互联网平台进入快速成长期，纺织行业工业互联网推进工作重心也已经从试点建设向应用推广阶段转变，借助大型行业会议、展会等平台，举办纺织行业工业互联网成果展览，宣传工业互联网解决方案和成功应用案例，推广工业互联网创新技术成果，积极扩大工业互联网在行业的影响。

（二）工业互联网平台体系已初步构建

作为新一代信息技术与制造业深度融合的产物，工业互联网平台具备资源要素平台化汇聚、数据要素平台化沉淀、开放式双边市场和跨系统协同服务等特征，是赋能企业数字化转型、支撑未来产业发展的关键载体。

1. 区域工业互联网平台在产业集群加速落地

纺织行业集群化发展特征明显，产业集群地区企业业务关联度高、块状经济特点显著、共性需求强，非常有利于工业互联网平台落地建设和快速复制。在国家政策引导下，各级政府纷纷出台政策支持工业互联网平台建设，由地方政府驱动建设的工业互联网平台推广力度大，带有明显的地域特征。

例如：常州市天宁区依托长三角地区经济优势，推动建设的"航天云网纺织工业互联网平台"，开启了"政企联动"新模式，也被总结为"常州模式"，短时间内就推动数万台设备上云，快速实现大规模的企业上云覆盖；福建省长乐区，针对区域纺织企业的普遍痛点与实际需求，推动建设的"长乐区纺织工业互联网平台"，集科技、金融、服务于一体，建立以 IOT 数据资产为融资基础、金融机构参与采购的新供应链模式，构建平台化的产业生态，带动区域产业协同发展。

此外，杭州市余杭区的服装产业创新服务综合体，基于服装产业园区提供工业互联网平台解决方案，打造线上"一张网"和线下"全链条"的产业生态圈。

2. 大型企业基于平台实现应用创新，引领行业转型方向

行业内大型企业依托自身资源集聚能力强的优势，借助以企业供应链为核心的工业互联网平台实现应用创新，部分企业在应用过程中逐步积累了自身的数字化服务能力，开始探索基于平台的服务化转型路径。例如：桐昆集团的"桐昆集团化纤行业工业互联网平台"，以涤纶长丝产能和产量全球之首的规模优势，构建了以集团为核心，带动上下游多行业企业协同联动的"链主模式"；红豆集团的"面向纺织服装行业的特色工业互联网平台"，重点打造个性化定制、智能排产、柔性物流、供应链协同等特色解决方案，探索 5G+服装智慧工厂的新模式，服务中小企业。

此外，首开个性化定制新模式先河的青岛红领（酷特智能），其打造的"C2M 大规模个性化定制平台"，将消费者、供应商、商业伙伴置于一个平台上，通过 C 端数据驱动全价值链的运营体系，全球实时响应，实现全价值链的高效协同，打造了"数据驱动的智能制造体系"。

3. 装备制造企业基于平台多样化延伸服务

装备制造企业具备工业互联网平台应用创新的天然优势。"远程运维"是典型的基于工业互联网的应用模式创新，是主动预防型运维、全生命周期运维和集成系统运维在集中化、共享化、智慧化趋势下的集中体现。如青岛宏大纺织机械有限公司的"纺织机械远程运维平台"等。

另外，装备制造企业基于其智能装备优势构建的数字化平台还具有较强的向终端用户生产、运行等领域扩展的技术能力，从而为终端用户提供多样化的延伸服务。例如，杰克缝纫机的"杰克智能缝制产业工业互联网平台"通过 MES 系统将工艺流程和工艺参数直接导入缝制设备，执行加工操作，并通过生产数据采集、分析实现数字化管理，赋能终端用户。

4. 大型双跨平台垂直深耕纺织行业

大型跨行业、跨领域的工业互联网平台企业非常看重纺织行业工业互联网应用前景，积极布局纺织行业。例如：海尔 CosmoPlat 打造的纺织服装行业"海织云"平台，除提供大规模定制解决方案外，还提供远程运维和"衣联网"应用；浙江蓝卓工业互联网信息技术有限公司的"supOS 工业操作系统"，是工信部认定的唯一以工业操作系统命名的跨行业跨领域平台，凸显其工控技术优势，现已基于平台形成纺纱、织造、印染、成衣全制造过程的数字化解决方案。

这些大型工业互联网平台技术能力雄厚，以"基础平台+纺织行业赋能子平台"的典型模式，正加速在纺织行业的布局与拓展，已在行业内取得较大的影响力和较好的应用效果。

5. 细分领域工业互联网平台各具发展特色

纺织产品品类繁多，不同品类产品的产业链以及相关的资源链差别较大，细分领域工业互联网平台聚焦纺织产业链中的单一环节或领域，汇聚相关资源提供专业化纵向服务。例如：广州致景信息科技有限公司的"飞梭智造工业互联网平台"（百布网），整合横跨绍兴、广州两大面料中心的面料服装供应链，汇聚市场、研发、生产、物流和商户资源，并以订单为驱动，吸引中小企业上云上平台，实现共享产能，同时以平台承载的工业软件和微服务，帮助中小企业进行数字化改造。2021 年，平台累计服务企业超过 5.8 万家，接入织机近 50 余万台，覆盖全国 30%的织造产能，打造了一条物流金融贯通的"数物融合"的新型供应链。

（三）工业互联网示范基地建设稳步推进

中国纺联大力推进工业互联网示范基地建设，目前已在常州市天宁区建立了首个纺织服装工业互联网示范基地。

天宁区落地建设的"航天云网纺织工业互联网平台"，迅速汇集了找纱网、巨细科技、秒优科技、智谷机电等多个纺织行业解决方案服务商、运营商等各类资源和服务能力，并且配套建设了大数据中心、国家重点实验室和体验培训中心，引入相关人才，建立了技术研和人才培养体系，形成政府支持、平台服务商入住、企业积极参与、各类资源汇聚的区域工业互联网创新发展模式，快速构建了数字经济产业汇聚的工业互联网生态环境。

此外，工业互联网示范基地建设也正在其他纺织产业集群地区积极推进，如福建长乐区、绍兴柯桥、杭州濮院等著名的纺织集群地区都在积极规划建设工业互联网示范基地。

（四）基于平台的模式创新日趋成熟

工业互联网应用和发展不断催生新的模式和业态，平台化设计、个性化定制、数字化管理、智能化生产、网络化协同、服务化延伸等新模式日趋成熟，不断推动行业创新发展。

平台化设计通过工业互联网平台汇聚产学研用等各领域资源，推动众包设计、供应商参与设计、用户反馈设计，提高设计水平和设计效率。例如："睿时尚"等平台，聚焦研发设计资源汇聚，提供流行趋势、设计、样衣、面料等方面的一站式服务，取得了显著的成效。

个性化定制是纺织行业典型的基于平台的新模式应用，通过数字化平台可以实现面料、色彩、款型、版型、号型等多样性个性化选择，充分满足消费者个性化需求，同时企业通过按需制造有效规避库存积压风险。如大杨集团有限责任公司的"Ustyylit（优思达）服装定制工业互联网平台"等。

数字化管理是基于平台打通企业生产、运营、管理等各环节数据，实现数据智能分析，支撑数据驱动的科学决策，是目前应用最为广泛的平台模式。如山东路德新材料股份有限公司的"土工合成材料工业互联网平台"等。

智能化生产通过对制造过程数字化改造，实现对生产过程的动态感知、实时分析与科学决策，进而实现工艺优化和品质提升，是目前应用较广、较为成熟的平台应用模式。如安徽华茂纺织股份有限公司的"基于智能纺纱工厂的工业互联网平台"等。

网络化协同通过推动关键数据共享和制造资源优化，促进跨行业、跨区域企业制造协同和供应链协同，正在驱动产业链供应链数字化升级。

服务化延伸是基于平台实现产品追溯、远程运维、共享制造等服务模式创新，是制造服务化转型的有力支撑，对重塑企业竞争力和业务模式创新具有重要意义。如青岛宏大纺机有限公司、杰克缝纫机股份有限公司等，通过建设工业互联网平台开展设备远程运维等服务。

（五）工业互联网技术取得较快发展

近年来，纺织行业在设备接入与互联互通、行业机理模型构建、工业 APP、云化工业软件等方面的基础能力和应用水平取得长足的进步，主要体现在以下几个方面。

1. 设备接入与互联互通方面

企业的生产数据采集与设备接入能力不断增强。例如：纺纱生产实现了全流程设备数据采集，服装生产线中具备网络接入能力的物联网缝纫机应用覆盖率逐步提升；边缘网关的应用提升了设备接入与协议转换能力，设备与设备、设备与控制系统以及与上层管理系统的互联互通能力不断增强。

2. 工业机理模型构建与工业 APP 开发应用方面

工业互联网 APP（简称工业 APP）是基于工业互联网，承载工业知识和经验，满足特定场景需求的工业应用软件，工业 APP 面向产品全生命周期相关业务实际需求，把产品相关的生产和技术过程中的知识、最佳实践以及技术诀窍封装成应用软件，如"经纬 e 系统"的挡车 APP、设备维护 APP 等。"经纬 e 系统""尚牛 ASPOP"等解决方案入选了工信部工业互联网 APP 优秀解决方案。

纺织行业机理模型不断构建，并以可复用的知识在平台沉淀，如配棉算法模型、面料疵点检验与智能开剪算法模型、染整智能排产模型，版型库、花型库、工艺库等。

3. 云化软件开发应用方面

随着工业云平台的迅速发展，企业业务上云逐步普及，纺织行业云化软件研发进入快车道，涌现出一批基于纺织行业生产经营管理特点的云架构工业软件，如云 ERP、云 MES、云设计、设备远程运维等工业软件及其综合应用解决方案，像常州巨细信息科技有限公司的织造云 MES，中纺网络信息技术有限责任公司的棉纺云 ERP、牛仔云 ERP 等。

4. 工业互联网标识解析体系建设方面

纺织行业工业互联网标识解析体系取得进展，多家纺织行业企业承担国家工业互联网创新发展工程——工业互联网标识解析二级节点平台项目，如福州大学和山东如意毛纺服装集团股份有限公司牵头的服装行业标识解析二级节点应用服务平台项目等，并孵化出一批基于标识解析的数字化解决方案。如福州市数字产业互联科技有限责任公司的基于标识解析的仓储管理系统等，已开始在行业推广应用。

服装行业标识解析二级节点应用服务平台建设，将提供包括标识注册、标识解析、标识代理服务、数据同步、业务综合管理等在内的二级节点基础服务能力，实现服装产业供应链管理、产品质量追溯、全生命周期管理等方面的应用。

四、 纺织行业两化融合面临的主要问题

《中国制造2025》对我国的工业基础和现状有着清醒的定位：中国是制造大国而非强国，制造技术较之先进国家有较大的差距。纺织行业与我国其他传统行业一样，面临着智能化发展基础仍然薄弱的问题。

（一） 两化融合发展过程中存在的主要问题

1. 数字化、网络化等关键基础能力仍然不足

纺织行业尽管近年来在数字化、网络化方面取得了较快的发展，但总体应用覆盖面和应用水平依然偏低。2021年，纺织行业生产设备数字化率和数字化设备联网率分别是53.6%和46.1%，关键工序数控化率41.7%。以棉纺行业为例，我国棉纺行业产业规模约1.1亿锭，而先进数字化产线产能仅有1000余万锭，智能化演进发展的基础依然薄弱，面临着大范围、深层次的数据采集能力、异构数据的协议转换与边缘处理能力不足的问题。

2. 基于在线生产监控的信息化综合集成应用发展水平有待进一步提高

纺织行业生产加工以多工序多机台作业为主，特别是纺纱、织造等制造环节，受生产设备数字化率和数字化设备联网率提升难度较高影响，在线生产监控系统应用普及率一直是纺织行业两化融合的薄弱环节。在线生产监控系统应用水平偏低，也直接制约了纺织企业信息化综合集成应用的深入发展，努力提高基于在线生产监控的信息化综合集成应用水平，仍是推动行业数字化转型的关键切入点之一。

3. 智能化发展任重道远

纺织行业同我国其他制造行业一样，面临着智能化应用基础薄弱的现状，以智能制造就绪率❶发展水平为例，2021年，纺织行业的智能制造就绪率是

---

❶ 智能制造就绪率：是指初步具备智能制造基础条件的规上样本企业占全部规上样本企业的比例，所统计的智能制造就绪包括关键工序数控化率达到50%，且管控集成和产供销集成基本实现的企业。

11.3%，发展水平不高，但仍略高于全国制造业平均水平。

近年来，纺织行业智能制造就绪度发展进程加快，提升速度也略高于全国工业行业平均水平。具体如表1-7所示。

表1-7　表征性指标变化对照表

表征性指标	纺织行业			全国制造业平均水平		
	2019年	2020年	2021年	2019年	2020年	2021年
智能制造就绪率/%	8.0	10.4	11.3	7.7	9.7	10.5

可以清楚地看到，纺织行业乃至我国工业行业整体的信息化基础依然薄弱，促进纺织企业信息化基础能力提升，夯实智能化转型的基础，仍是今后较长一个时期的工作重点。

4. 复合型人才短缺、资金投入不足是普遍存在的问题

纺织企业大多地处乡镇，且相较于高新技术行业待遇水平整体偏低，人才难招难留，专业人才短缺，特别是既熟悉纺织业务又熟悉信息技术应用的复合型技术人才更加匮乏。

另外，纺织行业的中小企业数量庞大，而资金、技术、人才更倾向于向大企业集聚，中小企业，特别是小微企业在技术、人才等方面面临困境，两化融合相关资金投入明显不足，是普遍存在的问题。

（二）工业互联网发展过程中存在的主要问题

1. 工业互联网与行业融合尚浅，企业长远布局能力不强

工业互联网平台涉及人员、设备、物料、产品等主体以及设计、研发、生产、管理、服务等产业链各环节全要素的泛在互联，所面对的业务链条长，模型复杂，目前多数企业对工业互联网的需求认识尚且模糊，对发展工业互联网促进企业数字化转型，实现提质、降本、增效、创新等方面的认识也有待进一步提高。

行业内的大型企业开始布局工业互联网，但大多是基于进一步强化已有的发展优势为目的，应用场景尚且不多，并且基于工业互联网进行长远布局的能力相对不强，前瞻性和系统性亟待提升。

2. 已有平台综合能力不强，缺少行业级的工业互联网平台

纺织行业现有工业互联网平台普遍在工业设备、软件应用等方面的资源管理能力，数据与平台等方面的运营管理能力，以及存储和计算、平台间调用、新技术应用等方面的服务能力尚显不足，且缺少能够为纺织全产业链提供服务的，甚至跨行业跨领域提供服务的行业级工业互联网平台。

纺织行业尚没有能够与工信部发布的"双跨"平台综合能力相当的工业互联网平台，如同样出身于制造业的海尔集团打造的 COSMOPlat 平台、三一重工打造的 RootCloud 平台等。

3. 工业互联网标准体系不完善，关键技术还存在明显短板

纺织行业工业互联网关键技术研究相对不足，特别是在工业知识沉淀、工业机理提炼、数据管理和分析模型建立等方面差距较大。如：行业知识的数字化、模型化程度偏低；行业机理模型、数据分析模型等行业知识积累不足；工业 APP 数量和能力距离纺织行业工业互联网应用需求尚有较大的差距，成熟的工业互联网应用解决方案不多。

我国工业互联网标准化体系建设滞后，工业网络标准、技术产业基本被外商掌控，且标准众多、互通性差。纺织行业同样面临着工业互联网标准化体系顶层设计缺失，相关标准规范研制能力偏弱和资源投入明显不足的问题。

4. 协同发展生态仍需不断打造与强化

资源汇聚、数据共享始终是工业互联网发展过程中的"高频词汇"，但目前尚存在数据集成多、深度应用少，通用场景多、业务深耕少等现象，企业对数据安全的顾虑难消，亟需在政策法规制定、应用生态构建等多领域协同发展与强化。如适用于数字驱动型工业新生态发展的政策法规体系亟待完善。随着工业互联网平台的快速建设和发展，平台上汇聚的企业数据、设计图样等工业数据的权属问题日益凸显，对工业数据的所有权、使用权、管理权、交易权等缺乏清晰的法律认同和界定，存在着数据产权纠纷等方面的隐患。

第二章

纺织行业数字化转型发展趋势分析

互联网、大数据、人工智能等新一代信息技术与纺织工业深入融合发展，融合技术产业支撑能力不断增强，推动纺织工业向数据驱动、平台支撑、智能主导方向发展。

一、 两化融合发展趋势

信息技术不断创新应用，产业转型基础进一步夯实、转型能力不断提升，驱动纺织产业两化融合迈向蹄疾步稳的新阶段。

（一） 纺织行业两化融合发展水平加速向集成提升阶段迈进

近年来，纺织行业对两化融合发展的认识水平不断提高，信息化应用覆盖面不断扩展，行业内的大型企业两化融合不断走向纵深，中、小微企业两化融合发展速度明显加快，并呈现出灵活多样、务实发展的特点。

随着信息技术的多样性发展，纺织行业大中小型企业融通发展的趋势非常明显，推动企业实现需求精准响应、资源动态配置、业务高效协同，行业两化融合总体水平正在加速向集成提升阶段迈进。

（二） 企业业务上云、上平台步伐加快，云化工业软件和工业 APP 发展提速

随着工业协议兼容适配、设备接入、工业设备数据采集等方面技术能力的不断提高，以及制造能力模块化、平台化水平的提升，加之各级政府的鼓励和支持措施，企业上云、上平台步伐必然加快。大型企业通过业务系统云化改造提高集成管控能力；中小型企业通过业务云端迁移，导入先进的技术方案、管理理念和商业模式。

另外，云化工业软件及工业 APP 发展迅速，各类云化软件工具资源加速向平台聚集，并依托平台加速应用和推广，又进一步激发了云化软件的开发热情，仿真设计、嵌入式组态、制造执行等核心关键工业软件研发和产业化过程将提速发展，工业 APP 等新型工业软件向定制化、平台化、体系化方向

发展。

（三）智能化发展基础不断夯实，企业数字化转型步伐加快

纺织行业数字化改造提速，通过生产装备数字化升级、企业内外工业网络改造、工业数据采集等加速数字化、网络化发展进程，智能化发展基础不断夯实，进而推动研发、设计、生产、营销、供应和服务体系变革，加速数字化转型步伐。

人工智能与纺织工业融合不断深入，工业机器人、高端智能装备不断取得技术突破，基于高端智能装备的智能制造单元、智能生产线、智能车间等系统解决方案不断涌现，纺织行业新增、扩建产能智能化水平快速提升，数字化生产线、数字化车间建设逐步普及。

（四）数据驱动管理模式初现，大数据创新应用发展空间广阔

数据作为新的生产要素，具有巨大的潜在价值。纺织企业对数据资源的认识水平不断提高，对数据资源的开发利用需求日趋增多。企业通过对数据资源的有效积累、分析应用和价值挖掘，优化产品工艺、提高生产效率、降低运营成本、支撑科学决策，企业管理逐步从业务驱动向数据驱动方式转变。

同时，随着工业大数据、人工智能等技术的飞速发展，面向特定工业场景的时序数据库、挖掘工具、分析模型等工业大数据产品的日益丰富，纺织企业势必对行业数据资源的深入挖掘和共享应用的需求也越来越强烈。可以预见，纺织行业大数据创新应用必将提速，且发展空间十分广阔。

二、工业互联网发展趋势

工业与互联网相互融合应用发展是制造业和互联网行业的共同发展方向，工业互联网将以其强大的互联互通能力、资源汇聚能力、资源优化配置能力，不断催生新模式、新业态。

（一）平台企业深化行业应用，融合共赢发展已成趋势

工业互联网平台企业深化垂直行业应用，跨行业领域的跨界合作明显增多，不同行业间的关联度也大幅加深。如三一集团已经与中国移动、华为、腾讯等通信、互联网行业巨头大力开展战略性合作，形成通过整合线上与线下各自的优势，形成线上线下优势互补，高度融合共赢的全新发展体系；徐工集团、吉利汽车等多家制造企业均寻求与互联网公司合作带动产业发展，寻求行业升级；吉利、华为、潍柴、三一重工等通过工业互联网形成了一个全球化协同研发体系，依托工业互联网，强强联合，有力支撑了企业由国内到国际的成功转型。

（二）工业电商加速升级发展，助力工业互联网生态体系形成

我国制造业中小企业量大、点多、行业和地域分布广阔。在消费互联网蓬勃发展的带动下，形成了诸多模式多样、功能多元的垂直细分行业工业电子商务平台，造就了特色鲜明的中国工业电子商务应用生态。

工业互联网的核心是"互联"，工业电商平台的核心是"商务"，这些工业电商平台以产业链、价值链为核心，充分聚合工业企业、上下游企业、终端用户、平台企业、科技企业和金融机构等各类主体，探索出多种共建共享的商业模式与合作机制，从而能够有效地带动供应链上各类主体开展生产设备及智能产品的泛在接入、供应链运营管理流程的云化迁移，以及企业运营管理系统与工业电子商务平台的无缝对接，工业电商平台的升级发展，必将成为打造资源富集、融会贯通、协同演进的工业互联网生态体系的催化剂。

（三）创新应用加速涌现，应用场景不断扩展

工业互联网作为新一代信息技术与制造业深度融合的产物，为制造业乃至整个实体经济数字化、网络化、智能化升级提供网络基础设施支撑，并且催生了网络化协同、个性化定制、服务型制造等新模式新业态。

此外，随着深化产业链上下游和金融机构资源对接政策的落实，金融部门对工业互联网平台的发展特征、趋势、未来可能创造的收益等有更准确的把握，同时也能更及时地反映工业互联网平台发展过程中企业融资需求，必将促进形成产融结合的创新发展模式，工业互联网的应用场景也将不断丰富和扩展。

（四）5G与工业互联网融合创新发展潜力巨大

5G与工业互联网的融合创新发展，将推动制造业从单点、局部的信息技术应用向数字化、网络化和智能化转变。工信部在《工业互联网创新发展行动计划（2021—2023）》提出了"在10个重点行业打造30个5G全连接工厂"的目标。

纺织行业是工信部确定开展"5G+工业互联网"行业实践的十大行业之一，企业推进5G与工业互联网融合创新的积极性高涨，行业内的骨干企业积

极探索基于 5G 的工业互联网创新应用解决方案，并已取得较好的成效。例如，江苏红豆工业互联网有限公司与中国联通合作打造的"纺织服装个性化定制+5G 柔性生产解决方案"，通过建设 5G 专网，构建 5G+MEC 云边协同能力，基于 5G 量体仓、5G 无轨柔性智造以及智能标识服务，实现了个性化定制化量身裁衣、智能设计、柔性快捷生产和一站式服装溯源服务。

三、 数字化转型是纺织行业发展的必然趋势

如前所述，纺织行业面临着消费者需求不断升级，以及全球产业布局和产业分工重新调整的双重压力，在新的市场形势和竞争格局下，数字化转型已势在必行。

（一）新一代信息技术应用不断深化，数字化转型基础日趋坚实

纺织行业始终如一地推进两化深度融合，引导企业加快全链条数字化改造，通过工业网络改造、装备数字化升级，加强各业务环节的数字化应用和数据的集成共享，取得积极成效。新一代信息技术在纺织企业不断深化应用，企业数字化转型基础日趋坚实，数字化转型已箭在弦上。

（二）企业运营平台化发展，数字化转型能力提升

纺织行业大型企业加快业务系统云化改造，创新创业要素平台化开放，大型骨干企业"双创"平台普及率达到 87.1%，明显高于全国制造业平均水平；中小微企业互联网应用活跃，业务云端迁移加速，基于平台的个性化定制、共享制造等新模式、新业态不断涌现，平台经济、共享经济等新业态加速形成，纺织行业数字化转型能力不断提升。

（三）数字化服务能力提升，数字化转型支撑能力增强

纺织行业与融合技术产业良性互动发展，面向纺织行业的专业化工业软件等信息化产品，以及智能制造、工业互联网等综合解决方案水平不断提高，服务供应商队伍不断壮大。

平台服务企业跨界向纺织行业加速拓展，基于平台带动纺织产业链上下游中小企业协同融通发展。工业电子商务创新应用发展，探索产融互动、产融双驱的发展新路径，数字化转型支撑能力不断增强。

（四）工业互联网发展对行业数字化转型起到催化剂的作用

纺织品的生产制造过程本身具有产业链条长、关联程度高的特点，且中

小企业数量庞大，产业集聚化特征明显，对发展工业互联网整合优化产业链资源、提升行业创新能力有着迫切的需求。

1. 工业互联网是纺织工业实现产业链资源优化配置和协同延伸的重要技术支撑

纺织品的生产制造过程本身具有产业链条长、关联程度高的特点，提高纺织产业链的协同能力和快速响应能力是始终是行业的重要需求之一。而工业互联网平台正是技术融合与资源汇聚的核心载体，在行业资源的汇聚以及资源的优化配置方面优势明显，工业互联网的应用对于提高纺织产业链的高效协同能力和快速响应能力将起到重要的技术支撑作用。

另外，纺织产业链也亟需通过工业互联网与农畜产品加工、石化、新材料等产业链等进行有效对接，打破行业间壁垒，解决困扰纺织行业多年的原材料品质重复检测、跨行业资源协同能力不足、供需对接错位等问题，实现覆盖全产业链相关资源的快速聚合和协同延伸，以及价值链、物流链、金融链的全面融合。

2. 工业互联网是加速中小微企业数字化转型的重要技术手段

据不完全统计，我国纺织企业中的中小企业户数占企业总数超过 99%，数量庞大的中小企业大多面临着数字化转型基础薄弱，人才、技术、资金相对匮乏等问题，相比于大型企业面临着更大的生存压力，始终是行业两化融合水平提升过程中的一个难点。

纺织中小企业中，80% 集中在服装、织造等行业，这些企业处于更贴近终端消费市场的产业链的下游，互联网应用活跃且制造环节相对单一。而工业互联网是制造业发展与互联网发展交织融合的产物，对亟需通过互联网实现供需精准对接、分享创新技术成果的中小企业有着较强的吸引力，工业互联网建设对纺织行业中小企业的数字化转型，实现提质、降本、增效，必将起到加速器的作用。

例如：阿里云的"supET"平台，以淘宝的思维"淘工业"，从需求端驱动，致力于让中小微企业成为受益的主体；百布网、智布互联等则以订单为驱动，吸引中小微企业上云上平台，共享产能，同时以平台承载的工业软件和微服务，帮助小微企业数字化改造。

3. 工业互联网在应对突发事件、解决行业痛点问题等方面优势初显

突发的新冠肺炎疫情，暴露出我国卫生防疫关键物资供应链整体配套、衔接能力弱，且行业知识、机理模型积累不足，产能数据缺失等方面的一些问题。口罩、防护服等防疫物资以及熔喷布、聚丙烯纤维等生产属于纺织产业链的不同环节，而所需的原材料供应属于上游石化行业，跨行业、跨区域资源协同能力明显不足。

在此期间，平台企业在产业链资源整合和优化配置，以及行业知识复用和供需对接等方面优势凸显。例如，海尔集团将防护服、口罩机等产品包括建设、生产、标准等方面的行业知识在"CosmoPlat"平台上开放应用，帮助有条件的企业实现快速转产，并迅速整合包括纺织、轻工等跨行业资源，打通防疫物资供应链，找到供给短板，快速提升产能。

4. 工业互联网是纺织产业集群数字化转型，形成区域数字产业集聚和数字经济发展的重要基础

集群化发展是我国纺织服装产业的突出特征，也是全行业高速高效成长的重要因素。目前，全国纺织产业集群有 212 个，产业集群地区的企业总户数 24 万余户，其中规模以上企业 1.6 万户。

产业集群地区集聚着数量庞大的中小微企业，拥有极具活力和竞争力的产业组织形式，企业与地方政府依存度高，发挥我国的政治体制优势，以集群数字化带动单体中小企业数字化转型的方式，是化解中小微企业数字化发展难题，形成以数字化集群为依托的数字经济发展生态的有效途径。

第三章
企业数字化转型发展研究与实践

我国制造企业数字化转型总体上还处于起步发展的阶段，据管理咨询巨头埃森哲的研究分析显示：八成以上的中国企业尚没有摸清如何通过数字技术使企业变得更加高效，并拓展营收来源，实现业务增长；只有4%的中国企业真正释放了数字化潜力，并成功将投入转化为业务成果。因此有必要对企业数字化转型的方法、路径进行探索和研究，有效地引导企业提升数字化能力，更好地实施转型。

一、 企业数字化转型

数字化转型是企业从传统信息化模式向数字化模式转变的过程，是利用数字技术驱动产品创新和效率提升，开辟新的业务领域，推动企业业务模式、商务模式创新和变革的过程。企业数字化转型是一个持续迭代、自我颠覆的过程，它不是简单的应用数字化技术，而是以数字化技术赋能整个企业，需要企业从战略的高度，实施战略规划、组织结构乃至企业文化的转型，是给企业注入全新的数字化基因，焕发新的市场活力，塑造经济新动力的过程。

（一）企业数字化转型重点方向

企业自身的发展战略和定位不同，所关注的数字化转型方向和侧重点也各有不同，但通常情况下，企业数字化基本围绕产品数字化、运营数字化和服务数字化展开，通过产品数字化，推动产品创新和服务差异化；通过运营数字化，实现企业运营效率和价值效益的提升；通过服务数字化，捕捉市场机遇，拓展企业商机。

1. 产品数字化

产品数字化包括产品及其产品服务的数字化，是企业实现差异化竞争和拓展新商机的重要手段。产品数字化通常是指产品或其配套装置可被识别和感知，以及基于数字化产品或其配套装置形成智能互联的产品形态，如"智能可穿戴"产品等。产品数字化有效地支撑了沿产品生命周期的延伸服务和衍生服务，进而实现产品创新和服务差异化。

另外，数字化技术也为产品的展现方式带来了颠覆式的变革，例如，服装等产品可以不必再以实物的形式提供给消费者，服装可在线以数字化的方式传递给消费者，通过虚拟商店、虚拟试衣等方式为用户打造全新的购物体验，支持服装等产品的个性化定制。

此外，智能生产设备内置传感器、处理器和软件，利用物联网、云平台、大数据分析等技术构建实时动态的数字映射模型，支持企业从"销售产品"转变为"销售服务"。

产品数字化支撑了企业运营模式和服务模式的转变，随着产品数字化程度的提高，企业或智能设备的供应商可以收集海量的客户以及设备运营数据，基于这些数据，在支持企业从"销售产品"转变为"销售服务"的同时，也为产品的创新研发和迭代升级提供了强大的数据支撑，从而帮助企业取得差异化的竞争优势。

2. 运营数字化

运营数字化涉及企业方方面面，是利用数字技术打破传统的组织壁垒和信息孤岛，实现全价值链、全生命周期范围内的数据可视、洞察和追溯，从而改善现状和推动建立新的业务及运营模式，帮助企业进一步提质、降本、增效。例如，企业通过业务流的数字化，使数字主线贯穿企业研、产、销各项业务环节，整合研发、制造、销售过程中各类数据，并以数据为驱动，实现业务与运营的融合，重塑产品价值链，进而形成高效精益的数字化运营模式和敏捷柔性的数字化组织体系。再如，企业通过将顾客"数字化"，通过数字技术建立新的销售场景、新的供应流程，把线下客流转变成可识别、可触达、可服务的线上流量，融合线上与线下数据，并通过大数据技术无形地收集、沉淀客户主要行为数据，直接把握和反馈顾客需求，形成数据闭环。

3. 服务数字化

服务型制造或者制造服务化是未来制造业发展的方向之一。企业要实现数字化转型必须顺应当前产品数字化发展趋势，利用设计和制造数据的核心优势，通过数字技术，提升售后服务效率，让被动的维护服务转变为主动的预测性服务。企业通过对客户产品使用数据的分析，可以发现客户更新产品的预期，以及对新功能的需求，从而产生新的销售机会。

此外，随着企业业务的全面数字化，数字技术在创新产品和运营模式的同时，也改变着员工的工作方式，因此企业需要同步完成组织部门和员工的数字化转型，通过数字技术应用为业务赋能。例如，服装个性化定制带来的柔性生产线/缝制单元的灵活配置，使员工需要同时具备使用多套设备或系统的能力，对员工提出了更高的技能要求。企业可以通过建立数字化工作台，聚合来自不同系统、设备和人员的相关数据，整合业务过程，通过融合的、智能化的数字工作方式，满足员工数字化业务需求。又如，利用数据分析或增强现实等技术，通过 AR 眼镜等实现产品培训、远程操作指导，实现企业知识的显性化和复用化，进而实现作业的标准化，为用户提供能加优质、高效的产品和服务体验。

（二）企业数字化转型方法和路径选择

数字化转型是技术与业务的深度融合，因此企业必须意识到数字化转型不是简单的应用一套信息化系统或是实施一个信息化项目，而是企业从信息化模式向数字化模式持续迭代和转变的长期过程，需要从企业发展战略出发，自上而下地持续推动变革。因此企业必须清楚地了解自身数字化发展现状，制定符合企业发展战略的数字化转型目标，正确选择数字化转型策略和路径。

1. 数字化能力评估

实施数字化转型，企业首先需要深入了解企业自身现有的数字化基础、数字化能力，以及数字化转型需求等方面的情况。企业可以从数字化基础、数字技术应用、企业战略、商业模式、数字化绩效等多个维度对自身的数字化能力和水平进行综合评估，通过自我评估和诊断，把握企业数字化发展的现状，找到数字化转型的关键环节，以及相应的数字化短板和不足，基于企业数字化发展的现状和发展需求，有针对性地制定企业数字化转型发展战略和目标。

目前，一些国际知名研究机构已经发布了一些数字化转型能力评估指标，如佛瑞斯特的"The Digital Maturity Model 4.0"，BCG 的"Digital Acceleration Index"等。

在我国，工业和信息化部自 2009 年起推动开展工业行业两化融合发展水平评估工作，以钢铁、纺织等 7 个重点工业行业为首批试点，探索建立两化融合评估体系，经过几年的研究和实践，结出了丰硕成果，提炼形成了 GB/T 23020—2013《工业企业信息化和工业化融合评估规范》和 GB/T 23001—2017

《信息化和工业化融合管理体系　要求》等系列标准，其后成为近年来各级政府推进工业企业两化融合的有力抓手。

纺织行业在 2009 年、2011 年、2012 年分别面向棉纺织行业（两次）、服装行业和纺织行业中小企业连续四次开展两化融合发展水平的试点评估工作，为我国两化融合评估体系的建立作出了贡献。

经过多年评估实践，"以标准为引领，以评估促发展"已成为共识，与企业数字化能力相关的评估体系也陆续出台，如 T/AIITRE 10001—2021《数字化转型 参考架构》标准族、T/CESA 1174—202《企业信息化和工业化融合度评价要求》、GB/T 39116—2020《智能制造能力成熟度评估模型》、GB/T 36073—2018《数据管理能力成熟度评估模型》（DCMM）等。

在纺织行业，基于"2020 年工业互联网创新发展工程——解决方案应用推广公共服务平台项目《纺织服装行业数字化转型解决方案应用推广公共服务平台》"的建设成果，适应纺织企业数字化转型发展规律、符合纺织企业管理特点的"纺织行业数字化转型评估体系"已研制完成，并已进入推广应用阶段。

企业可根据自身数字化能力打造和发展实际需要，选择适合的数字化能力评估体系，通过评估摸清企业相关数字化能力基础，以标准为引领，持续打造和提升企业的数字化能力。

2. 数字化转型战略规划和目标制定

如前所述，数字化转型不是简单的去拥抱和应用数字化技术，数字化转型关注的是数据驱动的业务模式和运营模式的创新，其最终的结果是模式的创新与变革。因此企业必须从发展战略的层面明确企业转型的驱动因素和业务价值诉求，并对各项因素进行评估，给出优先级的排序。

根据企业发展战略的优先级，结合企业数字化发展的现状和水平，找到实现相应业务价值的关键数字化技术能力，并以此为依据制定数字化转型战略规划，确定数字化转型的目标，包括中长期目标和近期目标。

需要注意的是，企业数字化转型是一个持续迭代创新的过程，数字化转型目标的实现需要持续的人员和资金投入，企业应根据目标制定可行的实施规划，包括分阶段的资金投入规划和人才培养规划。

3. 数字化转型路径选择

基于不同的发展战略和不同的数字化应用基础，企业可以选择不同的数字化转型路径，通常分为三种类型，即由内而外、由外而内和内外兼修。

（1）由内而外，逐步进阶。对于数字化水平尚处于基础建设阶段的企业，没有或只具备了基本的信息化基础，仅有简单的信息技术（或数字技术）应用，尚未实现基于数字化的业务应用，企业治理体系尚处于经验驱动型管理模式，缺乏整体数字化发展战略规划，正在考虑局部的数字化投入。

这部分企业比较适合由内而外的数字化转型之路，通过对业务流程的梳理优化和业务管理的数字化，打通企业内部价值链，提高整体运营效率，首先达到实现提质、降本、增效的目的，然后再逐步向高级阶段进阶。

（2）由外而内，单项突破。对于专注于数字化产品和服务，或围绕产品实现数字化应用的企业，比较典型的如远程运维、个性化定制等业务模式，这部分企业具备了一定的数字化服务能力，有明确的以用户为中心的企业战略，并积极挖掘数字客户，但企业的数字化业务相对单一，企业内部尚未实现跨部门、跨业务领域的流程优化和信息集成，缺乏有效的产品数据和内部业务的整合。

这部分企业比较适合选择由外而内的数字化转型之路，通过快速扩展企业生态链，持续创新产品和服务，不断改善用户体验，提升客户参与度，通过差异化的产品和服务赢得新的市场机遇，然后逐步构建数物融合、覆盖产品全生命周期的数字化应用。

（3）内外兼修，同步提升。对于在数字化运营和数字化服务等方面均具备一定的基础，企业已实现了跨部门、跨业务领域的业务整合和信息化集成，但企业较多关注内部关键环节的系统集成和业务集成融合，缺乏与产品或客户的有效互动，在产品和服务创新提升方面尚且不足，则比较适合选择内外兼修的数字化转型之路。

这部分企业数字化转型基础较好，通过兼顾企业内部运营效率和客户体验，以数据为驱动，构建面向用户的、覆盖端到端全价值链的数字化应用，实现用户体验和运营效率的同步提升。

总之，无论选择哪种转型路径，最终目标都是实现企业内部价值链和外部生态链的有机融合，实现服务创新和模式创新。

二、 纺织行业数字化转型评估服务体系

纺织服装企业在数字化转型的过程中普遍存在方向不明、路径不清、系

统性不强等方面的突出问题。研究建立细化、可测量的纺织服装行业数字化转型评估体系，能够引导企业通过自评估、自诊断查找数字化基础和数字化应用的不足和短板问题，找准数字化转型发展方向。

同时，通过对纺织行业评估数据的不断积累和挖掘分析，能够全面、深入地了解和掌握纺织服装行业数字化转型发展的水平现状和发展定位，形成面向纺织服装行业的以数据为核心的行业精准施策、企业精准决策、市场服务引导新模式。

（一）企业数字化转型评估体系

纺织服装企业数字化转型评估体系由评估指标体系、评估数据采集、评估数据分析（评估方法）、成熟度评价五部分内容组成，具体内容如下：

1. 评估指标体系

围绕纺织服装企业数字化技术与应用特点，以及企业数字化转型能力需求，纺织服装企业数字化转型评估指标体系从资源规划（资源要素）、业务转型（能力要素）和综合效益（目标要素）三个维度，对企业数字化转型发展能力进行综合评价，共分为 9 个能力域和 24 个能力子域。体系架构如图 1-6 所示。

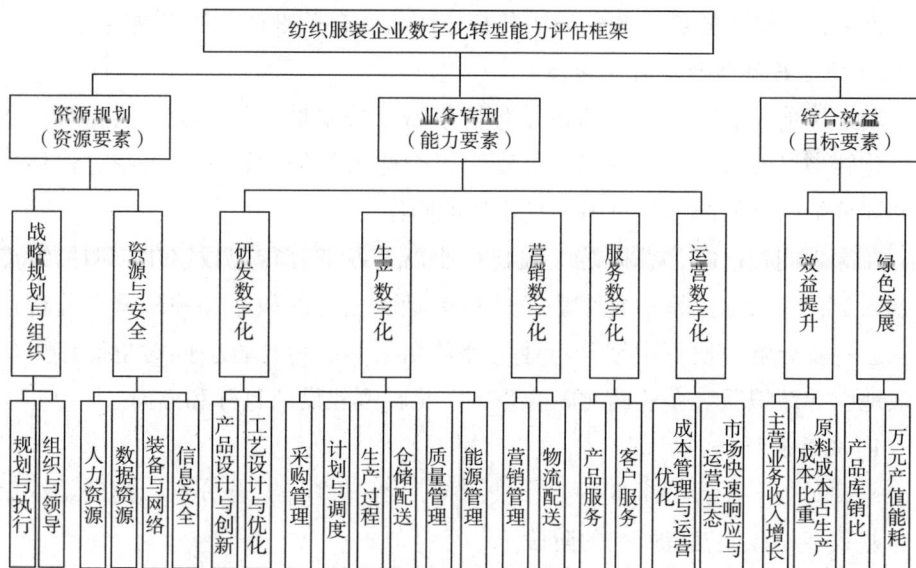

图 1-6　纺织服装企业数字化转型能力评估框架

（1）资源规划。资源规划（资源要素）主要用来评估企业在数字化转型战略规划制定、组织机制变革，以及企业在人力资源、数据资源、装备与网络和信息安全等方面的发展情况，体现企业在数字化转型战略实施和数字化治理体系建设等方面的能力和水平。

（2）业务转型。业务转型（能力要素）主要针对纺织服装行业特点和需求，围绕纺织服装企业数字化转型重点方向，从研发数字化、生产数字化、营销数字化、服务数字化和运营数字化五个方面，评估企业数字化转型的能力和水平。

（3）综合效益。综合效益（目标要素）的提升是企业数字化转型的终极目标，是企业通过数字化转型实现提质、降本、增效和可持续发展的目的，主要从效益提升和绿色发展两个方面综合评价企业数字化转型取得的综合成效。

2. 评估数据采集

针对评估体系中各能力域和能力子域，设定表征性评估指标，规定企业在不同的数字化发展阶段应具备的特征，形成对应的数据采集项，采集评估数据。

评估数据主要以定性的水平评估数据为主，少量采集量化的行业两化融合关键数据，用以连续监测纺织服装行业两化融合关键环节的发展情况。

3. 评估数据分析（评估方法）

制定评估方法，建立评估数据分析模型。采用量化的分析方法，对企业数字化转型发展水平进行评估，分别为每个能力子域和评估项目制订评估方法和评分细则，使能力评价做到量化和可操作。

在深入调查研究，掌握纺织服装行业以及各细分行业数字化转型关键点的基础上，为指标体系中每个表征性指标赋予相应的权重，并根据细分行业特点进一步分解，使不同细分行业的评估结果具有可比性，同时也能够更加有效地引导纺织服装企业两化融合暨数字化转型建设的目标和方向。

4. 成熟度评价

通过对企业在各个维度的数字技术应用情况进行综合分析，判定纺织服装企业数字化转型发展所处的阶段。

纺织服装企业数字化转型发展水平自低向上分为五个发展阶段，即基础级发展阶段、单元级发展阶段、集成级发展阶段、优化级发展阶段和引领级发展阶段，分别表现出以下特征。

（1）基础级发展阶段。没有或仅有最简单的信息技术（或数字技术）应用，尚未实现基于数字化的业务应用，企业治理体系尚处于经验驱动型管理模式。

（2）单元级发展阶段。在单一部门或业务领域应用了信息技术（或数字技术），实现部分业务数字化，企业治理处于职能驱动型管理模式。

（3）集成级发展阶段。实现了跨部门、跨业务领域的流程优化和业务整合，关注企业内部关键环节的系统集成和业务集成融合，企业治理处于流程驱动型管理模式。

（4）优化级发展阶段。实现了企业全面的优化重组和业务整合，关注企业全要素、全过程的互联互通和动态优化，实现以数据为驱动的业务模式创新，企业进入数字驱动型管理模式。

（5）引领级发展阶段。构建了突破企业边界，与合作伙伴共生共赢的生态体系，与生态伙伴之间形成资源、业务等要素的开放共享与协同合作，企业进入智能驱动型管理模式。

（二）评估诊断与咨询服务

对照评估指标开展专业性的数字化转型能力评估，了解企业当前数字化转型具备的成熟度水平以及相应的数字化短板和不足之处，为参评企业反馈评估诊断报告，并提出数字化转型建设路径的建议。

1. 企业自评估自诊断

对于数字化转型基础较好的企业，特别是已经拥有较强数字化领导力和较高水平数字化团队的企业，可以应用各类评估诊断工具进行企业数字化能力的自我评估和自我诊断，来认清自我，找准定位，规划可行的数字化转型之路。

2. 咨询服务机构

对于数字化转型认识和能力尚且不足的企业，可以引入外部力量，在专业咨询团队和有关专家的参与和指导下，对照评估指标开展专业性的数字化转型能力评估，了解企业当前数字化转型具备的成熟度水平以及相应的数字化短板和不足之处。帮助企业重新定位企业发展战略和商务模式，重新调整人员组织、流程和技术，构建适合企业战略发展的、IT-OT 融合的整体数字化运营架构。

最终基于不同的企业战略，选择适合企业发展的数字化转型发展路径，制定短期和长期业务规划，并付诸实施。

3. 行业综合服务

通过评估诊断和对标引导服务，快速积累企业数据和案例，及时跟踪纺织服装行业两化融合发展现状和趋势，定期发布纺织服装行业相关的数字化转型分析报告，为行业精准施策、市场精准服务提供决策支撑。

三、 纺织行业数字化转型技术支撑体系

建立纺织行业数字化转型技术支撑体系，是推动纺织行业数字化转型的重要举措和技术保障。

（一）纺织服装行业数字化转型公共服务平台建设

中国纺联为加强对行业数字化转型的服务能力，组织行业优质资源实施了工信部工业互联网创新发展工程项目"纺织服装行业数字化转型解决方案应用推广公共服务平台"，建成纺织行业首个面向全行业提供数字化转型公共服务的工业互联网平台，现已开通运行。

该平台针对纺织服装企业数字化转型方向不明、路径不清、系统性不强、供需信息不对称等问题，实现纺织服装行业数字化转型诊断咨询以及解决方案多源汇聚，具有提供数字化转型诊断咨询、解决方案及相应产品服务的上架、线上展示、分类标签、检索、精准推荐、智能组合、交易服务等服务能力，具有面向区域和行业提供数字化转型精准决策支撑服务能力。

（二）行业大数据平台建设

推进行业大数据平台建设，通过重点企业、产业集群数据采集、汇聚，实现行业数据资源的创新开发和综合利用，提供产业运行监测等服务，促进行业决策和服务能力的提升，加速产业智慧升级，赋能纺织工业高质量发展。

以需求为导向，引导形成纺织工业大数据应用平台，为企业提供高通量数据接入与海量数据存储、工业数据管控与治理、实时数据分析与服务、数据应用与集成开发等服务，降低企业应用大数据的成本和门槛。

（三）数字化转型服务商和系统解决方案培育

积极组织引导纺织行业领先企业、融合技术企业、科研院所开展合作，培育若干适合纺织行业特点的数字化转型服务商和系统解决方案；定期发布

纺织服装行业数字化转型解决方案重点推广名录，培育能够为纺织行业数字化转型提供系统解决方案的服务商，遴选技术成熟、应用效果突出的行业优秀系统解决方案，进行重点推广。

编制典型应用案例集，引导企业以产品数字化、运营数字化、知识数字化为主线，培育并形成更多新模式、新业态。推动智能化生产、网络化协同、远程运维、产品溯源、服务化延伸等模式的创新发展和应用普及。

（四）纺织行业数字化转型重点实验室建设

加强纺织企业数字化转型关键核心技术与纺织行业相融合的产品研制，鼓励建设和规范运行纺织行业数字化转型重点实验室和创新发展中心，推进边缘计算、深度学习、增强现实、虚拟现实、区块链等新兴前沿技术在纺织行业深入应用的研究。加快构建纺织行业智能制造、工业互联网相关标准体系建设。

积极开展行业研究，推动构建纺织服装产业数字图谱，对纺织产业及各细分市场分布、规模、现状、趋势等数据进行研究分析，提升产业研究能力和数据服务能力，为我国数字经济发展相关决策提供数据支撑。

（五）企业数据治理

纺织行业是开展 GB/T 36073—2018《数据管理能力成熟度评估模型》（DCMM）标准宣贯的试点行业之一，中国纺联积极组织开展 DCMM 贯标行业试点工作，制定了试点工作方案，召开"DCMM 贯标纺织行业"会议，在行业进行贯标工作部署，推动有条件的企业积极开展贯标实践，推动重点产业集群组织企业开展贯标。

通过标准宣贯，引导纺织企业提高数据管理的意识和水平，防范和化解数据应用风险，以数据管理驱动数据应用，促进数据要素流通，结合企业的生产、运营模式，有效管理在研发设计、生产制造、经营管理、运维服务等环节，以及在平台运行、设备接入、工业 APP 应用等过程中生成和使用的数据，鼓励企业在做好数据管理的前提下适当共享数据，充分释放工业数据的潜在价值。

第四章

组织措施和政策建议

一、 组织措施

(一) 加强组织引导，建立常态化协同工作机制

加强与工信部、地方政府等各级政府部门对接，建立工作专班，统筹协调行业数字化转型工作，使国家相关政策措施能够更快更好地在纺织行业落地并发挥更大的作用，有关工作也能够得到政府部门的更多指导和支持。

充分发挥各专业协会的专家资源优势，在纺织工业相对集聚的地区与地方主管部门建立协同工作机制，因地制宜，制定契合当地纺织产业数字化转型需求和特点的建设发展和财政倾斜政策。

(二) 加强行业研究，开展科技动态监测

中国纺联及其各专业协会进一步加强数字化转型相关问题的行业研究，开展企业调研，及时反映行业数字化转型发展动态和企业诉求，提出相关政策建议，同时积极引导纺织企业用好国家各项政策措施。

以行业现有监测渠道为基础，利用政府、行业、专业研究机构和企业多方面的资源和力量，强化科技创新信息资源的收集和发布，完善行业科技动态监测、研究及预警机制。明确科技发展的目标任务、实现路径、发展步骤、重点攻关领域和政策建议等，引导和推动行业依靠科技创新实现转型升级发展。

(三) 开展试点示范，加快宣传推广

组织开展数字化转型相关试点示范，充分发挥先进企业引领作用，总结梳理出切实可行、可复制的建设和发展模式，提炼出系统化解决方案和创新应用案例，加以重点推广。

采用多种形式开展行业数字化转型政策、技术、成果、经验等的经验交

流，加大宣传推广力度，加强企业间的沟通交流，凝聚行业共识，推进行业科技创新发展。

（四）加强公共服务，赋能中小企业

充分利用各类政府资金，对行业各领域重大科技专项、共性技术研究、重点平台建设等重点发展内容，积极组织行业优质资源，实施重点项目加以推进。

充分发挥"纺织服装行业数字化转型解决方案应用推广公共服务平台"作用，依托平台为业内企业提供评估诊断、咨询服务、解决方案上架、供需对接等服务，特别是加强培育和推广应用适合中小企业的数字化产品和服务，并在产业集群地区重点应用推广，赋能中小企业数字化转型。

（五）鼓励政产学研用协同创新，促进科技成果转化

组织引导相关骨干企业、科研院所、高等院校、联盟组织和政府部门等加强沟通合作，形成数字化转型推进合力。强化企业数字化转型主体地位，加强自主知识产权的保护，开展行业数字化转型政策、技术、成果、经验等的宣传推广，加强交流，凝聚共识，促进科技成果转化。

二、 政策建议

（一）加大对纺织行业两化融合暨数字化转型政策支持力度

纺织工业在我国国民经济体系中始终占有举足轻重的地位，是稳外贸、稳就业的重要民生产业。特别是在我国宏观经济形势出现波动时，纺织工业一直发挥着缓冲带和稳定器的作用，纺织行业数字化转型升级发展对纺织行业的转型升级乃至国家制造强国战略的实现都具有重要意义。建议有关政府部门加强对纺织行业数字化转型发展的政策引导，并适时给予财政税收等方面的支持。

（二）调整税收优惠政策，鼓励企业加大两化融合资金投入

两化深度融合、数字化转型建设，企业需要投入大量的人力和财力，企业将面临较大的资金压力。建议政府调整税收优惠政策，扩大加计扣除的范围，将企业两化融合以及数字化转型方面的资金投入列入加计扣除的范围，鼓励企业加大投入力度，引导企业加快两化融合建设步伐。

（三）推动交流合作与人才培养

建立健全多层次的创新型人才培养体系，通过纺织特色高等院校和短期培训等形式培养纺织装备创新型人才；通过职业技能培训和技术技能大赛，提升纺织装备企业人员的理论水平和工程应用的实际能力；通过国家重点研发计划等纺织装备重大攻关科研项目，深化产教融合，培养创新复合型人才。

充分发挥行业协会的桥梁作用，在交流合作与人才培训方面积极组织协调，推动技术交流，加强技术、产品、解决方案等多领域合作，激发企业家技术创新应用的意识与潜能。

（四）建立国家级纺织服装数字化产业集群研究创新中心

推动数字化产业集群建设，开展纺织服装行业数字化集群发展模式、发展路径和关键技术研究，制定数字化集群发展路线图；发挥纺织行业现有产业集群优势，探索建立产业集群地区纺织服装企业、配套服务企业、货物交易、商贸物流、市场商户等数据汇聚和分析模型，以及单体企业与集群、跨集群间、国内供应链与海外园区间的生产、物流、贸易、金融协同等数据汇聚和分析模型，推动形成贯穿纺织服装产业链供应链，覆盖企业、行业、区域、跨境贸易等精准数据为基础的产业研究能力和数据服务能力，为我国数字经济发展和产业外迁风险防范等提供数据支撑。

第二部分

行 业 篇

　　我国拥有全球规模最大、体系最完善、门类最齐全的纺织产业链，产业规模庞大，是满足人民群众美好生活需求的时尚产业。

　　在错综复杂的国内外环境中，纺织行业创造国际化新优势产业的地位不断巩固，综合竞争力持续增强，已经初步实现了建设纺织强国的目标。

第一章

棉纺织行业数字化转型发展情况分析

（中国棉纺织行业协会供稿）

棉纺织行业是我国积淀深厚的基础产业，是关系民生的富民产业，是开放合作的全球产业，作为最传统领域和标志性构成，在纺织服装行业中具有特殊的重要性。

一、 棉纺织行业发展概况

（一）发展规模

根据中国棉纺织行业协会测算，截至 2020 年底，我国纺纱产能 1.1 亿锭，织机 104 万台，棉纱线产量 1641 万吨，棉布产量 460 亿米，产能近些年呈现微降趋势，但由于生产设备效率普遍提高，纱布产量基本保持稳定（图 2-1、图 2-2）。

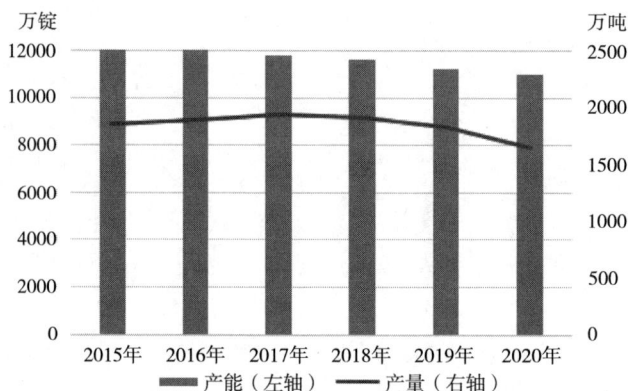

数据来源：中国棉纺织行业协会

图 2-1 纺纱行业产能产量情况

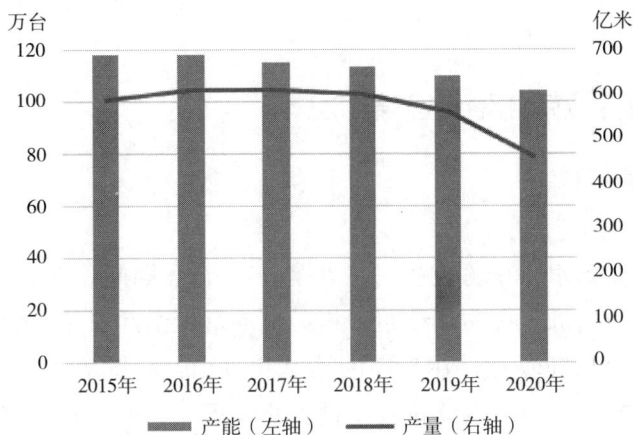

数据来源：中国棉纺织行业协会

图 2-2　织造行业产能产量情况

（二）经济运行

2021 年，得益于对新冠肺炎疫情的有效防控，我国棉纺织行业凭借强大的产业链和供应链能力，吸引了部分国外订单的回流，棉纱、布产量实现恢复性增长，初步估算，2021 年棉纱线产量较 2020 年增加 11.75%，棉布产量增加 5.43%。根据中棉行协跟踪数据显示，2021 年棉纺织企业全年营业收入累计同比增长 13.98%，利润总额累计同比增长 25.66%，棉纱累计销售同比增长 15.57%，棉布累计销售同比增长 10.73%。出口交货值同比增长 14.73%，棉纱、棉布出口量同比均增长 7.8%。企业亏损面 14.49%，较上年同期收窄 13.08 个百分点。

（三）行业面临的主要问题

人员短缺，经营成本上升，竞争加剧，节能降耗等是目前行业面临的主要压力。棉纺织用工短缺的问题，近年来一直持续，且没有改善的趋势，行业人员的结构性矛盾突出，除一线工人短缺外，技术和管理人员短缺也逐步凸显。行业的用工成本和其他成本近年来都逐步上升，企业经营压力加大。

随着东南亚、南亚地区棉纺织业的发展，国际市场对中国的棉纺织业形成冲击，大量进口纱进入中国市场，未来带来的压力将继续增大。2021 年，部分地区的拉闸限电措施，给企业正常运行带来了很大压力，未来随着国家

"双碳"战略的推进，棉纺织行业能否有效实现"双碳"目标，决定着行业的未来。

二、 棉纺织行业两化融合发展情况

（一）发展现状

1. 纺纱行业

我国纺纱设备水平全方位提升，在"十三五"期间，新型高产梳棉机、新型自调匀整并条机、自动落纱粗纱机、自动落纱细纱长车、自动络筒机等先进设备的占比不断增加。在工序的连续化方面，环锭纺清梳联、粗细联、细络联、自动打包入库等连续化技术被大量采用。"十三五"末，我国粗细联、细络联数量已达到1060万锭，与此同时，新型转杯纺和喷气涡流纺的数量也在持续增加，环锭纺、转杯纺和喷气涡流纺三种纺纱方式折算的比例由"十二五"初的88：11：1，调整到"十三五"末的74：22：4。主要的纺纱设备的数量变化情况见表2-1。

表2-1　纺纱先进设备应用情况

项目	2010 年	2015 年	2020 年
喷气涡流纺/万头	7.95	13.5	25.6
粗细联、细络联/万锭	25	230	1060
新型转杯纺/万头	33	85	187

数据来源：中国棉纺织行业协会

纺纱设备的技术改造，主要包括两个方面，一是设备自动化改造，如粗纱机、细纱短车集体落纱改造等；二是设备的数字化改造，通过添加传感器等方式收集设备运行数据，实现设备数字化、信息化。中棉行协调查显示，参与调查的企业中，有79%进行了不同程度的设备自动化改造，39%和28%分别进行了设备的数字化和连续化改造，纺纱设备自动化、信息化水平的全面提升。目前行业设备自动化最普及的是细纱机和络筒机；数字化率、联网率最高的是络筒机，其次为细纱机和清梳联。万锭用工从"十二五"末的60人，降至"十三五"末的48人，大幅提升了纺纱行业劳动生产率。

2. 织造行业

"十三五"期间，织造企业积极进行设备更新换代，生产水平明显提高，

高速化、自动化成为主流，整经自动装筒、自动穿经机（穿经速度可达 150
根/分钟）、高速织机等先进设备与技术逐步被企业采用。企业使用的新型织
机普遍具备品种适应性强、高速低振、高效节能、电子开口、电子送经、电
子卷取及智能故障自我诊断等功能。

在技术进步和市场需求的影响下，除特殊品种需要，有梭织机已逐步被
企业淘汰，无梭织机占比增加，"十三五"末，我国棉纺织行业无梭织机占比
82.7%，比"十二五"末提高 13 个百分点以上。尽管如此，织造领域自动化
和数字化水平仍有进步空间，如提升国内整经自动装筒、自动穿经机的占有
率。织造先进设备应用情况见表 2-2。

表 2-2　织造先进设备应用情况

项目	2010 年	2015 年	2020 年
自动穿经机/台	30	330	510
无梭织机/万台	65	81.84	96

数据来源：中国棉纺织行业协会

织造设备的技术改造一方面集中在实现自动化方向上，如整经断纱自停、
自动穿经、自动验布等，主要目的是降低工人劳动强度，提高生产效率；另
一方面是数字化改造，实现设备数据实时提取、集中，可视化管理等。目前
织造设备自动化普及率最高的是织布机，其次是穿经机，织布机数字化率和
联网率明显高于其他织造工序设备。

3. 数字化、智能化成效

在设备信息化快速升级的基础上，棉纺织行业也加快了信息化管理升级
步伐。在管理和生产中引入信息化手段，逐步改变了管理和生产方式。企业
以 ERP 系统为核心引入相应的管理系统，如 MES、CRM、SCM。2010~2020
年行业百强企业在信息化方面进行较大规模的投资，10 年时间累计投资约
69 亿元。经过一系列的信息化投入，百强企业大部分搭建了企业局域网络，
并引入部分初级的管理软件，开始逐步的向信息化、智能化管理过渡。据中
棉行协会统计，2019 年行业百强企业 ERP 系统应用率约 60%，MES 系统应用
率 29%，CRM 系统应用率 18%，SCM 系统应用率 21%。

针对智能制造能为行业带来何种成效，协会对行业企业进行了调研，汇
总分析结果见表 2-3。

表 2-3　智能制造企业施行效果

项目	减少用工/%	效率提升/%	综合能耗降低/%
纺纱	24.6	13.2	7.3
织造	26.5	5.3	7.5

智能制造大大缓解了行业用工紧张问题，减少用工均高于20%；而由于织造未打通全工序，且起步晚，设备技术不成熟，织造提升效率5.3%，远低于纺纱的13.2%；自动化的设备带来了能耗的提高，依托信息化管理系统，在设备本身能耗增加的前提下，企业整体能耗呈减少趋势。

（二）面临的主要问题

1. 企业经营者尚未充分了解数字化转型

部分企业只是简单"触网"，企业内外价值链数据化尚未形成，信息化未能与企业生产经营管理深度融合。企业内存在信息孤岛、自动化孤岛，信息系统与自动化系统之间尚未互联互通，生产管理数据仅仅是收集整理，未能有效地加以分析利用。

2. 数字化转型人才短缺

棉纺织行业在显著减少用工的同时，也对员工提出了更高的要求，需要员工具备自动控制和网络信息等方面的交叉复合知识和实践能力。而目前棉纺织企业以业务技能人才为主，数字化生产专业人才明显短缺。相关人才的缺乏也表现在了高校教育领域，目前纺织类高校对于数字化生产课程的设置几乎为空白，专业教育与企业实际需求有一定脱节。

3. 数字化转型基础能力相对薄弱

与其他技术密集度更高的制造业相比，纺织产业数字化生产总体落后，主要表现在纺织智能装备、传感器、专用控件、专业软件等软硬件基础能力相对较弱。纺织智能制造需要一大批共性技术、标准的支撑，但目前相关领域的建设还处在起步阶段。

4. 缺乏技术标准与应用规范

针对制造业、纺织服装行业智能制造的整体标准和应用规范已相继制定，体系逐步完善。但针对棉纺织细分行业的相关标准和规范还未健全，纺织行业各方对信息互联互通、技术接入标准等尚未形成统一认识，对标准规范、业务流程、管理模式、知识经验等信息化能力要素的全面集成和充分融合能力尚不成熟。

（三）急需突破的难点

（1）提高在线质量监控的智能化水平，实现智能配棉和纱线质量预测、生产智能排单、生产工艺智能优化等功能。

（2）产品差异化成为棉纺行业未来的发展趋势，目前全流程智能化生产线适合规模化生产，小批量、多品种的差别化产品生产，要求设备自动化和软件智能化方面更具灵活性和柔性化。

（3）织造车间需突破各生产环节的自动衔接控制，完善自动验布机视觉识别系统，提高疵点识别效率。

（四）重点推进领域

棉纺织行业有数量众多的中小企业，针对数字化基础薄弱的中小企业，制定符合其资金和人才实力的数字化改造方案，包括设备改造和管理系统升级，使众多的中小企业跨过数字化生产的门槛，是行业需要重点推进的一个领域。

根据调研，有一定基础且已开展智能制造的企业在数据系统集成方面存在盲区，有约一半的企业表示 ERP 系统与 MES 系统未进行系统集成。消除数据孤岛，打通数据链，实现各系统相互协作，充分发挥数据的作用，是针对有一定基础的企业需要推进的重点。

除此之外，随着一批老旧产能的淘汰，新智能化、信息化车间未来将成为投资的主要目标，新型车间的标准化建设和推广也是行业需要重点推进的领域。

对于企业而言，数字化转型在投资回报、企业管理模式、专业人才方面都面临巨大挑战，需要自上而下强力贯彻，因此企业推动数字化转型是一把手工程，需要加强企业家对数字化转型的认知度。受限于资金投入压力，根据企业的成功经验，采用系统规划、分步实施、长期投入、不断完善的转型路线是一个不错的选择。

三、　棉纺织行业数字化转型发展趋势

"十四五"期间，棉纺织行业将会继续加快数字化转型步伐，进一步淘汰老旧落后设备，将设备的数字化率进一步提升，同时企业的信息化网络建设

也将进一步推进。针对棉纺织行业的信息化管理系统也更加成熟，信息化对企业的日常管理将起到越来越大的支撑作用。同时，将会涌现出一批具有代表性的行业大数据平台和服务于产业集群的区域性大数据平台，将更多的企业引入更大的信息化系统，为企业提供更多样的服务。

未来数据资产将成为企业的核心资产要素，数据的高效综合利用对内能够提质增效，减少劳动强度和用工，对外能够更加精准及时地服务下游企业、反馈市场信息，是企业核心竞争力的重要组成部分。这就要求企业打通软硬件之间数据传输，消除信息孤岛，充分调动产品设计到售后的全流程数据。

企业的信息化、数字化建设，将为行业提供巨大的数据流，行业大数据将发挥重大作用，但伴随着数据的不断累积，数据规模扩大，数据质量不高、数据应用不到位等问题将是行业必将面临的挑战，如何筛选数据，服务行业，使行业大数据发挥作用，指导整个行业的生产与管理，是行业数字化转型的突破点。

当行业数字化转型到达一定的程度，行业内企业的经营业态、商业模式将会发生改变，产业链上下游企业的协作将更加紧密，生产过程透明可追踪，订单周期更加可控；市场反应速度更加敏捷，产品定制化和时效性可实现同时兼顾。

（撰稿人：李继国）

第二章

毛纺织行业数字化转型发展情况分析

（中国毛纺织行业协会供稿）

毛纺织行业是纺织工业的重要组成部分，是以羊毛及特种动物纤维、毛型化学纤维为主要原料进行制条、纺纱、织造、染整及制成品加工的制造业。

一、毛纺织行业发展概况

（一）发展规模

我国毛纺织行业产业基础良好，人才、技术、装备比较优势明显，供应链配套完整，产品涵盖初级加工、纱线、面料、毛毯、人造毛皮、针织服装等多个门类。据统计，我国毛纺织行业年纤维加工总量超过 400 万吨，二十多年来始终是全球最大的羊毛制品加工国和消费国。2021 年，毛纺织及染整精加工规模以上企业 857 户，完成营业收入 1513 亿元，实现利润总额 58 亿元。同时，以中小企业聚集的产业集群健康发展，数据显示，截至"十三五"末，全国 15 个重点毛纺产业集群约 3.16 万户规模以下企业完成主营业务收入 1201 亿元，实现利润总额 52 亿元。

（二）行业面临的主要问题

当前，复杂多变的全球经贸环境及常态化新冠肺炎疫情防控对制造业影响深远。毛纺织行业具有生产工序多、产业链条长等特点，原料价格波动、用工紧缺导致成本增加，终端消费者对羊毛产品认知度减弱等不利因素持续存在，行业可持续发展面临诸多不确定性挑战。

为应对挑战，毛纺织企业不断探索转型升级之路，积极寻求以信息化、数字化为手段，通过科技创新推动产业升级，机器换人、降本增效，从而实现行业健康可持续发展。

二、 毛纺织行业两化融合发展情况

（一） 发展现状

随着企业资源计划系统（ERP）、制造执行系统（MES）、数据采集与监控控制系统（SCADA）等不同类别工业软件的开发和应用，以及云计算、大数据平台等新一代信息技术在制造行业逐步应用，毛纺织行业数字化发展不断深入，毛纺织行业在此基础上结合自身行业特点，有的放矢地开展数字化智能化建设，加强生产自动化和管理精细化能力建设，在降本增效、提高产品质量、增强客户服务能力、打通产业链信息和资源等方面取得了明显的进展。

1. 融合数字化，释放新价值

近年来，随着毛纺新装备的投入使用，现有技术设备升级改造、工艺流程再造，不仅实现了企业内外部业务流程、数据在统一平台的运行管控，也提升了企业内部管理、供应链、生产和营销的协同能力，提高了产品质量，减少了劳动强度和用工人数，在实现高效能的同时，也降低了能耗。以江苏阳光集团有限公司为例，企业利用工业互联网开发平台，以 Datacolor 为核心深入应用测配色系统，集成条染车间计划管理系统、条染信息管理系统、OBEM 染色系统、LAWAR 自动称料化料系统、面料颜色识别系统，与条染车间设备实现了互联和管控，搭建了智能染色生产系统，产量提升 30%，人工节省 50%，能耗节约 20%，是企业在互联网时代探索高质量发展路径的典型案例，成为行业数字化转型的主要方向之一。

2. 探索新模式，催生新业态

电脑横机设备制造企业积极推进关键制造环节智能化，以生产工艺和业务流程为前提，端到端数据流为基础，网络互联为支撑，将两化深度融合贯穿到毛针织产品设计、生产、管理、服务等各个环节，通过信息化、数字化技术提升传统的羊毛衫加工制造能力，在节能、降本、增效各方面取得了良好的效果。宁波慈星股份有限公司探索一线成型编织技术在智能化生产流程中的升级应用，创新构建了数字化设计、生产和物流为一体的"针织毛衫柔性供应链"，推出基于 5G 的 C2M 羊毛衫数字化云工厂。该方案在实现接入设备运行实时管控，订单需求自动匹配的同时，设备调配更加灵活，不仅避免产能闲置，缓解套口用工紧张的实际问题，还为毛衫产业转型升级提供了可行的智能化解决路径。

毛纺织产业集群在运用信息化、数字化电商手段，延伸产业链服务方面同样取得了较好的成绩。浙江省濮院镇运用信息技术，打通纱线、物流、门店、市场环节，开发适合国内市场的个性化定制系统；江西省于都县依托FDC时尚产业综合体平台，按照"中心工厂+卫星工厂"的独特模式，逐步将县内近3000家小微企业培育成专业化、精细化的卫星工厂，使中心工厂和卫星工厂形成互补协作生态链，形成了辐射国内外的单品类加工规模优势。

3. 创建试点示范，引领行业进步

近年来，电子信息技术广泛应用到毛纺织企业加工生产的各个环节，在主要生产环节上取得了一定进步。染色自动化和数字化升级带动了筒子纱数字化自动染色向智能工厂方向发展；细纱络筒联合提高了毛纺纺纱连续化程度；全自动电脑横机、全成型电脑横机等一批关键单机和装备的突破，进一步提高了生产效率；自动物流、包装和智能仓储系统的不断升级成熟，也为行业实现全流程自动化生产提供了逐渐成熟的解决方案。

2018年至今，中国毛纺织行业协会"毛纺行业智能制造试点示范企业"在行业数字化转型方面持续推进，14家重点毛纺企业智能化项目总投入近14亿元，涵盖染色数字化生产线、粗梳毛纺纺纱数字化生产线、毛精纺纱线智能车间、山羊绒制品智能车间等多方面内容，一批智能制造先试先行的优秀企业脱颖而出，代表了现阶段我国毛纺行业智能制造水平及发展方向。其中，康赛妮集团有限公司"高端羊绒纱线制造智能工厂关键技术研发"项目获得2021中国纺织工业联合会科学技术奖科技进步一等奖，再次引领并促进了行业生产方式的变革，带动行业智能化生产水平迈上新台阶。

4. 构建标准体系，提供有力支撑

在中毛协组织下，行业不断深化产学研用合作模式，加大适用于毛纺织生产加工特点的系统平台、智能生产线、智能工厂技术路径研究，有序推进智能制造标准研究与实验验证，及时开展相关标准立项、研制和推广应用，为行业开展智能制造建设奠定坚实基础。

2021年1月，国内首个毛纺行业智能制造标准CNTAC《毛纺智能工厂》（T/CNTAC 72—2021）3项团体系列标准正式发布。该标准提出了在数字化、信息化和网络化基础上，形成包括研发设计、生产、配送和企业管理的智能工厂框架，为我国毛纺企业采用高新技术进行数字化改造提供重要的技术路线和理论支撑。2021 年初立项的《毛精纺智能工厂》团体标准已完成送审稿，预计 2022 年下半年发布。

"十四五"期间，毛纺织行业智能制造标准体系的构建和完善，将持续发挥引领作用，为企业自动化、数字化、网络化、智能化等技术的集成与综合运用提供支撑。

（二）面临的主要问题

毛纺织行业向智能化、高效化方向调整升级的同时，两化融合建设也面临诸多亟待解决的问题。

1. 国产智能装备研发投入力度不足

由于行业规模较小，相关领域对毛纺行业关注度不够，国产毛纺专用智能装备研发投入力度不足，主要装备依赖进口，国产化同类产品缺位，设备投入较大，行业智能化发展受到制约。

2. 设备互联互通能力不足

毛纺各主要工段生产设备多样，单机装备相对连续化生产效率较低。由于设备之间因制造商不同导致数据接口标准不统一，网络通信协议兼容性差，因此在实现系统间智能协同作业方面还存在较多难题。

3. 专业管理人才不足

毛纺织企业中具备计算机及相关专业技术背景的人才依然不足，亟需软件工程、网络工程、物联网工程、大数据技术等数据科学专业技术人员，综合管理等复合型人才培养体系亟待健全，专业化运维团队和智能化运维统一管理亟待加强。

（三）重点推进领域

1. 推进行业两化深度融合

应用工业互联网技术，开展基于个性化产品研发、生产、服务的商业模式创新，促进供给与需求精准匹配；推动在线检测等全生产流程质量控制；推进产业集群互联网商务平台和大数据中心建设，推进专业市场线上线下一体化运营管理。

2. 加快推进行业智能制造建设

加快毛纺织装备数字化智能化改造进程，提高毛纺用智能装备有效供给和应用比重；提高高速化通信网络技术数据接口能力及各装备间的互联互通；

加强智能制造系统解决方案供应商与毛纺织企业合作；重点培育推广与毛纺织加工特点相适应的自动开混梳、数字化纺纱、智能化染色、拉舍尔毛毯数字化、毛针织生产数字化、智能物流与仓储、在线质量监控、智能检测系统等解决方案。

三、 毛纺织行业数字化转型发展趋势

随着供给侧结构性改革不断深入，供应链整合和个性化定制作为毛纺行业提高供给质量的切入点，将进一步带动行业加速向生产柔性化、管理平台化、产品服务生态化方向升级，推动企业内外部供应链协同优化，实现以用户为中心的智能化柔性生产与个性定制。毛纺行业通过数字化转型，采用先进的毛纺生产设备、在线检测等系统，对生产现场和设备实现实时监控和管理，形成与产业链上下游的无缝连接；柔性智能生产、精准交付服务等系统，进一步增强用户在产品全生命周期中的参与度，实现供需精准对接和高效匹配。通过数字化转型，提高行业供给质量、供给水平，以新供给创造新需求。

（撰稿人：张玉冬 刘焱）

第三章

化纤行业数字化转型发展情况分析

（中国化学纤维工业协会供稿）

我国化纤产量占全球的 70% 以上，常规纤维保持国际领先水平，部分高性能纤维达到国际先进水平，产业链供应链的安全性、稳定性及竞争力日益增强，为纺织强国建设提供了坚实保障。

一、 化纤行业发展概况

近年来，化纤工业持续深化供给侧结构性改革，不断推动结构调整，2020 年，化纤占我国纺织纤维加工总量约 85%，高质量发展取得显著成效。

一是产业优势不断强化。截至 2020 年，产能 40 万吨/年及以上规模的企业合计产能占全行业的 60.7%，其中行业 10 家头部企业合计产能占到总规模的 60% 以上。化纤行业进入资本市场成效显著，龙头企业基本实现了资产证券化。产业链配套持续完善，炼化一体化发展取得重要进展。龙头企业海外投资有力推进，中西部布局加快。

二是科技创新成果显著。"十三五"期间，共有 4 项关键核心技术成果获得国家科学技术奖。产学研用合作不断深入，协同创新能力显著提升。行业智能制造取得新突破，优势企业初步建设了智能工厂、智能车间等，机器换人效果显著。行业学术奖励基金有效推动了行业基础理论研究和成果转换。

三是高新技术纤维发展水平稳步提升。高性能碳纤维实现工程化稳定制备，高强、高模型对位芳纶产品在国防军工领域实现列装，超高分子量聚乙烯纤维等产品开发系列化进展显著，智能纤维、纳米纤维等前沿纤维新材料技术取得一定突破，莱赛尔、生物基聚酰胺、壳聚糖等生物基化学纤维的自主知识产权关键技术不断突破，产业规模增长较快。

四是智能制造有序推进。国内化纤企业积极推进 ERP、MES、工艺流程模拟等软件、"互联网+"、云计算等先进技术与化纤行业产品设计、生产、营销、物流等环节融合，自动落筒系统、智能仓储系统、在线检测监测系统、自动清板系统等得到较好应用，智能制造标准体系初步建立，智能纤维取得进展，一批智能制造示范项目的建设及应用，极大提升了化纤行业智能制造水平。

五是绿色发展成效显著。行业能源利用效率进一步提高，单位产品综合能耗下降约 10%，循环再利用化学纤维生产水平和供给质量不断提升，绿色纤维认证、再生纤维素纤维绿色发展联盟等平台引导行业绿色发展，有效提升了化纤行业的绿色发展水平。2016 年以来共计 31 家化纤绿色工厂、52 种绿色设计产品、4 家绿色供应链企业入列工信部绿色制造体系建设名单。

六是品牌和标准化建设深入推进。中国纤维流行趋势连续发布，提升了企业品牌效应和经营效益，引领了化纤产业链上下游有效对接的新模式。标准支撑能力进一步增强，全国化学纤维标准化技术委员（SAC/TC586）获批成立，团体标准的创新和支撑作用进一步强化。

二、 化纤行业两化融合发展情况

近年来，国内化纤企业积极探索实践大数据、"互联网+"、云平台、工业机器人、人工智能等先进技术和理念，推进 ERP、MES 等现代化信息技术在化纤行业设计、生产、营销、物流等环节深入应用，推动生产模式向柔性化、智能化、精细化发展，在自动化装备应用、智能车间/工厂建设、自动化仓储物流等方面取得较好成效，一批智能制造示范项目的建设及应用，提升了化纤行业的智能制造水平。

（一）发展现状

1. 自动化装备应用初步实现"机器换人"

随着大量数控新技术应用于化纤机械设备，具有自主知识产权的全自动落丝系统已全面在化纤企业应用，智能原料配比及输送、自动落筒、自动清板、自动检板及自动生头、在线质量监测及管理、自动包装系统等技术装备取得了较大进展。自动化、智能化装备的应用，减少了人员用工，提高了产品品质，提升了生产效率，极大地提升了化纤生产企业的信息化和智能化水平。

2. 基于工业互联网初步建设智能化车间

桐昆集团、新凤鸣集团等行业龙头企业积极与互联网企业合作，构建了基于工业互联网的信息共享及优化管理体系，实现内外部数据互通互联，一体化打通业务链、数据链、决策链，同时开发数据收集分析系统，对设备运行数据进行实时采集，以产品标识解析为主线，全面打通生产和经营的信息链，结合智能决策及反馈，实现了信息传递追溯、理能源集中管控和自动平衡分析，提升了产品和服务品质，提高了企业资源配置效率，进一步增强了企业柔性、绿色的智能生产能力。

3. 内外系统协同联动初步实现信息共享

桐昆集团、新凤鸣集团、恒逸高新等企业，一方面借助移动终端设备、数字监控系统等智能化设备，实现了生产实时情况在中控室可视化监控，部分实现原料调度、产品仓储、物流运输等不同业务单元的信息系统集成，大幅提高了企业生产操作效率，同时保障了生产安全和设备稳定运行；另一方面建立了在线交易平台，集成销售、物流、仓储、客户等信息，加强了企业与客户间的业务联系，促进了企业管控、生产计划、财务结算等环节衔接。

4. 智能仓储系统实现"无人化作业"

义乌华鼎、新凤鸣集团、国望高科等企业建立了由自动存储立体区、入出库输送系统、电气控制系统、计算机监控调度系统和信息管理系统等组成的智能仓储系统，可实现智能化仓储、产品信息自动识别、跟踪、分类、存储及管理，提高了仓库管理效率。仓储系统还支持与企业 MES、ERP 系统信息集成，为生产及销售提供数据支撑。

5. 在线检测监测实现"精益化管理"

国望高科、恒逸高新、新凤鸣集团等企业建立了生产过程在线质量监测及管理，包括聚合温度、压力、黏度在线监测，纤维张力、均匀率、含油率、纤度等在线检测和监控；毛丝、僵丝、油污丝等异常外观自动检测，结合自动识别技术设备，在原辅料供应、生产管理、仓储物流等环节实时记录产品信息情况，实现产品从原料到用户应用全程信息可追溯。此外，个别企业还建立了能源管理控制系统，对水、电、汽消耗量进行控制。

（二）面临的主要问题

化纤行业推进数字化转型已取得显著成就，但仍存在一些需要解决的问题。

一是发展路径研究不够。数字化转型是一项系统工程，各细分行业、各相关企业的工艺技术、生产设备、企业管理等各不相同，推动数字化转型必然是围绕行业、企业的具体问题，研究实施路径，特别是要尽快构建化纤行业智能制造相关标准，指导企业开展相关工作。

二是专业人才缺乏。数字化转型需要专业化、跨学科的综合人才队伍，特别是信息系统架构、管理咨询和信息资源整合等方面的高端人才。此外，低技能甚至是部分熟练工将被机器人替代，而调试、维护和控制机器人的技术性岗位会相对增加，对这类技术人才的需求将急剧增加，化纤企业需要进行培训或引进高水平技术人员。

三是系统解决方案短缺。在化纤数字化转型工作中，部分关键技术尚未突破，缺少能够提供解决方案的供应商，主要是智能制造装备、传感器、专用控制器件、控制软件、管理软件等软硬件基础能力相对弱。此外，信息化软件开发主要依赖外部单位，自身缺少软件开发和维护专业人才。

（三）重点推进领域

结合化纤行业特性，以聚合反应、熔体输送、纺丝、物流仓储、在线检测等环节数字化加工与工艺优化为重点，鼓励引导化纤企业与集成供应商形成若干套具有自动执行、智能感知、深度学习、智能决策等功能的智能化、数字化、集成化系统解决方案。

1. 制造端

一是设计研发数字化。进一步推广计算机辅助设计软件、三维设计与建模工具等技术，应用于装备设计、新产品研发等，实现设计研发过程的三维模型化、高度集成、协同融合，大幅缩短产品开发周期，降低开发风险和开发费用。

二是全过程生产数字化。运用大数据采集、分析、挖掘等技术，全面收集从原料采购、计划调度到生产执行的数据流、MES与控制设备和监视设备之间的数据流、现场设备与控制设备之间的数据流，打造完整数据链，将"人、机、料、法、环"相关数据进行连接、融合。

2. 供应链端

一是企业内系统间互联互通。通过部署现场总线、工业以太网和无线网络，营造人、机、物联系的环境，实现制造环节设备间的互联互通与信息采集、发送，生产管理与企业管理系统的互联互通，具备一定的网络安全功能。

二是上下游企业间系统集成。在企业内部围绕核心生产流程实现不同系统的互动和互操作的纵向集成基础上，通过统一平台、实时数据库、云服务等技术，实现上下游企业间的业务集成。

三、 化纤行业数字化转型发展趋势

一是智能装备研发应用进一步加强。推进大集成、低能耗智能物流、自动落筒、自动包装等装备研发及应用，提升纤维自动化、智能化生产水平。加快涤纶加弹设备自动生头装置及在线质量监测系统的研发及应用，提高涤纶、氨纶、锦纶的纺丝、卷绕装备智能化水平。

二是企业数字化转型加快推进。推动人工智能、大数据、云计算等新兴数字技术在化纤企业的应用，提升企业研发设计、生产制造、仓储物流等产业链各环节数字化水平。应用数字技术打通企业业务流程、管理系统和供应链数据，实现组织架构优化、动态精准服务、辅助管理决策等管理模式创新，提升企业经营管理能力。

三是工业互联网平台支撑产业链数字化发展。打造主数据、实时数据、应用程序、标识解析、管理信息系统、商务智能一体化集成的工业互联网平台，支撑企业数字化转型与产业链现代化建设。推动产业链上下游相关企业通过工业互联网平台实现资源数据共享，加强供需对接，促进全产业链协同开发和应用。

（撰稿人：吕佳滨）

第四章

印染行业数字化转型发展情况分析

（中国印染行业协会供稿）

印染行业作为纺织工业的重要组成部分，是保证纺织品服装内在品质、赋予纺织品服装色彩、图案和功能性的重要环节，是具有高创意感染力、高附加值特征的产业。印染行业的发展为服装、家纺和产业用纺织品等下游产业提供重要的技术支撑，为满足人民对纺织产品新需求、引领绿色时尚新潮流提供重要保障。

一、 印染行业发展概况

我国印染行业产业集中度高，主要分布在浙江、江苏、福建、广东和山东等东部沿海五省。五省产量占全国总产量的比重达95%左右，其中，浙江省印染布产量占全国总产量的50%以上。"十三五"以来，印染行业逐步由数量规模型向质量效益型转变，印染布产量增速总体维持在合理区间。2020年，在全球新冠肺炎疫情的深刻影响下，印染企业生产恢复缓慢且市场需求走低，行业产量、质效等主要经济指标整体呈负增长态势。2021年，受纺织品服装内需市场稳步改善和纺织品服装出口增势良好等积极影响，印染行业生产保持较快增长。2021年，印染行业规模以上企业印染布产量605.81亿米，同比增长11.76%，两年平均增长6.15%（两年平均增速是以2019年相应同期数为基数，采用几何平均的方法计算的增速），印染布产量和增速均创近十年新高。

当前，印染行业转型升级取得了明显成效，但行业高质量发展过程中还面临一些问题。综合创新能力有待加强，创新研发投入不足，创新型人才缺乏，创新成果转化效率有待提高；数字化水平整体不高，数字化推进速度有待提高；环境要素的刚性制约不断强化，环保压力持续加大；部分关键核心技术和高端装备对外依存度高，亟需加快补短板强弱项；高端产品有效供给不足，产品结构和市场结构有待进一步调整。

二、 印染行业两化融合发展情况

（一）发展现状

"十二五"以来，印染行业两化融合发展水平显著提高，局部模块式自动化装置种类越来越多，应用覆盖面逐步扩大。

1. 印染行业两化融合应用水平提升情况

（1）工业软件方面。资源计划管理系统（ERP）、生产计划排程系统（APS）、制造执行系统（MES）、染缸中央集控系统等数字化管理系统在行业内得到不同程度的应用，其中 ERP 软件的普及率较高。

（2）工艺装备方面。单机台的自动化控制和数字化水平显著提升。溢流机、气流机等染缸除了进出布需要人工辅助外，基本实现全自动化控制，工艺温度、升温速率、保温时间、进水排水、压力等参数实现中央集中管控。连续前处理、轧染、印花、定形等设备，实现机械参数、主要工艺参数在线监测与控制，生产过程中对产品质量进行实时监控。部分优秀企业对水、电、汽等资源、能源消耗进行在线数据采集、分析。

（3）生产辅助装备方面。实验室染料自动滴液基本得到普及；染化料自动称量配送、印花自动调浆、智能整纬、自动测色配色、定形机火灾自动报警、成品自动包装及分拣、自动化立体仓库等设备和系统应用面逐渐提高；物料自动装卸装置、AGV 小车和自动化叉车等车间物料智能物流装备得到应用；智能验布、废水处理数字化管理等设备和系统逐步完善成熟中。

（4）云平台建设方面。目前还处于起步发展阶段，云平台建设主体数量较少，数据类型不够全面，数据分析不够深入，平台大数据与企业生产经营之间的结合度不够紧密。云平台建设主体主要有地方政府、印染企业、印染设备企业、信息化服务商和电商平台等几类。目前跨企业的云平台建设有一定的局限性，比如通过设备参数、工艺参数、资源消耗等数据分析进行设备监控、优化工艺、资源管理等，但一些敏感数据的采集以及对数据的深度开发、个性化利用还不够充分。龙头企业的云平台建设可完全根据企业自身发展和需求情况，数据采集更全面，更易于深度开发和利用，如盛虹集团有限公司的"盛虹智慧印染工业互联网平台"成功入选 2020 年工业和信息化部

《2020 年制造业与互联网融合发展试点示范名单》。

（5）印染企业智能化发展方面。筒子纱全自动智能化染色装备和技术已达到国际领先水平，已建成筒子纱智能染色工厂。"十三五"期间，华纺股份有限公司、福建省宏港纺织科技有限公司、上海嘉麟杰纺织品股份有限公司、绵阳佳联印染有限责任公司等企业先后入选工业和信息化部"两化融合管理体系贯标示范企业名单"。这类企业在实施两化融合过程中，通常从以下几个方面进行规划：一是建立完备的信息化管理系统；二是尽量打通设备间的数据传输通道，实现设备的互联互通；三是通过对工艺参数的自动化设定和控制，实现工艺"上机"、优化工艺；四是通过排产软件和算法，优化印染生产流程动态调度，实现设备利用率和生产效率最大化；五是提高各类生产辅助装备的智能化水平。此外，优秀企业善于探索和应用新技术新模式，如物联网 FRID 技术、远程诊断技术、智能验布技术等。

（6）两化融合服务商方面。两化融合服务商针对印染企业两化融合典型场景提供专业解决方案，服务能力也不断提升，比较有影响力的服务商有佛山技研智联科技有限公司、杭州开源电脑技术有限公司、常州宏大电气有限公司、上海千立自动化设备有限公司、绍兴环思智慧科技股份有限公司、佛山市南海天富科技有限公司、杭州盛格软控机电有限公司、立信染整机械（深圳）有限公司等。

2. 两化融合建设和发展给企业发展带来的突出成效

两化融合建设是印染行业转型升级、高质量发展的必经之路，对培育和提升企业核心竞争力起推动作用，具体表现在以下方面：

（1）提升了工艺重现性和产品稳定性；

（2）提高生产效率和生产组织能力，提升了市场响应速度和应变能力；

（3）减少用工人数，缓解招工难、用工成本高的问题；

（4）降低染化料用量、水耗、能耗等资源、能源消耗，降低废水和污染物排放量，提升节能减排和清洁生产水平；

（5）提升生产现场管理水平，有助于实施精益生产管理；

（6）改善和优化作业环境，提升企业形象。

（二）面临的主要问题

（1）硬件和软件发展不平衡，部分国产软件系统的稳定性成熟性有待进一步提高，如 MES 系统、APS 系统等。

（2）印染模块式智能化之间难以有效衔接。通常服务商专注于一个或多个智能化解决方案，缺少综合性的智能化解决方案服务商，未能一站式提供全部印染智能化解决方案。

（3）两化融合专业人才紧缺。印染企业缺少两化融合建设所需的信息化自动化领域专业人才，以智能化解决方案服务人员为主，印染企业人员为辅，信息化自动化和印染两个领域的综合人才更少。

（三）急需突破的难点

（1）部分高端零部件和控制系统对外依存度较高，如数码印花喷头、高性能传感器、高端的设备集成及控制系统（MES）等。

（2）部分模块式智能化装备技术的可靠性成熟性不高，还需进一步研发完善，如染缸自动进出布、印染面料智能验布等技术。

（3）工艺参数的数据采集、分析、反馈应用三个层面，目前采集层面相对比较成熟，分析层面次之，反馈应用层面还有很大提升空间。

（四）重点推进领域

重点推进企业生产线的智能化技术改造，加快智能制造单元、智能生产线建设。进一步推广应用相对成熟可靠的模块式智能化装备，加强部分不成熟的智能化装备和技术的研发应用。进一步加强软件系统的开发应用，提升国产 MES 系统、APS 系统的成熟性和可靠性，加强设备运行系统的移动端系统开发。以工业互联网平台为依托，加强企业内部、上下游企业之间、生产设备与信息系统的互联互通。

三、 印染行业数字化转型发展趋势

把握数字化、网络化、智能化融合发展的契机，推进新一代信息技术在印染行业设计研发、生产制造、现场管理、仓储物流、运营决策等各环节的广泛运用。实现信息传送、数据接口行业互认，制定相关标准，实现不同层级"信息孤岛"间的互联互通。加强覆盖全流程的信息系统和物流系统研发应用。建设印染数字化工厂和建立数字化工厂标准体系。将生产制造与信息技术、云技术相结合，提升印染企业云制造、虚拟制造能力和水平。

（撰稿人：张怀东）

第五章

针织行业数字化转型发展情况分析

（中国针织工业协会供稿）

随着新一轮科技革命和产业变革深入发展，尤其是面临新冠肺炎疫情对线下实体渠道造成的严重冲击，劳动力成本的快速上升，消费者消费行为的变化，企业对数字化的认知和实施意愿明显提升，针织行业数字化转型进入加速阶段。

一、 针织行业发展概况

我国针织行业受 2019 年底暴发的新冠肺炎疫情影响，行业经济运行短期受到了严重冲击，但行业发挥产业链、供应链完整，产业基础牢固、韧性强的优势，攻坚克难，积极应对，在积极做好疫情防控的同时，加快数字化应用，深化转型升级，行业得以快速企稳回升，总体上保持了稳中向好的发展态势。

2021 年，针织行业主要经济运行指标较 2020 年明显增长，规上企业主营业务收入同比增长 13.3%，增速高于上年同期 21.48 个百分点，利润总额同比增长 39.43%，增速高于上年同期 61.81 个百分点；利润率 5.05%，比上年提高 0.95 个百分点，行业运行质量持续提升，运行效益整体改善，已超过 2019 年同期水平。2021 年，规上企业针织服装产量同比增长 10.86%，两年平均增长 1.75%，占服装总产量的份额达 60.05%，比上年提高 2.03 个百分点，自 2015 年以来首次出现正增长。2021 年，针织行业出口额 1095.82 亿美元，同比增长 39.57%，两年平均增长 10.33%，得益于国内疫情防治措施得力和国际市场需求回暖以及部分订单回流影响，行业出口快速增长，再次突破千亿美元，创 2015 年以来最好水平，针织行业实现了"十四五"的良好开局。

二、 针织行业两化融合发展情况

（一） 发展现状

当前，针织行业正以数字化车间、智能工厂、智慧营销等场景为数字化主战场，沿着装备智能化与生产运营管理智能化两条主线齐头并进，交叉融合。利用物联网、云计算、大数据、人工智能等新一代信息技术，通过对设备的在线监控和生产计划的集中控制、计算机辅助设计、产品质量在线检测、消费数据挖掘等系统应用，不断创新业务模式，实现智能化生产、个性化定制、网络化协同。

针织行业数字化发展主要呈现以下三个特点。

一是龙头企业引领，进入集成创新阶段。以上市公司为代表的行业龙头企业、大型企业，因拥有高质量的人才队伍、先进的生产装备、现代化的管理体系，CRM、ERP、MES、SCM、WMS、PLM、CAD/CAM 等信息化系统得到普遍应用，企业数字化向着设备智能化改造、设备联网、智能仓储、系统集成、数据中台建设等方向深入开展，推动设备、信息化系统的互联互通，已初步建成数字化车间、智能工厂，形成集团层面的一体化系统集成，并开始向供应链延伸，逐渐发展为以企业为中心的工业互联网平台。

二是中小企业跟进，单点应用快速突破。占行业主体的中小企业，受限于资金、规模、人才等多方面因素，数字化主要侧重于提升设备自动化、智能化水平方面的技术应用，如产品在线质量检测、自动落布、自动换纱（筒）、针织印染的自动送料、智能配色、平幅连续化生产、一线成型等，以提高生产效率和产品质量为主；在信息化系统应用方面，则是围绕企业生产经营中的关键环节、痛点，有针对性地引入实施 ERP、MES 等系统，特别是面向电商、直播、实体销售等场景的具备全域协同、消费数据挖掘、消费行为分析、流行趋势预测等功能的智慧营销系统，以提升企业的快速反应能力和客户满意度为重点。同时，中小企业积极开展线上营销，电商、直播、种草、社交等多种互联网新零售模式快速普及，线上线下逐渐融合。SAAS 模式的云服务平台，因成本低、免维护、自动升级等特点逐渐受到中小企业青睐。

三是行业工业互联网平台初露锋芒。在行业数字化转型的过程中，信息化服务商、设备制造商、院校等第三方机构根据行业需求结合自身优势建设的行业工业互联网平台开始兴起。如致景科技在生产环节利用物联网连接了超过 20 万台针织圆机、经编机，通过大数据、人工智能技术，发展成为坯布产能智能匹配平台，提高了中小企业的产能利用率，形成了行业共享制造的新模式，并进一步向纺织服装全产业链柔性制造平台演进；慈星股份发挥电脑横机的制造优势，建成"一线成型"智能制造平台，将分散在不同物理空间的慈星设备联网，汇聚原材料、花型数据库、设计师资源，打造针织毛衫柔性供应链，支撑大规模个性化定制；江南大学自主研发的互联网针织 CAD 系统-iKDS，实现了针织产品的线上设计、三维仿真和服装的虚拟展示，可与 CAM 无缝对接，显著缩短了针织产品的开发周期，正向针织行业协同设计云平台方向发展。

（二）面临的主要问题

尽管针织行业在产业数字化方面取得了长足进步，但从行业实践来看，企业数字化转型尚存在很多问题，主要表现在以下几方面。

一是企业对数字化转型的认知不足。将智能制造与自动化等同，将主要精力放在提高单体设备的自动化率上，忽略了对信息技术的投入。

二是企业对数字化转型的需求不清。缺乏整体性的战略规划，导致对企业数字化的具体需求不慎明晰，更多将希望寄托于技术服务商，导致在系统开发、实施过程中合同纠纷频发。

三是企业对数字化转型的路径不明。片面追求尖端技术，未根据自身的实际情况和目标站在数据驱动角度对不同技术路径、不同系统的互联互通和未来发展中的兼容性和复用性进行综合考虑，致使企业内部多种技术并存、信息孤岛林立。

四是数字化专业人才缺乏。不能充分发挥已投入系统的功能，影响企业数字化转型的效用。

五是数字化转型相关标准缺失。设备、软件、平台缺乏统一的接口协议、行业数据分类分级、智能制造方面也缺乏相应的行业标准，对工业知识、基础工艺、机理模型等关键共性技术研发不足，成为制约企业数字化转型的瓶颈。

（三）重点推进领域

针织行业两化融合主要围绕机器换人、工艺流程优化、运营效率提升和快速反应能力展开，重点推进领域如下。

一是装备与工艺智能化。包括纱线长度实时在线测量和纱线恒张力控制系统、断针检测、纱线自动接头、自动挂纱、自动换筒、针织品的自动下料和收集、基于机器视觉和人工智能的针织物在线疵点检测与分类、基于流程仿真和机器学习的印染智能配色、针织物平幅连续化生产技术、针织服装全成型技术等。

二是织造数字化车间。包括开发基于5G和工业互联网的数字化车间管控系统软硬件，如具备数据采集与边缘计算的智能传感器，实现低成本数据采集、存储与处理，实现织机设备的互联互通、上云及远程监控；基于数字孪生技术，实现针织设备全生命周期在线监控、调度仿真和远程运维；以及生产织造MES管理系统、高级计划排产APS以和仓库管理系统等，帮助企业实现如智能排产、智能调度、预测性维护、产能预测等基于实时生产数据的生产管理新方式。

三是针织服装个性化定制平台。以电商系统和社交平台导入用户流量，融合基于VR技术的三维虚拟试衣设备、激光精准人体测量设备、智能样板系统，并对接企业现有ERP、MES系统，从而打造低成本、高品质的针织服装个性化定制。

四是网络化协同生产模式。综合考虑不同规模企业业务需求的差异，以云边协同的方式实现云端管理、边缘计算的全链路服务，实现企业供应链的网络化、精准化协同，增强在紧急大单、人力和产能不足突发事件下供应链的弹性、韧性。

五是针织CAD/CAM集成设计云平台。实现3D虚拟设计、工艺仿真、XR动态展示等功能，利用大数据挖掘、图像识别、知识图谱等先进AI技术开发针织行业算法模型、生产机理模型及行业知识库。

六是工业互联网与大数据平台。基于人工智能的大数据分析与趋势预测平台和基于模组化、SAAS模式面向中小企业的ERP、MES/APS等工业互联网平台。

三、 针织行业数字化转型发展趋势

针织行业数字化转型基本沿着自动化、信息化、智能化的路径发展，线上线下融合。在具体实践中，不同企业需求不同，其数字化转型的路径和采用的数字化解决方案亦有不同，可谓千企千面，但从行业层面和数字化发展趋势看，工业互联网将成为行业数字化转型的重要载体，并将出现以下几点趋势。

一是行业龙头企业主动进行数字化转型。实现企业内部纵向集成的同时，将进一步利用其在供应链中的链主地位，以采购需求为牵引，建立起垂直工业互联网平台，推动上下游企业进行数字化改造、融入其数字化应用场景和产业生态，实现企业间的横向集成，形成兼具大规模生产和个性化定制的柔性制造体系。

二是工业云平台赋能中小微企业进行数字化转型。在管理、商业模式方面进行创新，发展基于网络化协同的"共享制造"模式，以极低的成本突破地理局限，形成生态化的虚拟组织，从而获得大企业的市场规模优势，打破传统的企业线性发展模式，获取数字经济的加速度。

三是产业链供应链数字化转型。从长远看，不同类型、不同规模的工业互联网平台，将最终实现纵向、横向的贯通、互联，实现跨企业、跨产业、跨区域的全链打通，实现行业全要素、全产业链、全价值链的全面连接，从而大幅提高资源优化配置效率和产业链协同能力，支撑构建新型生产制造和服务模式，促进数字化管理、个性化定制、网络化协同、服务型制造等新模式的应用落地，实现行业柔性制造和全要素生产率的提升，促进行业高质量发展。

（撰稿人：张希成）

第六章

家用纺织品行业数字化转型发展情况分析

（中国家用纺织品行业协会供稿）

家纺行业作为纺织三大终端产业之一，是传统民生产业，是科技与艺术融合的创意产业，是创造美好生活的时尚产业，在拉动内需增长、对外贸易、促进就业、建设生态文明等方面发挥着重要作用。

一、 家纺行业发展概况

"十三五"期间，家纺行业运行稳中向好，主要经济指标稳步提升，2016~2020年，全国规模以上家纺企业主营业务收入累计增长10.3%，出口规模稳定，高居世界首位，在全球家纺出口贸易中我国产品出口额占比稳定在40%以上。2021年，家纺行业运行总体平稳，全国规模以上家纺企业营业收入同比增长6.45%，出口额同比增长29.36%，基于上年新冠肺炎疫情原因导致的产业基数变动，行业增速逐月放缓，全年仍然保持在合理的增长区间。

2022年，在我国经济发展面临的需求收缩、供给冲击、预期转弱三重压力下，家纺行业开局保持平稳运行。1~2月全国规模以上家纺企业营业收入同比增长4.82%，出口额同比增长4.88%，但随着世纪疫情持续，百年变局加速演进，外部环境更趋复杂严峻，行业发展依旧面临诸多挑战。

在当下破局突围的攻坚时刻，家纺行业围绕"科技、时尚、绿色"主题，从数字化转型入手为推动行业高质量发展探索方向。本报告将围绕行业两化融合发展状况对行业数字化转型所面临的问题及重点推进领域进行阐述，并对行业数字化发展趋势进行概括并辅以行业案例，希望对转型之路上的企业、集群具有参考借鉴作用。

二、 家纺行业两化融合发展情况

（一）发展现状

近年来，随着国家大力发展数字经济，以移动互联网、工业互联网、云计算、大数据、人工智能等为代表的新一代信息通信技术得到快速发展，家纺行业两化融合步伐加速。"十三五"期间，家纺行业共获得 14 项中国纺织工业联合会科学技术奖，其中科技进步一等奖 3 项，技术发明一等奖 1 项，科技进步二等奖 9 项，科技进步三等奖 1 项。行业骨干企业在使用先进设备实现自动化连续化生产，采用 MES 系统提升企业智能管理水平，推广应用智能仓储系统、智能悬挂系统和智能输送系统等方面取得长足进步。家纺产品自动化连续化生产取得跨越式大发展，新增具有先进水平的床品套件、芯被、毛巾、窗帘等自动化、连续化生产线装备千余台（套），生产效率和品质得到显著提升。

"十三五"时期，行业积极推动家纺智能制造试点示范工程，共有 6 家企业被评为纺织行业"智能制造示范企业"，包括智能毛巾生产线、智能被子生产线、智能件套生产线、窗帘连续化生产线等，其中梦洁是工信部评定的国家级示范企业。智慧门店开设数量逐年增加，云货柜、自助购货系统、会员管理等信息化技术不断应用，充分发挥大数据功能，行业信息化水平不断提高。

（二）面临的主要问题

纺织行业是最早开展两化融合探索的行业之一，但家纺行业作为纺织三大终端产业，受渠道、工艺、供应链等客观因素制约，行业两化融合仍处于初级阶段，工业互联网平台资源集聚与服务的深度和广度还需要进一步提升，平台赋能行业发展尚处探索阶段。当前主要面临的问题如下。

（1）家纺行业主要产品领域分为床品、毛巾、布艺、地毯等，不同产品领域对应的市场容量、产业集中度、营销渠道、生产流程、工艺参数等相差较大，各品类没有形成相对统一的智能制造相关标准是阻碍行业两化融合发展的关键。

（2）企业两化融合统筹规划能力不强，两化融合的目标与方向不明确，导致数字化转型的资源浪费。企业两化融合实施阶段往往与数字化转型的初衷与效能达成不相匹配，如自动化（智能化）设备的引进与技术改造；信息管理系统的实施与改进；装备、产品以及消费端的数据采集；数据链的贯通与实时分析与自决策；云计算技术下的平台协同等，不同时期的数字化建设目标分散，不能时时满足与推动生产效率、高端制造、研发能力、创新能力、柔性生产、多元定制、快速反应、售后服务等相匹配的总体目标要求的达成，数字化转型诊断路径不明确且不能进行动态调整。

（3）家纺行业同其他制造业一样，在两化融合发展过程中仍然存在数字化、网络化关键基础能力不足；专业人才短缺、资金投入不足；工业互联网与行业融合尚浅，关键技术研究相对不足；企业对数字化转型的认识不足等问题。

（三）重点推进领域

"十四五"期间，家纺行业将通过推进产业数字化、智能化转型发展，加快自动化生产线的应用，提升企业智能化运营水平。围绕主要症结从以下方面进行重点推进。

（1）探索推进行业智能制造标准体系建设。以《国家智能制造标准体系建设指南》为指导，根据中国纺织工业联合会的统一要求，针对家纺作为纺织终端产业跨越生产与流通的特点，立足国内需求，兼顾国际体系，推进家纺行业智能制造标准体系的建设，积极发挥标准体系在推进行业智能制造健康有序发展中的指导、规范、引领和保障作用。

（2）组建专家团队，围绕行业发展阶段现状，开展有效调查研究，确定数字化转型实施阶段分类，以此为基础，以市场需求为导向，按品类对目标要素进行分解，积极探索数字化诊断路径，为企业及地方提供数字化转型依据及可操作性案例。

（3）结合行业数字化转型过程中的痛点，围绕技术应用、柔性供应链等做好重点工程推广：

一是加快推进制造业数字化转型，实施虚拟现实、大数据、云计算、人工智能、工业互联网等多种数字技术与家纺制造产业的深度融合发展。

二是通过数字技术在家纺产业的应用，实现从多方面改善生产环节的供给能力。

——在研发设计领域，通过采用虚拟仿真、人工智能等数字技术，降低研发成本、提高研发效率，加速科学研究进程与科技成果的工程化、产业化，加快新产品上市速度。

——在生产作业现场，依托物联网、大数据、工业互联网、人工智能等数字技术，实现对设备、生产线、车间乃至整个工厂全方位的无缝对接、智能管控，最大限度地优化工艺参数、提高生产线效率。

——在品质管控方面，通过人工智能技术的使用，提升质检效率和水平，有效提升优良品率。通过区块链等技术建立产品追溯机制，提升供应链的透明度和可靠性。

三、 家纺行业数字化转型发展趋势

随着家纺行业两化融合进程不断推进，行业自动化数字化装备水平不断提升，家纺行业数字化转型发展逐步呈现企业转型阶段化与区域平台化的发展趋势。

（1）企业分阶段开展数字化建设。数字化建设要与时俱进，量力而行。第一阶段是企业自身内部的数字化，也就是生产制造"创新链"升级，如装备的升级，工厂内部的软件系统整合、数据打通以及在企业内部把生产数据的价值最大化发挥出来；第二阶段是指从制造的前端到后端贯穿打通，在产业链条上形成闭环数字化，也就是产供销"价值链"升级，如从设计、供应链、销售、品牌等环节通过数字化手段达到更多的增值和创新；第三阶段是指通过数字化手段达到供需关系的优化以及产销关系的快速反应，也就是生命周期"供应链"升级，如产品开发与营销数字化优化升级，实现"快反"效果等。

（2）产业协同平台成为数字化转型的载体。产业协同平台可以整合产业链上的各种资源，协同发力，将社会资源优化统筹，将各种资源价值最大化地发挥出来。通过将工厂、品牌商、贸易商、消费端更好地联动起来，提高效率，全面走向新制造服务生态。随着供应链运营与工厂的生产数字化之间更好的协同与资源整合，通过智能决策、经营管理、生产管理、数字物联、机联、人联等方面进行数字化进程改革与优化。在产业协同平台以及数字化联通的基础上，构建产业级的家纺工业互联网平台。

（撰稿人：阮航）

第七章

长丝织造行业数字化转型情况分析

（中国长丝织造协会供稿）

长丝织造行业是纺织工业重要的制造环节，在行业发展中发挥着基础性作用，是产业规模优势的集中体现，是实现价值的重要环节。

一、 长丝织造行业发展概况

我国是长丝织造产业第一生产大国，截至 2021 年底，我国长丝织造行业织机规模达到 79.5 万台，其中喷水织机 73 万台。长丝织造行业是增长最快的纺织产业之一，化纤长丝织物产量从 2000 年的 41 亿米上升到 2021 年的 557 亿米，年平均增速超过 13%。长丝织物是纺织行业第一大出口机织物，据中国海关、中国长丝织造协会统计，2021 年我国化纤长丝织物累计出口已超 190 亿米。化纤长丝织造产业正逐步成为最具市场活力和技术活力的产业之一。

近年来，长丝织造行业紧扣高质量发展主题，不断巩固、发挥产业优势，提升基础能力和产业链现代化水平，实现了由注重规模扩张向注重产品技术创新和品质提升的转变。长丝织造行业企业在技术创新和数字化改造中积极探索并取得实效，产业创新成果竞相涌现，科技实力大幅增强。功能化、高仿真类、新型弹性化新产品层出不穷，产品结构进一步优化，满足人们多功能、个性化需求的高附加值产品的产量比重有显著提升。目前，长丝织造行业服装、家纺、产业用纺织品的纤维消费量比重已由 2015 年的 70∶25∶5 调整为 64∶30∶6，高档羽绒服、功能性户外运动服、高档时装、高档窗帘和高档室内装饰等面料逐渐成行业主流。

"十四五"时期，长丝织造仍将是纺织工业规模化优势的基础支撑，是纺织工业全球化优势的重要组成，是纺织工业智能化优势的重要支撑，是纺织工业集约化优势的重要体现。面对复杂环境和激烈竞争，长丝织造行业需要坚持创新驱动，加大产品研发投入，完善工艺装备，提高应对市场波动和风险挑战的能力，以优异成绩加速推进行业"科技、时尚、绿色"的高质量发展新局面。

二、 长丝织造行业两化融合发展情况

（一）发展现状

随着生产水平的不断提高和技术的不断进步，依托大数据、物联网等数字化技术，行业内一批自动化、智能化技术装备得到推广应用，我国长丝织造产业的科技创新和数字化改造过程持续加速，为产业的信息化、智能化打下了坚实基础。

1. 喷水织机自动化水平提升

长丝织造行业采用的织造设备全部是喷水织机、喷气织机和剑杆织机等无梭织机，其中喷水织机占织机总量的 90%。

目前，喷水织机实际生产转速已提高到 750r/min，采用电子送经、电子卷取、共轭凸轮开口、电子多臂开口、电子大提花开口、永磁直驱电动机、高速电子储纬器等具有国际先进水平的织机比重达到了 40%，产品适应性更强，自动化、数字化水平显著提升。大部分织机已变为数控面板控制，借助 ERP 等管理系统实时采集数据传输到监控室或手机端，解决数据孤岛，实现"云检测"，完成精准控制，有效提高了生产效率和产品质量，为企业精细化管理打下基础。

2. 自动穿经机得到推广

当前，针对长丝高强、细且特性专门研制的化纤长丝自动穿经机已得到企业认可，并逐渐在企业中批量使用，应用也更加灵活和深入。自动穿经速度达 20 万~30 万根/（台·天），可相当于 15~20 名熟练工人，在提升生产效率和产品质量的同时，也为开发生产复杂组织织物提供了技术保障，有效降低了对熟练工人的依赖，显著节约了劳动力成本。

3. 自动整经系统走向成熟

随着变频技术、数字化控制等先进技术在整经系统的应用，整经机实现了运行恒线速、恒张力、高速度，定位准确，操作便捷。高精度控制的整经机在织造超细纤维织物，特别是锦纶长丝织物中获得了广泛应用，提高了产

品质量和品种适应性，为生产高端纺织面料提供了硬件保障。

目前，机器人自动挂经系统已开始在部分企业试运行，通过智能挂经调度系统将机械手自动拆垛、自动取料、机器人自动上丝、AGV 自动配送、自动收管等模块高效协同工作，从经丝原料入库拆包到纱架挂丝、纸管回收全部由该套装置自行完成，大幅减少劳动用工，效率明显提升。

4. 智能立体仓储和物流信息化管理技术广泛使用

目前，一些有条件的大型企业均已建立智能织轴存储系统、坯布存储管理系统等智能化立体仓储系统。该系统为每匹布办理"身份证"和通行证，可完成上千批次坯布的随时存放和调取管理，并可实现单匹布的数字追踪，及时了解生产、运输进度，为进一步实现企业供、产、存、销的一体化数字管理做好准备。

5. 各工序信息化、数字化基础持续向好

长丝织造全流程的信息化、数字化基础不断夯实，在此基础上，行业企业正积极推广实施"5G+工业互联网"的科技成果应用，全力提升传统纺织业的数字化水平。通过集成运用生产制造执行系统（MES）、企业资源与计划管理系统（ERP）、仓库管理系统（WMS）、数据采集与监视控制系统（SCADA）、大数据系统等工业信息化软件系统，不断打造"智慧工厂"。

（二）面临的主要问题

受企业经营管理理念及行业配套供应商技术水平的限制，长丝织造行业自动化智能化发展中仍存在一些问题和瓶颈。

1. 连续化、智能化生产有待突破

目前，长丝织造行业主要集中在单台设备的智能化和自动化上，上下工序尚未实现无人操作的全自动连续化生产。织机的自动上轴、自动落布、自动验布等工序的智能化技术还不成熟，有待进一步研究。

2. 智能化生产软件仍需完善

化纤长丝织造企业生产车间的倍捻机、织机虽加装了数据采集系统，实现了数据的实时采集、统计与显示，但缺少对数据的二次开发和利用，数字化的优势没能完全发挥出来。

3. 国产高端织造设备仍需提升

近几年，国产织机在速度、自动化等方面正在缩小与国际先进水平的差距，但在张力控制的精准性、电子及机械配件的加工精度和稳定耐用性等方面仍存在差距，国产织机的综合性能有待进一步提升。

4. 创新人才不足

当前长丝织造行业从事生产技术管理或产品开发的工作人员中，受过高等纺织专业教育的工程技术人较少，数字化配套人才短板明显，难以满足纺织技术快速发展的需求。

（三）重点推进领域

1. 设备智能化

提高高效率、低能耗、自动化、数字化、智能化纺织装备，高速喷水织机、特种纤维织造装备等机织设备的应用水平，持续攻关节水型喷水织机引纬系统、断经扫描自停机构等关键装置，在技术成熟后将逐步在全行业推广。

2. 管理精细化

利用 ERP、MES 等管理软件，实现业务接单、核价、原料采购、物流调配、研发测试、计划调度、在制品流转、质量检验、入库、销售出库等无缝对接，实现在人流、物流、资金流最优匹配下的产、供、销一体化、高效化管理。对机台采集数据进行二次开发利用，让其在优化工艺、工效及降低消耗上发挥效力。

3. 完善创新体系

针对影响产业进步的技术瓶颈，要加强科技创新和技术攻关，实现关键环节、关键领域、关键产品的突破。进一步完善以企业为主体、市场为导向、产学研用深度融合的科技创新体系。

通过长丝织造企业与高等院校、设备生产企业及信息技术企业等产业链上下游的合作，突破关键技术，在生产设备自动化、数字化水平进一步完善的基础上，开发数字化生产管理系统，形成长丝织造领域智能制造系统化解决方案。

4. 注重人才培养

注重数字化配套人才的培养与引进，补齐数字化人才短板。做好建立健全人才引进机制和培训制度的工作，完善岗位晋升体系和职工保障体系，培养人才、引进人才、留住人才。

5. 加强产需衔接

加强与下游企业及原辅料供应商之间的沟通与交流，将供应链打造成为适应"小批量、多品种、快交期"的快速反应体系，推动供应链上合作伙伴实现业务计划、预测信息、POS 数据、库存信息、进货情况以及协调物流信息的共享，实现由生产领域向流通领域的全业务流程的互通互联，减少过多中间交接环节的信息中断和延误问题，提高产业链的快速反应能力。

三、 长丝织造行业数字化转型发展趋势

未来，"技术—经济范式"将加速从工业化向数字化演进，数字经济与实体经济必将深度融合。对于长丝织造行业来讲，一定要加速推进产业数字化进程，这就要求企业加快全行业落后设备的淘汰改造步伐，积极采用新技术，进一步夯实产业数字化基础。

要加强科技创新和技术攻关，着力提升关键环节、关键领域、关键产品的突破能力。进一步推进以企业为主体、市场为导向、产学研用结合的科技创新体系建设。通过长丝织造企业与高等院校、设备生产企业及信息技术企业等产业链上下游的合作，在生产设备自动化、数字化水平进一步完善的基础上，开发数字化生产管理系统，形成长丝织造领域智能制造系统化解决方案，并在整个行业规模企业中推广使用。特别是对数字化整浆并、数字化喷水织机、成品半成品自动仓储技术、生产线智能运输系统、ERP 管理系统和在线监控与管理系统等关键技术进行研究和开发，建设智能制造示范生产线和数字化工厂，逐步提高生产的自动化、智能化水平，从而提升企业数字化管理水平，实现长丝织造企业数字化、信息化、智能化转型。

（撰稿人：贾慧莹）

第八章

纺织机械行业数字化转型情况分析

（中国纺织机械协会供稿）

纺织机械是我国纺织工业的基础，是纺织全产业链的重要支撑。我国纺织机械门类广、品种多，兼具离散型和流程型的制造特性，产业链完整，包括生产主机、纺织仪器和配套装置、专用基础件以及软件等六百多类产品，生产的纺织品主要应用于服装服饰、家用纺织品、产业用纺织品，特别是作为工业织材还被广泛应用在国防军工、航空航天、轨道交通、汽车工业和土木建筑等诸多领域。

一、 纺织机械行业发展概况

（一） 发展现状

近五年来，我国纺织机械行业由高速增长进入结构深度调整、更加追求高质量发展的中高速发展时期。我国纺织机械规模以上企业营业收入、利润总额增速和行业利润率均保持在合理运行区间。2020 年新冠肺炎疫情以来，行业运行承受了较大压力，2021 年，我国纺机行业克服了疫情反复、原料价格上涨、海运物流不畅、能耗双控带来的限电限产等诸多不利因素，生产经营稳健恢复，国内纺机市场总体保持较为旺盛的发展态势，行业主要经济指标回升明显，行业效益改善明显。

据国家统计局统计，2021 年规上纺机企业营业收入同比增长 27.28%，利润总额同比增长 38.38%，行业营业收入、利润等指标全面恢复至新冠肺炎疫情前水平。据海关统计，2021 年，我国纺织机械进出口累计总额为 84.42 亿美元，其中纺织机械进口 36.36 亿美元，出口 48.06 亿美元。行业出口金额稳步提升，自 2015 年出现顺差以来，对外贸易延续了顺差态势。

（二）行业面临的主要问题

纺织机械行业在基础理论、共性技术及其应用方面的自主研发能力和跨领域交叉研究能力相对薄弱，一些企业在研发和知识产权保护等方面投入不够，对纺织机械的关键共性技术研究不够重视，基础研究与技术开发较多处于跟随状态。

部分国产高端纺织装备与国际先进水平仍有差距，在绿色化、短流程、高速化、适应性等方面有短板，部分国产纺织装备的设计、材料处理、加工和装配等智能化生产和管理与国际存在差距，导致一些纺织机械产品运行稳定性不高。部分零部件质量差，降低了国产主机的可靠性。

二、 纺织机械行业两化融合发展情况

（一）发展现状

1. 纺机行业两化融合应用水平提升情况

2021年11月，工信部发布了《"十四五"信息化和工业化深度融合发展规划》，强调两化深度融合的新趋势体现在全面加速数字化转型。纺机行业及业内企业积极开展科技创新，在技术实力和产品竞争力上得到进一步提高。大多数新开发装备达到了国际先进水平，部分达到国际领先水平，实现了产业化应用。千吨级干喷湿纺高强/中模碳纤维产业化关键技术及应用获得国家科技进步一等奖；化纤卷装外观在线智能检测系统解决了化纤卷装外观质量自动化检测的世界难题，属世界首创；地毯丝加捻机达到国际领先水平，并获得国家科技进步二等奖；15万吨黏胶短纤维成套装备达到国际领先水平；高性能特种编织装备填补了国内空白；全自动电脑针织横机成功替代进口，打破了国外长期垄断，获得国家科技进步二等奖；低张力平幅针织连续煮漂机达到国际领先水平；超高速数码喷印设备突破多项数码喷印关键工艺技术，获得国家技术发明二等奖；高速宽幅水刺非织造布成套装备实现了柔性化设计，可满足生产线灵活组合的要求。

我国《纺织工业"十三五"发展规划》中重点提到的化纤、纺纱、针织、印染、非织造布、服装、家纺七个纺织智能工厂（车间）示范工程均取得了显著成效，纺织机械制造也有了智能化示范线，并已开始在中国智能制造系统解决方案供应商联盟纺织行业分盟的平台上推广应用。化纤长丝智能

物流系统生产全流程节约用工50%以上，人均产值提高100%以上。纺纱智能生产线达到了国际先进水平，万锭用工可实现15人以下。针织机械互联互通形成了完整的系统解决方案和标准。印染筒子纱染色实现了高效优质、节能减排，一次成功率可达到95%以上，吨纱节水27%、节电12%、减少污水排放30%。非织造布智能生产线实现了常规品种到防疫用非织造布的快速转产和稳定生产，并在抗"疫"战斗中发挥了重要作用。服装家纺智能吊挂系统和智能裁剪使同一工序效率提高60%，大规模个性化定制整体解决方案日趋成熟。纺纱机械智能工厂实现了物流、工艺流、信息流的全面集成和全流程互联互通，达到国际先进水平，在我国装备制造业中走在前列。

2. 两化融合建设和发展为纺机行业以及业内企业发展带来的突出成效

大数据、区块链、人工智能、虚拟现实、数据孪生等新一代信息技术的应用日益广泛，为纺机企业提供了日益丰富的解决方案。杭州开源公司建设了工业互联网服务平台，可提供各种场景的工业APP应用，在大数据及其他技术的支持下，通过多点统计分析、产品回溯等，辅助管理者做出优化决策。北自科技公司在以前化纤长丝物流系统的基础上，又推出了基于数字孪生技术的棉纺条筒智能输送物流系统，应用于并粗联系统的条筒搬运作业，实现了全新的换筒作业方式。

（二）面临的主要问题

虽然不少纺机企业添置了许多先进的数控设备、加工中心，但没有建成数字化制造系统，数据的利用率较低。纺机企业在智能化（数字化）制造升级方面投入不足，智能制造软硬件基础和应用能力薄弱，大多数企业尚未建立MES（执行制造系统），即使建立了MES的企业，其计划和成本控制对象也未细化，未完全实现与ERP（企业资源计划）的集成应用。

当前，我国纺织机械产品质量和可靠性存在不足，主要原因之一是机械制造工艺技术、生产方式和管理模式不够先进，纺织机械的制造技术、装配技术、热处理及表面处理技术以及质量管理水平有待改进，部分零配件质量欠佳，从而降低了国产纺织机械的可靠性，这也是制约纺织机械行业发展的瓶颈。

相当多的纺织机械企业还基本停留于传统工业思维，或者简单"触网"，企业内外价值链数据化尚未形成，互联网与企业的生产和经营管理等未能深度融合。企业的传统经营管理模式仍在延续，组织架构层次多，制造规模化、产品同质化、要素成本高、竞争乏力。

（三）重点推进领域

推动纺织机械行业及企业的工厂（或车间）数字化升级，重点落实纺机制造数字化车间建设、纺织机械的网络协同制造、纺织机械的远程运维服务，提高装备可靠性及专用基础件的制造水平，研究纺织机械智能制造过程信息物理系统关键技术，开展纺织机械智能制造的试点示范。重点发展纺织绿色生产装备，纺织智能化技术、装备和高技术纺织品装备和纺织装备控制系统及关键基础零部件，提升纺织装备工业的产业基础。

三、 纺织机械行业数字化转型发展趋势

根据国民经济和社会发展"十四五"规划建议及"碳达峰""碳中和"的战略目标，加快形成以国内大循环为主体、国内国际双循环相互促进的新发展格局，以供给侧结构性改革为主线，以纺织机械产业基础高级化、产业链现代化为重点，推进纺机行业数字化转型升级，持续推动纺织机械行业高质量发展。主要包括以下四个方面。

（1）重点发展纺机制造数字化车间建设、纺织机械的网络协同制造、纺织机械的远程运维服务，建立纺织机械主机和专用基础件生产及应用的智能制造场景，建设纺织机械生产的智能制造工厂/车间，开展纺织机械领域自身智能制造示范应用，推动纺织机械企业实现数字化转型升级。

（2）开展纺织装备机械动力学研究，推广减振降噪降耗技术、纺织装备关键零部件可靠性提升和寿命预测技术、机器视觉技术、数字孪生技术等已有研究基础并取得成效的基础共性技术，推广其在纺织装备和纺织生产上的应用。

（3）重点发展生物基纤维、可降解纤维、再生纤维等绿色纤维生产装备、绿色印染装备和纺织装备能源管理系统，带动替代化石资源，减少水资源消耗和污染，发展循环经济，推动纺织绿色化发展，促进建成"碳达峰""碳中和"的资源节约型和环境友好型社会。

（4）重点发展纺织短流程和自动化装备、纺织专用机器人、纺织智能系统与检测、纺织集聚区智能化改造等，提高智能纺织装备相关基础理论研究和跨领域交叉研究能力，推动纺织行业转型升级，进一步提质增效，提高产品生产附加值。

（撰稿人：叶贺 董烁）

第九章

服装行业数字化转型发展情况分析

（中国服装协会供稿）

中国服装行业历经改革开放以来四十多年的淬炼，已经构建起全球规模最大、配套最完备的产业体系，产业体系优势和规模优势不断强化，行业综合竞争力大幅增强，在全球价值链中的地位稳步提升。

一、 服装行业发展概况

近年来，我国服装产业围绕"科技、时尚、绿色"新定位，坚持"科技""品牌""可持续"和"人才"四位一体的创新发展之路，基本实现了服装制造强国的既定目标。服装行业坚持创新发展战略，加快从规模发展向质量发展转变，服装产业结构持续优化，行业企业加速时尚资源向东部沿海集聚扩展，产能向中西部及海外延伸拓展，产业集群时尚高地建设步伐加快，领军企业平台化发展积极推进，中小企业专项能力持续提升；行业科技创新步伐加快，全行业基础研究日益活跃，新技术、新材料、新工艺应用更加广泛，行业企业自动化、智能化水平明显提高，服务型新制造范式持续演进，服装标准体系更加完善；服装品牌竞争力大幅提升，行业时尚设计原创能力明显提高，流行趋势协同研究与发布机制初步形成，设计人才梯队有效建立，品牌认知度与美誉度持续增强，原创潮流品牌质量、设计、文化日渐成熟，对海外资源整合能力持续提升；商业模式加速创新，服装零售领域人工智能渗透率大幅提升，时尚消费趋势分析、时尚智能搭配、营销文案生成等智能技术加快应用，数字技术零售应用场景不断拓展；行业社会责任建设积极推进，社会责任维度和内涵不断延展，产业链责任发展不断加强，产业链诚信水平日益提高，绿色时尚文化和生活方式不断彰显，行业多维责任共治的局面已经形成，企业工作环境和基本生活条件大幅提升。

根据中国服装协会测算，"十三五"末，全国服装行业工业企业达 17 万家，从业人数 826 万人，再加流通领域从业人员 794 万人，行业解决就业达到 1620 万人。服装年产量约 712 亿件，内销市场规模达 4.5 万亿元，年出口 1500 亿美元左右。我国作为全球第一大服装生产国和出口国的地位稳固，为支撑世界服装工业体系平稳运行和推动全球经济文化合作治理发挥了重要作用。随着服装行业发展愈加健康，创新能力不断增强，行业素质大幅提升，全行业进入高质量发展的新轨道。

二、 服装行业两化融合发展情况

（一） 发展现状

随着新一轮科技革命和产业变革蓬勃兴起，以信息技术、人工智能为代表的新科技浪潮，对服装行业的生产方式、发展模式和产业生态等方面都带来重大影响，重塑着设计、生产以及使用产品与服务的方式，为服装产业的升级发展带来了前所未有的历史机遇，行业两化深度融合水平大幅提升，初步实现了全产业链上下游生态体系的优化，产业科技实力正从量的积累迈向质的飞跃、从点的突破迈向系统能力的提升，高效协同的行业创新体系日渐形成。

1. 行业技术创新动能显著增强

近年来，中国服装行业在由大转强必然的锻造过程中，全行业对于科技创新有了深刻的认识，并进行了一系列富有成效的实践，行业科技进步工作取得了开创性进展，推进了制造技术、制造系统和制造范式的产业革新，行业运行发展质量得到了明显提升。

其间，中国服装协会组织行业围绕科技发展的关键点，开展了一系列诸如中国服装科技大会、中国服装杭州峰会暨首届中国服装智能制造大会、中国服装定制高峰论坛、中国服装定制智能制造示范工厂参访活动、中国时尚产业定制新模式研讨会等具有行业影响力的专题交流活动。其中，第四届中国服装科技发展会议通过汇集行业科技资源，评选并表彰了 28 项行业优秀科技成果；第五届中国服装科技发展会议对 24 项行业科技创新实践进行了表彰，并对 47 项优秀科技成果进行了推广；2021 中国服装科技大会评选并表彰了 10 家具有行业示范意义的技术创新企业，对 18 项行业科技创新实践进行了表彰，对 22 项优秀科技成果进行了推广。以上各项活动通过搭建有效的行业科技资源平台，有力地推动了行业科技创新及创新成果的产业化应用，增强了行业企业的科技创新意识，促进了协同研发，引导和推进了行业工业化和信息化的深度融合。

2. 生产装备水平明显提升

"十三五"以来，在两化深度融合和自主创新的推动下，服装企业与关联产业企业紧密合作协同创新，服装行业通过整合或借力各种优良科技资源，积极开展与关联产业企业的协同创新工作，推动了机电一体化、精密传感、工业机械手、计算机图像识别和云计算、大数据分析等技术在缝制机械的集成创新应用，服装制造装备按照人工转机械、单机转单元、机械转自动和智能的原则，呈现多样化、专业化、精细化、自动化和功能智能化发展趋势。服装生产设备的单元自动化和智能化水平明显提高，在单机层面和服装制造流程层面取得了众多创新成果，形成了包括智能服装设计裁剪系统、全自动缝制单元系统、服装全品类自动整烫流水线、以 RFID 为核心技术的全自动立体仓储物流配送系统等在内的智能化系统。单元机全自动上料和收料装置普遍应用，机器人或机械手抓取及传送技术取得积极进展，吊挂及带式智能衣片输送技术与自动缝制单元、模板缝制系统的集成应用全面推广。在西服、衬衫、T 恤、西裤、牛仔裤的生产示范企业生产流程中，自动机的使用率已达到 80%，专用自动缝制机和单元自动缝制系统具备产线配套供货能力。

3. 信息化建设应用稳步推进

服装行业通过基础制造装备改造和各环节管理信息系统的优化集成应用，提高了系统功能与企业业务流程再造的适应度，基本实现 CAD、CAM、FMS、WMS、SCM、MES、ERP 等信息系统的无缝连接，实现了生产定单自动导入、现场数据采集及可视化分析、设备能源分析、故障预测、产品质量检测等，初步实现服装企业数字化、信息化、网络化。此外，服装 3D 虚拟技术取得迅速发展，已基本实现服装三维设计、三维试衣、CAD+CAM、三维虚拟供应链平台的系统集成；"互联网+"技术应用加快，线上线下全渠道融合发展在行业企业普及；企业级数据中心、知识库、供应链平台快速推进，设备的数据采集与控制技术得以应用，设备运维云平台、PLM 云服务平台、"系统+物联网+MES"管理平台等服务云平台不断涌现，服装行业智能制造整体解决方案日趋成熟，工业互联网平台建设进入实质性阶段，全行业两化深度融合和综合应用水平大幅提升。

4. 服装生产制造模式创新发展

服装消费具有多品类、快频率和个性化特征。随着我国经济社会的持续快速发展，多元化的弹性需求成为新的消费特征，单一企业单一产品无法满足个性化的服装消费需求。服装大规模定制实现了按以客户定制需求完成服装定制的快速高质量生产，其作为一种现代先进制造模式日趋成熟，在行业内实现了有序推广。2017 年，《服装定制通用技术规范》（GB/T 35447—2017）、《服装用人体测量的尺寸定义及方法》（GB/T 16160—2017）等大规模定制相关标准的正式发布实施，计算机辅助三维人体测量、款式和样板设计系统不断完善，计算机控制自动传输设备和生产制造数控集成系统在裁剪、缝纫、整烫等生产过程中应用覆盖面逐步扩大，服装大规模定制企业在单量单裁、自动裁床、柔性生产加工、自动化仓储物流、基于互联网的信息交互平台等单元技术的应用已经成型，服装 3D 可视化及模拟技术取得了一定进步，形成从客户订单到定制生产，再到物流，最终将定制产品送达客户手中的闭环。大规模定制生产模式利用工业互联网技术构建以客户为中心按需生产的新型消费和产业形态，推动了服装产业的全面转型升级。

5. 智能制造发展实践成绩显著

2015 年 7 月，中国服装协会组织专家正式启动"服装行业智能制造专题研究"，并于 2016 年编制完成《中国服装智能制造 2020 推进计划》。为"十三五"期间行业科技工作的发展方向提供了重要的指导作用。

随着行业智能制造工作的深入，智能制造发展方向得到了全行业的高度认同和重视，服装企业积极行动，以智能制造作为企业转型升级的目标和方向，进行了一系列探索和实践，智能制造实践成绩显著。CAT/CAD/CAM 系统的集成运行，大幅缩短缝前段的准备时间，提高了效率和质量，实现快速反应；在缝制段，柔性制造系统、自动化缝制单机、单元机及自动缝制模板系统快速普及，企业通过生产流程再造，使装备与工艺完美匹配，基本实现了单元自动化生产和生产流程自动化；在缝后段，自动整烫流水机、自动柔性整烫流水线和以 RFID 为核心的全自动立体仓储物流配送系统广泛应用。

在制造流程自动化、智能化的基础上，智能车间、工厂整体解决方案日趋成熟，一批行业优势企业启动智能化生产车间、智能工厂建设，重点打造智能制造平台，针对技术瓶颈，整合信息技术和分析系统，已初步形成了包含测体、设计、试衣、加工的自动化生产流程及检验、储运、信息追溯、门店管理等在内的信息化集成管理体系，并通过自动化、柔性化、智能化的高度集成，建成了集自动化缝制单元、模板自动缝制系统、智能吊挂系统、柔性整烫系统、RFID自动仓储系统和物流配送系统于一体的西服、西裤和衬衫智能化生产车间。

6. 行业科技创新体系日渐形成

近年来，服装行业积极贯彻落实中央关于工业转型升级、供给侧结构性改革、中国制造2025等战略部署，积极推进创新体系建设，不断增强行业转型升级发展的科技创新驱动力。

2016年5月，中国服装协会在国家工业和信息化部消费品工业司的支持下，牵头成立了中国服装智能制造技术创新战略联盟（以下简称"联盟"）。"十三五"期间，联盟通过优化行业科技创新领域的资源配置、加强跨界协同创新、加速成果产业化应用，对服装行业科技创新发展发挥了重要的引领和推动作用。联盟选取属于智能制造发展基础、创新条件较好的生产加工段为主攻方向，围绕"'三衣两裤'（西服、衬衫、T恤衫、西裤、牛仔裤）大类品种流程自动化研究与实现"开展工作，推进成员间的协同创新。联盟第一阶段任务"'三衣两裤'单机与流程自动化"已于"十三五"期间基本实现，第二阶段任务"'三衣两裤'部分智能功能的流程自动化"已启动，计划在"十四五"期间实现部分智能自动化制造。联盟目前拥有成员66家，包括4家协会、9家研究机构、22家服装企业和31家设备/软件供应商。

2018年，中国服装协会依托中国服装智能制造技术创新战略联盟，在杭州艺尚小镇牵头成立了中国服装科技创新研究院，并于2021年3月实现正式运营。研究院聚焦服装科技创新领域，致力于服装科技创新领域的成果研发，着力建设中国服装AI大数据、5G智能柔性生产、快反供应链、智能可穿戴、中小企业SAAS应用等研发中心和咨询培训、供应链协同、技术合作等服务平台，深入开展人工智能、大数据、智能零售、AI设计、绿色材料、区块链等技术的研究和应用，将加快以政、行、产、学、研、用相结合的方式，开展推动成果扩散应用的资源优化配置、信息交流传递、实践教育培训等服务，成为服装行业整体进入科技自主转型创新的崭新起点。

截至"十三五"末，服装行业拥有国家级企业技术中心12家，新增两化融合管理体系贯标试点企业10家、国家技术创新示范企业2家、服务型制造示范企业1家、绿色制造示范工厂10家。此外，5家企业入选工信部双创平台试点示范项目，1家入选工信部工业互联网试点示范项目。服装企业的知识产权意识和研发实力显著增强，授权专利数量较"十二五"末增长超过两倍。

7. 标准体系优化进展明显

"十三五"期间，服装行业（全国服装标准化技术委员会归口管理）标准数量大幅增长，5年共完成54项标准制修订工作，其中国家标准36项，行业标准18项，较"十二五"期间同比增长116%；标准结构进一步优化，新增标准项目更加关注行业创新发展，更加聚焦测试方法、技术要求、婴幼儿健康安全及服装数字化相关领域；新型标准体系建设成绩显著，中国服装协会团体标准化技术委员会成立，并累计完成70个标准计划立项，完成40项团体标准的制定发布，特别是服装企业诚信管理体系、服装企业信息化和工业化融合管理体系、依托中国服装智能制造技术创新战略联盟制定的9项服装智能制造系列团体标准的发布实施，使服装领域标准体系更加完善，对行业发展支撑作用更加明显。

（二）面临的主要问题

虽然我国服装行业数字化转型工作取得了一系列成绩，但从整体上看，行业在科技基础性研究、创新体系建设、均衡发展、人才建设等方面仍存在一些问题。

1. 基础性研究依然薄弱

基础性研究具有基础性、体系性、累积性和衍生性等特点，是产业科技创新、模式创新和高质量发展的基础，代表着产业的素质与水平。经过多年的发展，我国服装行业的基础性研究取得了长足进步，整体水平显著提升，但与建设现代化强国的新任务新要求相比，短板、瓶颈仍然突出。科技创新能力与先进国家依然存在较大差距，自主创新及集成创新能力不足，很多企业对产业本源的、基础的、有些甚至是非常核心的环节重视不够或构筑不实，中小企业由于资金、人才的缺乏，创新能力更为薄弱。基础性研究和共性关键技术开发薄弱，影响了行业两化融合整体水平的提升。

2. 科技创新体系仍待完善

服装行业是多学科交叉应用行业，服装产业创新资源主要分布在高校、科研院所和大型企业，近年来也建立了一批产业创新联盟、企业技术中心等，但由于行业科技创新机制仍不完善，科技创新资源较分散，共性技术供给不足，未能形成整体合力，难以针对行业共性关键技术进行协同和集成创新。

此外，由于技术、管理等方面的限制，企业内外部资源缺乏有效整合，产业链各环节协同能力不足，产业各环节间沟通不顺畅，各系统集成后的运行不稳定，存在信息孤岛。

3. 两化融合发展不均衡

由于服装属于基础性产业，准入门槛低，我国服装企业数量多、规模差距大。随着生产方式的转变及人力资源成本的不断上升，服装企业普遍认识到数字化转型对企业发展的重要作用，开始积极投入新技术改造。大企业对资源的控制能力强，数字化转型工作不断推进，涌现出了众多科技成果；而数量众多的中小企业普遍以提高生产效率为首要目的，缺乏整体规划，对数字化转型工作参与较少，针对中小企业的科技创新成果和解决方案匮乏，导致中小企业科技与大企业间两化融合发展形成明显的不平衡。

4. 人才支撑能力存在不足

随着信息基础设施和新制造方式、商业模式不断叠加，新技术、新业态、新机制不断涌现，行业人才结构和素质不能完全适应新时代行业高质量发展的需求，服装专业教育与企业生产经营实际联系不紧密，深层次自动化、智能化技术与服装专业脱离，技术研发人员远远不能满足企业的生产需求，高素质复合人才严重缺乏，导致技术和业务无法有效衔接，严重影响了行业的科技应用能力。

（三）重点推进领域

1. 智能制造工程

加快服装工业技术软件化。加强服装用人体尺寸、体型版型、成衣规格、部件工艺、市场趋势、企业资源、业务信息等数据库和服装设计与工程知识库建设，基于业务流程着力提高服装工业技术软件化水平，为服装行业数字化转型和智能制造发展提供有力支撑。

打造服装智能模块化缝制单元集成生产线。通过工艺优化、流程再造，在原有自动缝制单元、自动模版缝制系统基础上，突破高精度轻型机械手或机器人衣片抓取、传送、操作，以及与缝制单元设备协同加工技术，研发服装设计、裁剪、缝制、整烫、仓储等各环节的智能模块化单元，推进各环节智能模块化单元的集成应用，实现大类服装主要部件无人化加工。

提高两化深度融合和综合应用水平。加强兼顾智能制造、工业互联网、精益生产理念的 MES 系统开发和应用，着力提高服装 CAT、CAD、CAM、

PDM、CAPP、CRM、SCM、ERP、MES 等技术及管理系统的集成应用水平，实现各信息系统的无缝连接，通过软件定义实现人、机、物等企业资源的互联互通和智能管控，加快企业线上线下深度融合发展。

2. 大规模定制工程

健全完善大规模定制相关标准和规范，培育产业生态，提升定制质量效率，在产业技术改造、模式创新、供求交互等关键领域研究建立标准和规范，加快形成完整全面的服装规模化定制管理体系。提升企业运营能力，制定合理而高效的商业策略，抓好产品质量，提升定制服装合体度，推动产品从合体向时尚转变。大力培育消费市场，积极推广规模化定制消费理念，健全服务体系，充分利用数据驱动新型服务模式，推动高效的响应式生产及服务体系建设。着力提升技术水平，突破共性关键技术，推进交互平台技术、模块化设计、便携式三维人体测量技术和装备的研发和应用，加强服装 3D 可视化及模拟技术的精准性和实用化，研究并应用服装 3D 虚拟现实技术下的设计与研发模式，实现定制需求获取、敏捷设计、人体数据采集、虚拟试衣、样板和工艺的自动生成、柔性生产加工的无缝连接。

3. 工业互联网平台建设

加快自主可控的数字化赋能平台建设，推进工业互联网平台在行业的推广应用。通过自动识别技术和无线通信设备，加快物联网缝制设备的互联和数据采集，推动企业研发设计、生产制造、检验检测、技术标准、工程服务、数据管理等应用信息上线上云。利用 5G、大数据、云计算、边缘计算、人工智能、区块链、数字孪生等技术，建设"规模化+小微型"数据中心，开发服装工业大数据分析平台、应用开发工具和工业微服务组件，并行推进设备级、企业级和产业链级应用，以实现企业成本、质量、效益优化的目标。推进企业生产经营各环节的资源集聚与连接，降低中小企业数字化门槛，构建以新型工业操作系统和工业 APP 架构为核心的智能服务生态，推动服装工业要素、价值链和产业链重构，逐步形成大中小企业各具优势、竞相创新、梯次发展的数字化产业格局。

4. 绿色制造工程

加快实施行业绿色制造工程，突破节能关键技术装备，健全绿色标准体系，完善产品从设计、制造、使用、回收到再制造的全生命周期绿色标准。积极开展节能环保、资源综合利用、低碳技术产业化推广宣传活动，进一步突出企业绿色制造主体作用，强化高效清洁的循环发展理念，落实节能环保社会责任，加大绿色改造，淘汰落后产能，大力推动绿色技术创新，鼓励企业进行能效提升、节水治污、循环利用等专项技术改造，引导企业实施生产过程清洁化、能源利用高效低碳化、水资源利用高效化、制造工艺绿色化改造，打造绿色供应链，创建绿色工厂。结合区域资源环境特点，推行循环生产方式，推进产业绿色协同链接，建设绿色制造服务平台，开展绿色评价，加快推进制造业转型升级、提高生产效率。

三、 服装行业数字化转型发展趋势

1. 从被动到主动，从局部到全面

面对前所未有的新一轮科技与产业革命，服装行业企业为了适应市场环境变化和赢得市场竞争的需要，有意无意地将两化融合、数字化转型作为提高生产效率和生存发展的工具，更多是处于被动接受和应用的状况。随着产业发展的信息基础和环境得以快速加强，海量数据持续产生，不断推进技术、资本、市场等要素互联互通的进程，行业企业的理念、认识不断提升，数字化转型已经逐步从"不得不"的被动接受转变为"一定要"的内在需要，成为行业企业创新发展模式、强化发展质量的主动战略。

与此同时，经过近几年数字化转型实践和发展，服装行业数字化转型技术支撑能力显著增强，数字化设计、自动化装备、柔性制造、智能仓储物流、供应链协同、智慧零售等各环节技术创新和解决方案日趋成熟，未来服装行业数字化转型将从局部环节逐步向各环节全面推进、集成应用方向发展。

2. 数智融合更加深入，平台化特征不断强化

数字化转型发展必须有数据基础，从数字化转型到智能化的发展过程中，就是创造数字价值的过程，数据规模不断扩大，数据资产管理将成为行业企业数字化转型中的重中之重。未来企业将把数据作为企业的重要资产加以管理，围绕数据采集、数据分析与处理、数据上云、数据库和知识库建设、数据应用等各环节进行发力，利用大数据、云计算、人工智能等技术，推进数智融合不断深化，提高数据变现能力，使数据在生产经营中产生实实在在的价值。

随着数字化转型的不断深入，供应链和价值链各环节的资源集成、跨界融合和互联互通，对实现生产和服务的资源优化配置、提质增效，促进设计、

生产、管理、服务等集成创新至关重要，未来数字化转型的平台化、共享化特征将不断凸显，企业将深度建设或参与供应链、工业互联网、产业互联网、消费互联网等各类平台组织，从单兵作战到生态聚合，打造新型产业生态，拓宽共享渠道，形成协同创新体系。

3. 人才作用凸显，组织架构优化和商业模式变革成焦点

数字化转型的最终服务对象是人，人才是数字化转型过程中最为关键的因素，发挥着最为关键的作用，是数字化转型发展的核心竞争力。对于传统制造业服装产业的数字化转型，具有数字技能的复合型人才原本就较为短缺，随着"以人为本"数字化转型理念的不断深入，人才瓶颈将进一步显现。为满足行业企业数字化转型的人才需要，培养并建立数字技能人才发展机制，将是未来服装行业企业数字化转型发展的重要举措。

与人和团队密切相关，数字化转型必将带来组织形态的重塑；数字技术深度融入企业生产经营的每个业务流程，改变了原有的业务形态，必将催化商业模式变革。因此，为了适应数字经济时代的发展环境，激发企业创新发展的活力和潜力，打造自身核心竞争力，组织架构优化和商业模式变革将成为未来行业企业数字化转型的焦点。

（撰稿人：韩婧　杜岩冰）

第三部分

产业集群/园区/专业市场篇

纺织产业集聚化发展特征明显，"一带一路"建设也为纺织产业集群、产业园区国际化发展带来机遇，我国纺织产业集群、产业园区早已融入全球化发展的大环境中，在当今国际环境中，纺织产业集群、产业园区的发展也面临着新挑战。因此，在国务院颁布的《"十四五"数字经济发展规划》中，将"推动产业园区和产业集群数字化转型"作为"大力推进产业数字化转型"的重要举措和任务之一。

第一章

纺织产业集群数字化转型
发展情况分析

（中国纺织工业联合会产业集群工作委员会供稿）

纺织产业集群是中国纺织工业社会化生产发展的重要现代组织方式，它的形成和发展是我国工业化进程和适应经济全球化的客观需要，也是我国社会主义市场经济发挥市场配置资源基础作用的必然产物。

一、 纺织产业集群发展概况

集群化发展是我国纺织产业的突出特征。截至 2021 年底，与中国纺联签订共建协议的产业集群试点共有 210 个。其中，东部有 167 个，占集群试点数量的 80%；中部有 30 个，占集群试点数量的 14%；西部有 13 个，占集群试点数量的 6%。其中，地级市 4 个，占集群试点数量的 1.9%；县（市）104 个，占集群试点数量的 49.5%；乡镇 102 个，占集群试点数量的 48.6%。

到 2020 年底，全国纺织产业集群企业总户数约为 24.47 万户，规模以上企业约为 1.61 万户，全国纺织产业集群工业总产值约为 34607.17 亿元。纺织产业集群规模以上企业户数约占全国纺织行业规模以上企业户数的 47%，主营业务收入约占 50.49%，利润总额约占 57.8%。

综合来看，集群在全国纺织产业中已占据约一半的经济体量。纺织产业集群是我国当代纺织工业的重要主体，同时对于所在地区区域经济具有举足轻重的作用，在相当多的地区，它已起到经济社会发展中的支柱产业作用。

二、 纺织产业集群两化融合发展情况

（一） 发展现状

经调研，全国纺织产业集群试点都较重视纺织服装行业两化融合发展，

并采取诸多措施加快促进当地企业数智化转型，主要做法体现在大数据应用、公共产业服务、电子商务、企业数字化转型四个方面。

1. 大数据应用方面

多地已经建设了产业大数据中心及可视化平台。浙江省湖州市织里镇、江苏省常熟市等近20家集群地区已建成或正在建设产业大数据中心及可视化平台。运用大数据为规划、生产、销售等提供智能决策，推进企业上云上平台。另外，辽宁省兴城市、江苏省张家港市等近20家集群地区发布了产业指数。

2. 产业公共服务方面

主要做法有集成应用/网络化协同、智慧园区建设、工业互联网平台建设以及多种信息化服务。

（1）集成应用/网络化协同。河北省邢台市清河县、吉林省辽源市等近30个集群地区正在进行或计划进行集成应用及网络化协同，通过搭建产业协同创新平台，提升各类制造资源、市场资源、研发资源、人才资源、品牌资源、物流资源的优化共享能力。

（2）智慧园区建设。浙江省绍兴市柯桥区、山东省诸城市等近20家集群地区进行了智慧园区建设，在硬件智能系统集成以及软件公共服务等方面为园区企业提供智能、便捷的生产环境，促进企业数字化转型。

（3）工业互联网平台建设。浙江省杭州市萧山区、浙江省平湖市等近20家集群地区积极推动当地工业互联网平台发展，促进工业互联网平台与制造企业合作对接，培育一批具有引领作用的行业级、企业级工业互联网平台。

（4）数字环境建设。浙江省兰溪市、江苏省常熟市梅李镇、江苏省常州市湖塘镇等超半数以上集群地区在政策制定、资金支持、5G基站建设、政务服务平台建设、两化融合评估诊断和对标引导、仓储物流、绿色环保等多方面为集群企业提供了良好的数智化转型升级环境。

3. 电子商务方面

主要做法有集群自建公共电商平台（内销、跨境）、与第三方电商平台合作（内销、跨境）、电商园区建设及相关服务等。

（1）集群自建公共电商平台。湖北省仙桃市、广东省东莞市大朗镇、吉林省辽源市等近40家集群地区通过自建B2B或B2C电商平台把有形市场与无形市场有机结合，利用互联网渠道资源形成组合拳，扩大地区企业抱团效应。

（2）与第三方电商平台合作。超半数集群地区积极对接第三方电商平台，鼓励企业通过拼多多、阿里、京东、亚马逊、抖音、快手等多种途径开拓国内外市场。

（3）电商园区建设及相关服务。辽宁省海城市西柳镇、河南省安阳市等超30家集群地区积极规划建设电子商务园区，为企业提供创业培训、金融、人力资源、专业技术、物流仓储、项目咨询、行业动态、品牌建设等服务。

4. 企业数字化转型方面

主要做法有数智化装备/智能生产线/数字工厂、研发设计及个性化定制的智能软件应用等。

（1）数智化装备/智能生产线/数字工厂。江西省南昌市青山湖区、山东省淄博市周村区、河南省淮滨县等超半数以上集群地区的骨干企业大力引进先进制造设备、打造智能生产线，加快实现具有自动化、数字化、模型化、可视化、集成化特征的智能工厂。

（2）研发设计及个性化定制的智能软件应用。山东省青岛市即墨区、河北省保定市容城县、山东省枣庄市市中区等近20家集群地区龙头企业通过引进智能服装CAD、三维数据扫描、3D试衣等多种智能软件系统，提高企业研发设计能力，满足消费者个性化定制需求。

（二）面临的主要问题

虽然纺织产业集群试点地区在两化融合发展上取得了一定成绩，但仍存在诸多制约发展的不利因素。

1. 企业对两化融合重视不够

集群区域内龙头企业较少，而大量的中小微企业创新意识未进一步突破，对全面推进数字化生产仍存在观望心态。企业平均科研经费投入较低，依靠创新驱动、内生增长的发展机制尚未形成主导。

2. 公共服务平台作用没有发挥出来

当前不少集群试点建设了公共服务平台，但从平台建设内容、建设进度及实际效果看，存在重复建设、"表面文章"、产业发展需求与提供服务不匹配等现象，导致企业应用和参与仍有较大局限性。

3. 人才总体结构还不够合理

现有人才队伍薄弱，特别是智能制造、电子商务、数据分析、设计研发、国际贸易等高层次人才缺乏，并且引进成本高、难度大。

4. 部分地区"集而不群"现象明显

企业单体规模小、实力弱，区域整体布局较为分散，企业之间的互动较少，不利于产业资源的有效配置，影响了地区总体两化融合发展进程。

三、 纺织产业集群数字化转型发展趋势

纺织产业集群数字化转型步伐明显加快，产业链供应链数字化水平持续提升。信息化和工业化在更广范围、更深程度、更高水平上实现融合发展，推动建设一批数字化水平较高的产业集群。

1. 产业公共服务平台功能更趋于系统化

促进新一代信息技术向集群企业加速渗透，集群内部逐步形成龙头企业先行推进、中小企业专精特新，企业深度参与的智能制造发展生态。在产业公共服务方面，利用5G、人工智能和数字孪生新一代信息技术大力建设工业互联网平台，优化公共产业服务水平，营造良好的数智化转型升级环境，将呈现更多系统化、专业化、精准化、智能化趋势。

2. 电子商务新流通业态逐渐形成

在基于消费大数据的智慧营销模式下，集群内部企业将实现柔性生产和大规模定制，以满足新消费升级的需求，提高企业盈利能力。从集群区域电子商务应用趋势上看，发展建立品牌与消费者之间的深层次连接，积极探索新模式、新业态，通过平台融合、社群融合、场景融合等手段，形成基于数字化决策、多渠道营销、智能化配送、电子化运维的新型智慧化流通模式、流通业态，显得尤为重要。

3. 企业数字化转型进一步加速

设计研发、生产制造、企业管理、市场营销、经营决策等各环节的综合集成能力加强，提高生产效率，优化生产流程，形成智能化工厂。企业引进数字化装备、建设智能生产线、打造数字工厂，并促进集群内企业与纺织智能制造系统集成商合作，以提升集群企业生产效率及生产方式精细化、柔性化、智能化，这会在更多企业实施数智化转型的基础上，形成产业集群企业创新发展的加速度。

（撰稿人：王昕彤）

第二章

纺织产业园区数字化转型发展情况分析

（中国纺织工业联合会产业园区工作办公室供稿）

产业园区是区域经济发展、产业调整和升级的重要空间聚集形式，担负着聚集创新资源、培育新兴产业、推动城市化建设等一系列重要使命。

一、 纺织产业园区发展概况

伴随着改革开放的发展，园区发展经历了由孕育期→初始培育期→高速发展期→稳定调整期→创新发展期五个阶段。园区的发展也由最初的单纯由数量的增加转变至效益的全面提升。

据《中国开发区审核公告目录（2018 年版）》显示，由国务院设立的开发区共 552 家（其中经济技术开发区 219 家、高新技术产业开发区 156 家、海关特殊监管区域 135 家），其中把纺织服装列为主导产业的有 41 家，占 7%，核准面积共 45189.05 公顷。详情见表 3-1。

表 3-1　国务院设立的涉及纺织服装主导产业开发区数量

省/自治区	数量	核准面积/公顷	省/自治区	数量	核准面积/公顷
安徽	1	794	江苏	8	6004.57
福建	7	9041.12	江西	1	200
河北	1	250	宁夏	2	996.7
河南	1	1460.3	山东	3	1920
黑龙江	1	500	新疆	7	13128.89
湖北	2	2066.87	浙江	6	8326.6
吉林	1	500	总计	41	45189.05

数据来源：中国开发区网

省（自治区、直辖市）级人民政府批准设立的开发区共 1991 家。其中把纺织服装列为主导产业的有 304 家，占 15%，核准面积共 175006.81 公顷。详情见表 3-2。

表 3-2　省（自治区、直辖市）级设立的涉及纺织服装主导产业开发区数量

省（自治区、直辖市）	数量	核准面积/公顷	省（自治区、直辖市）	数量	核准面积/公顷
安徽	29	21570.09	辽宁	4	1714.28
福建	25	9677.09	内蒙古	4	1119.09
甘肃	3	445.53	宁夏	3	3903.92
广东	11	6976.2	青海	1	2605.04
广西	5	4704.19	山东	29	12381.79
贵州	4	1089.62	陕西	4	1692.49
河北	13	8208.64	上海	1	247.33
河南	21	15244.62	四川	11	6102.11
黑龙江	6	1167.59	新疆	21	22330.99
湖北	22	10490.67	云南	2	447.93
湖南	16	7271.5	浙江	29	20842.3
吉林	2	1012.2	重庆	4	855.64
江苏	17	5794.97	总计	304	175006.81
江西	17	7110.99			

数据来源：中国开发区网

截至 2021 年底，由中国纺织工业联合会设立的全国纺织产业转移试点（示范）园区共 48 家，覆盖了全国 17 个省（自治区、直辖市），中西部占比超过 85%（图 3-1）。超过三分之二的园区分布在中西部地区。综合来看，中国纺联纺织服装产业园区试点形态包括高新区、开发区、工业集聚区、特色产业园等。

2021 年，中国纺联产业园区工作办公室对全国纺织产业转移试点（示范）园区进行抽样调查显示，28 个园区土地规划面积约 2674.37 平方公里（401.15 万亩），已开发土地面积约 1479.63 平方公里（221.94 万亩），已开

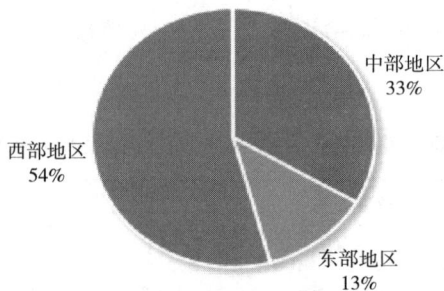

数据来源：中国纺联产业园区工作办公室

图 3-1　全国纺织产业转移试点（示范）园区地区分布情况

发面积超总规划面积的五成。园区土地由"增量开发"阶段转向"存量更新"阶段。

28 家产业园区中现有企业总户数 11889 户，其中纺织服装企业 4850 户，占园区企业总数的 41%；纺织服装企业工业总产值 1619.55 亿元，占总数的 48%；主营业务收入 1449.21 亿元，约占总数的 42%；纺织服装企业出口交货值 42.33 亿美元，电子商务销售额（含跨境电子商务）133.01 万元；其中纺织服装企业利润总额 220.16 亿元，约占总数的 62%。这些园区试点在推动我国纺织服装产业经济发展、促进产业进一步合理布局中发挥着越来越重要的作用。

二、　纺织产业园区两化融合发展情况

（一）发展现状

近年来，纺织产业园区普遍广泛关注纺织服装行业两化融合工作。产业园区主管单位采取多种措施，促进园区纺织产业数字化转型升级，主要体现在数字平台建设、公共产业服务、电子商务、企业工厂（车间）数字化等多方面，打造园区核心优势；园区企业的智能制造水平逐渐提高，正朝着数字化、网络化、智能化方向深入迈进。

1. 产业园区智慧化管理

江西于都、安徽望江、新疆库尔勒等近 10 家园区已建成或正在建设产业大数据中心及可视化管理平台，运用大数据为产业规划、生产、销售等提供

智能决策，推进企业上云上平台。

江苏沭阳经济开发区围绕智慧园区建设目标，计划通过 3~5 年时间，完成智慧园区十大信息平台、一个智慧社区及智慧园区体验中心的建设，被中国纺联授予"国家智慧型纺织产业园区试点"称号。

广西福绵、陕西咸阳等园区综合运用互联网、物联网、云计算、大数据等技术，整合园区内外资源，形成集运行监测、环境监测、安全监管、协同办公等功能为一体的园区管委、通信技术运营商、企业三级联动大数据服务平台。

超半数以上产业园区试点在围绕园区各项要素，连通各职能部门、各企业间的应用服务，开放数字政务、公安、人力资源和社会保障局、市场监督管理局、发展和改革委员会、住房和建设局等业务平台相关数据接口，与管理平台对接，数据同步，为企业提供办照注册、缴税、政策咨询等方面提供数智化转型升级环境，大大降低了园区行政管理服务成本。

2. 产业园区公共服务信息化

产业园区主要在推进数字政务、工业互联网平台建设以及多种信息化服务建设。江西于都园区引进建设全产业链公共服务平台 FDC 时尚产业综合体，采用"中心工厂+卫星工厂"的产业互联网模式的生产方式，云集了服装全产业链资源，拥有 FDC 面料图书馆、中央智能版房、数字订单中心、直播电商中心、职业培训中心等产业生态功能。依托互联网技术，实现从服装设计到品牌发布和 T 台走秀全过程。目前为全市 2000 多家服装企业提供服务。

3. 产业园区电子商务平台建设

围绕园区企业销售需求，各园区以自建公共电商平台（内销、跨境）、与第三方电商平台合作（内销、跨境）提供相关服务。南通国际家纺产业园、吉林辽源袜业、湖北汉正服装城、杭州艺尚小镇、湖南株洲、广西桂平等园区通过自建 B2B 或 B2C 电商平台将线上和线下市场有机结合，利用互联网渠道资源形成组合拳，扩大地区企业抱团经营效应与第三方电商平台合作，对接第三方电商平台，鼓励企业通过阿里、京东、拼多多、亚马逊、抖音、快手等多种途径开拓国内外市场。

河南西平县嫘祖服装新城是重要的产业转移承接地之一，近年来，河南西平县积极利用数字经济赋能产业发展，发起成立"626 中国服装品牌直播日"，运用互联网工具，实施两化融合，挖掘服装产品线上线下融合消费潜力，发挥新业态新模式在引领新型消费中的新动能，让数字经济赋能园区产业发展。

4. 产业园区数字企业（工厂）建设

主要做法有数智化装备/智能生产线/（统一表达方式）数字工厂、研发设计及个性化定制的智能软件应用等。2021年底四川芦山经济开发区"经纬·芦山绿色智慧纺纱园"——雅安圣善纺织车间内的数字化智能纺纱生产线开工建设，标志着芦山纺织由"制造"向"智造"转型升级迈进了关键一步。宝鸡市眉县常兴纺织工业园陕西帛宇纺织引进具有国际先进水平的纺织设备，建成高效产能智能化生产线，对从订单下达到产品完成的整个生产过程进行数字化管理。2021年，致景科技与四川屏山经济开发区、新疆阿克苏纺织工业城（开发区）签订合作，建立全产业链数字化园区。园区现有企业（工厂）也纷纷进行了数字化改造。

（二）面临的主要问题

尽管传统纺织服装产业园区通过一定的信息化建设改善了部分运营管理问题，但传统纺织产业园区存在缺乏系统性规划，基于单点功能的建设导致信息系统孤立、运维效率低，支撑体系较为薄弱，专业人才引育不足、平台建设滞后，没有构建园区生态，内在动力不足等问题，使得园区有限的基础设施和服务能力与日益增长的生产生活需求间的矛盾越发突出。

1. 缺乏前瞻规划，对外扩展性低

目前，大部分园区处在起步或二次升级改造阶段，园区建设管理经验不足，信息化基础设施建设投入不足，功能不全，缺乏系统性和前瞻性规划，导致各子系统封闭孤立。缺少顶层设计导致产业园建成后重复投资、无法平滑迭代演进问题突出，严重制约园区的智慧化管理运营。

2. 信息孤岛，运维效率低

传统纺织服装产业园区各部门/业务/企业之间的信息系统独立运行，缺乏统一系统管控和部署，数据不共享，业务不联动，难以实现信息化管理的实质运行；园区服务存在"孤岛效应"，不同服务在不同部门主导下，容易导致用户体验割裂。

3. 数字化转型支撑体系较为薄弱

目前园区信息化建设专业人才引育不够，信息技术平台研发、操作和维护的专业人才少，且流动性大，引才成本高。高端人才的招引难度更大，由

于城市能级不高等原因，留住人才更是不易。在园区定位还没有明确的情况下，照搬其他园区或者市面上已有的系统，缺乏园区智慧化发展的实际可行性。

4. 没有构建园区生态，内在动力不足

目前园区智慧化未形成应用层面、管理层面、分析层面、服务层面的生态闭环。园区大部分企业多数属于传统加工制造业，大型企业不多，特别缺乏标志性的头部企业与科技型企业，对经济总体贡献率偏低，中小企业量大面广，但专精度不高，数字化转型困难较多，许多企业面临"不想改""不会改""改不起""不敢转"的困境。

三、 纺织产业园区数字化转型发展趋势

数字化产业园区建设意义重大，是促进区域经济增长的重要举措。以全面感知、智能联接和平台化管理为基础，数字化产业园区可以实现边界空间范围内人物事的深度融合体，具备主动服务、智能监测、智能进化等能力特征的智能综合体和可持续发展空间。

"十四五"时期，纺织产业园区要坚持主导构建产业园区智能化公共服务平台，培育和发展一批全国纺织行业智慧基地、智慧园区。让园区拥有内部的互动沟通和管理能力，实现纺织行业传统园区向智慧园区转型升级。

1. 完善政府顶层设计，明确发展重点和方向

要按照创建国家数字经济创新发展示范区的标准体系，从新产业、新制造、新业态、新基建、新治理五个方面，选择几个方面进行重点探索和培育，加大政策、税收、资金等要素支持，创造良好的数字化改革环境。动员园区申报省级、国家级关于两化融合方面试点（示范）园区，争取两化融合转型升级专项资金，推进纺织产业园区数字化转型升级。

2. 建设宏观经济数据库，加强园区数据收集和分析能力

积极引导园区企业采用数字信息新技术，不断拓展数据采集的广度和深度，全面推进各项政务数字化建设，提升园区企业数据管理和运用能力。利用 GIS 技术和数据分析技术结合构建的空间地理信息一张图的工业数据采集与交换共享大数据应用分析平台，实现园区工业数据的共享交换、各类企业应用等数据采集接口接入，为园区大数据平台构建统一的数据采集体系。

3. 夯实数字化转型基础，建设园区人才队伍

丰富人才引园模式，支持园区设立"人才飞地"，支持园区使用智能协同办公平台。出台专项人才补助政策，招录一批具有行业数字化转型专业水平和经验的人才，同时也增加本土人才的培育，招引具有较高科研水平的高校或科研机构，充分利用行业协会、综合服务商的资源优势，对园区开展数字化转型培训，建立数字园区企业信息库，增强与高等院校纺织行业的产学研合作，积极对接外部市场、资源，进一步将自身具备的数字化能力产业化。

4. 建设智能化（安全化）公共服务平台、构建园区生态圈

完善纺织产业服务平台建设，科技综合体、纺织产业人才培训基地等项目与产业发展配套的孵化中心、展示中心建设，以龙头辐射园区内其他纺织服装企业。以信息技术为手段、智慧应用为支撑，强化规划引领，探索产业链合作模式，加强园区创新、服务和管理能力，提升园区信息化管理水平。聚焦园区"专精特新"中小企业数字化转型共性问题，搭建工业互联网平台，为园区中小企业打造低成本、低门槛、易部署的数字改造生态圈。

（撰稿人：荣鹏）

第三章

纺织服装专业市场数字化转型发展情况分析

（中国纺织工业联合会流通分会供稿）

一、 纺织服装专业市场发展概况

据中国纺联流通分会统计，2015～2020年，我国万平方米以上纺织服装专业市场数量、市场经营面积、市场商铺数量、市场商户数量连续增长，增幅逐年收窄，2021年开始出现下滑。2021年我国万平方米以上纺织服装专业市场914家，市场经营面积达到7573.69万平方米，市场商铺数量140.50万个，市场商户数量114.20万户。

市场总成交额方面，2015～2020年，专业市场总成交额年同比增速依次为2.11%、2.81%、5.12%、3.85%、－1.08%、－2.22%，自2019年起出现连续两年的下降，2021年，专业市场成交额重新实现增长，达到2.33万亿元，同比上升1.98%。

当前，我国纺织服装专业市场面临巨大的发展压力。2021年以来，国际政治经济环境不确定因素仍在不断叠加，新冠肺炎疫情影响尚未完全消除；现代信息技术高速发展，新型电商平台快速普及，个性化消费方式逐渐成为消费主流，给纺织服装专业市场的传统流通模式带来颠覆性的挑战；专业市场商户对生产企业的掌控力下降，供应链管理不足；部分市场尤其是集散销地型市场在多重压力之下难以维系，出现了断崖式滑坡乃至关停。

在巨大的发展压力下，纺织服装专业市场不断创新流通方式，提升数字化水平，推动线上线下融合发展，提高流通效率，保持了总成交额的基本稳定；同时也推动了行业内部结构的优化升级，加速优胜劣汰，两极分化速度加快。现阶段我国纺织服装专业市场进入集约化发展阶段，市场总量减少，结构优化，成交额稳中有进，优质资源向锐意创新的优质市场商圈集聚，马太效应初现。

二、 纺织服装专业市场数字化转型发展情况

（一）发展现状

为推动市场转型升级和高质量发展，近年来，我国纺织服装专业市场以数字化为发展方向，开启了线上线下融合发展路径的探索与实践；目前，专业市场数字化发展仍处于初级阶段，两极分化严重，主要以各地龙头专业市场为主，在业务、平台、场景等方面开展相关工作。

1. 专业市场运营数据化，实现管理效率升级

从信息技术应用着手，纺织服装专业市场实现了传统运营和日常办公业务的线上化，降低人工成本，提升工作效率。如柯桥中国轻纺城推动建设数字轻纺城项目，从软件研发到硬件升级全面打通了物业管理系统、商铺管理系统、智慧用电、智慧停车、视频监控及客流量管理等板块，提升了日常管理效率。

2. 专业市场主体平台化，实现定位功能升级

纺织服装专业市场通过行业数据的采集、处理、应用、共享，成为纺织服装行业的流量入口和数据中台，为专业市场实现更多职能、提供更多服务提供了可能性。浙江义乌中国小商品城重点打造"拨浪鼓"市场综合服务平台、"义乌购"线上展示交易平台、"义采宝"移动客户端等，实现从供应链整合到订单交易的深度贸易服务；即墨国际商贸城搭建即墨服装 OSO 供应链平台，推动即墨童装地理产品标志工作，建立童装质量可追溯体系，将市场的服务范畴向产业集群中纵深。

3. 专业市场场景智慧化，实现业态模式升级

纺织服装专业市场加大数字化建设的投入，打造更多智慧化的展示场景、交流场景、交易场景，提供了更优质的体验，同时也为更多业态的融合发展创造了条件。市场环境智慧化方面：广州国际轻纺城打造了覆盖各场景及终端的电商体系——"5+1"电子商务基础配套服务；广州白马服装市场自行研发大数据平台，实现可视化监控现场滞留人数、不同风险地区到场人数等，在新冠肺炎疫情期间提高了客流管控效率。线上交易方面：东方丝绸市场搭建了中国绸都网、云纺城、宜布网、跨境电商四位一体的电子商务矩阵；嘉兴众创毛衫精品市场搭建"毛衫汇"平台，实现产品设计撮合交易、产品及

原辅料批发交易；清河羊绒市场联合第三方企业搭建了线上线下结合的羊绒制品销售平台"百绒汇"；各地纺织服装市场与第三方平台合作，推动商户发展直播电商，如常熟服装城、濮院羊毛衫市场都取得了亮眼的直播交易成绩。为配合丰富多样的线上交易模式，专业市场的智慧化仓储物流配套工作也实现了新的突破，如朝天门大融汇搭建中心仓、集货仓、流转仓和智能物流方式，实现 B2C、B2B 全渠道的物流配送；沈阳五爱市场搭建五爱物流云仓，采用先进的分拣、输送设备以及量身定制的第三方仓储软件系统，为零售商户和电商企业提供"一站式"服务。

(二) 面临的主要问题

1. 数字化转型基础薄弱

我国纺织服装专业市场呈两极化发展，除部分龙头市场外，大部专业市场的经营现状仍然较为传统，市场商圈的商业氛围相对保守，市场商户仍然维持传统的"三现"交易习惯；专业市场内部信息管理系统并不能完全满足业主管理、商户管理、商铺及配套、广告资源、租金收支、物料采购、经营分析等个性化需求；商户使用频率最高的 ERP 系统、PDM 系统、物流系统、仓储系统等之间无法互相打通，阻碍了专业市场经营效率的提升。

2. 对数字化转型没有清晰认知

数字化转型是全面性、系统性的战略布局，很难在短期内带来直接收益，无法满足现阶段中小专业市场、中小企业、中小商户的现实利益需求。对于专业市场来说，数字化转型需要清晰的战略思路，需要一定的资金实力和长期投入，令专业市场管理层徘徊犹豫、踌躇不前；对专业市场商户来说，市场商户多为中小型经营户，基于行业竞争、经营税收等情况考虑，对自身经营数据的安全性、隐私性要求较高，也无法清晰认知数字化转型的投入产出效益，缺乏有效的转型价值评估体系，配合市场的数字化转型推进积极性不足。

3. 数字化转型模式单一

纺织服装专业市场对数字化转型的认识，仅仅停留在数字化转型是把"线下搬到线上"的简单认知范畴内，纺织服装专业市场商户的数字化转型也主要集中在线上交易环节，市场和商户在 B2B、跨境电商、直播带货、私域流量等方面进行了诸多有益的尝试，但是，除了线上交易之外，市场和商户在组织结构、管理体系、运营模式等方面仍是传统玩法，数字化进程发展缓慢，转型模式单一。

4. 缺少数据管理和应用型人才

数字化转型始于数据收集和数据分析，如何从海量数据中获取商业价值，是考验专业市场是否具有数字化能力的标志。现阶段，虽然大部分专业市场已经开始了日常信息采集工作，但是市场普遍缺乏数据管理和应用方面的人才，数据孤岛、数据冗余现象时有发生，反而增加了人工成本，数字化转型的真正意义无法体现。

5. 数字化服务平台无法精准对接商户需求

纺织服装专业市场通过自建、共建、引进等方式，建设数字化转型服务平台，但是这类平台目前仍然处于磨合适应阶段，无法准确地掌握商户的痛点、难点问题，无法精准对接商户现实需求，服务的需求端和供给端无法精准匹配，服务平台的运行情况和实际效果整体不佳。

（三）重点推进领域

1. 专业市场：重点建设三大系统

（1）市场智确慧管理系统。通过智慧物业、智慧安防、智能能源等系统建设，推动物业管理、商铺和商户管理、办公管理、消防安全管理等方面的信息技术应用，实现专业市场日常管理服务的智慧化升级，提升市场运营效率。

（2）市场智慧导购系统。集成市场导航、实景显示、实时定位、在线导航、智能检索、优品推荐、活动营销、市场咨询、食宿交通等功能，提供精细化服务，提升消费体验。

（3）市场智能分析系统。灵活运用、深度开发专业市场运维数据、商户商铺经营数据、采购商数据、产业服务数据等，提升数据处理能力，建立数据应用生态系统，通过数据力量为专业市场、经营商户赋能，在指导商户产品研发、把握生产周期和布局销售渠道，指导专业市场运营管理、推动产业发展等方面提供有力支撑。

2. 市场商户：重点构建两大场景

（1）体验式线下交易场景。用数字化手段提升采购商和消费者的现场购物体验，强化线下交易的优质服务优势，提升线下交易的便捷度，如智慧门店、智能试衣间、云仓调货、智慧支付、人工智能服务等。

（2）全渠道线上交易场景。结合自身品牌特点和渠道结构，搭建符合自身特色的线上交易网络；在传统电商平台的基础上，积极尝试直播电商、私域流量、内容电商等多样化的线上渠道，并结合自身特色精准投放数字化营销。

3. 公共服务：重点建设智能仓储物流平台

提升软件、硬件水平，实现现有仓库、货运设备设施的数字化改造，加强物流仓储的自动化、智能化水平和运转效率，降低物流成本；与物流平台、物流企业形成紧密合作伙伴关系，开发更精准、高效、个性化的智慧物流解决方案，优化物流运作流程。

三、 纺织服装专业市场数字化转型发展趋势

1. 资源要素创新，打造智慧场景

充分发挥纺织服装专业市场的集聚优势，激活商户、采购商、商品、物流等集聚效应，对场内场外空间进行数字化改造，对软硬件设备设施进行数字化升级，各环节数据可共享、可视化、可掌控、可追溯，将纺织服装专业市场打造成满足数字化转型需求且有进一步升级发展空间的智慧场景空间。

2. 流通模式创新，提升客户体验

以全面数字化为桥梁，通过企业模式、场景模式、交易模式、平台模式的数字化转型，拓展网络化、线上化、平台化的全渠道布局，实体门店智慧化、线上渠道多元化、流量资源共享化、营销创意无界化，以网络与实体经济结合创新流通商业模式，以商业模式再造激发专业市场新增长点。

3. 产业价值创新，打造平台经济

加深专业市场与产业链上下游的紧密联系，主动拓展市场功能、实现功能升级，转换市场定位、打造市场平台，将专业市场由传统物业管理和商品流通交易场所，升级为智慧管理服务商、产业链大数据中台、模式创新孵化基地、供应链整合中心，不断创新产业价值，重新定义纺织产业。

（撰稿人：吴颖慧　胡晶）

第四部分

案 例 篇

　　企业是数字化转型的出发点和落脚点。然而对于企业来说，数字化转型是一项兼具长期性和复杂性的系统工程，许多企业对数字化转型的认识尚且模糊，存在着"不敢转""不会转"等方面的问题。

　　为此，本部分选取部分行业内数字化转型的优秀企业和在行业内具有典型应用的解决方案服务商，对这部分企业数字化转型的经验做法和价值成效进行梳理、总结，形成数字化转型的创新应用案例，供广大纺织服装企业参考借鉴。

第一章

企业数字化转型应用案例

企业是数字化转型的主体，是数字经济发展的关键。对业内企业数字化转型的优秀实践进行归类、分析和展示，旨在为广大纺织企业数字化转型建设和发展提供有益的参考。

一、 个性化定制类应用案例

案例一 报喜鸟控股股份有限公司：报喜鸟云翼互联服务平台

报喜鸟控股股份有限公司前身为浙江报喜鸟服饰股份有限公司，组建于1996年，是一家以服装为主业，涉足投资领域的股份制企业。2007年于深交所上市，2017年更名为报喜鸟控股股份有限公司。目前，公司拥有温州、上海、合肥三大生产基地，1500多家实体销售网点及覆盖主流销售平台的线上营销网络，年零售收入50多亿元，位列中国服装行业百强企业。

1. 平台特点

"云翼互联"即报喜鸟"一体两翼"全品类个性化定制云模式，以智能制造透明云工厂为"一体"，互联网定制云平台和分享大数据云平台为"两翼"。

（1）一体：智能云工厂。主要通过PLM产品生命周期管理系统和智能CAD系统构建智能版型模型库，实现标准化、部件化自动装配及模型参数智能改版，并发智能排产系统，执行工厂高级生产计划，并运用可视化技术智能排产，跟踪生产进度并实时调整生产计划。CAM自动裁床系统接收到排单、物料、版型、工艺等信息后，实现一衣一款的单件自动裁剪。通过MES＋RFID＋智能吊挂三位一体的生产过程智能控制系统，以自动化传感技术整合吊挂系统和显示系统，智能、自动、精确、简单地对396个生产工艺操作进行管控，作业有序、快捷和可跟踪，完成管理和制造的无缝对接。最终实现部件化生产和人机协同，成为数字化驱动工厂。

（2）两翼之：互联网定制平台。通过引进 Hybris 全渠道电子商务平台，并应用虚拟现实仿真技术与 3D 渲染技术，构建 PLM、CRM、SCM 等系统，以 C2M+O2O 模式实现工商一体，以 MTM 方式实现一人一版、一衣一款的全品类自主设计。

总体架构如图 4-1 所示。

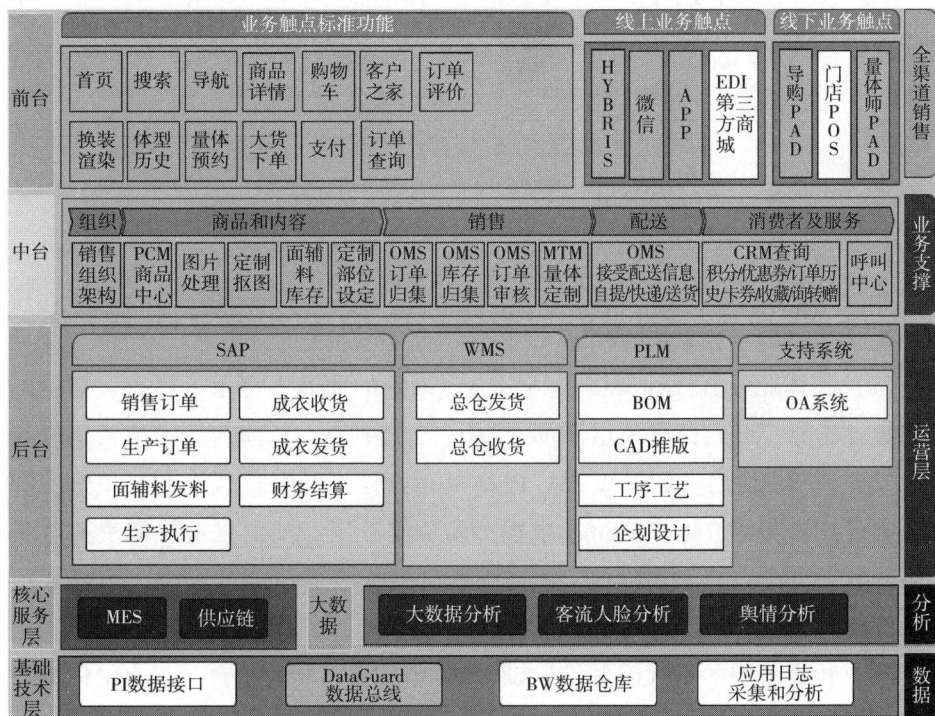

图 4-1 互联网定制平台总体架构

通过互联网定制平台，顾客可结合线上线下多渠道体验查看产品详情、体型历史、订单评价，比较咨询细节，体验换装渲染功能，在线下单支付，量体预约，查询订单状态等环节。

（3）两翼之：分享大数据云平台。形成时尚制造大数据，通过 CRM 客户关系管理系统管理消费者资料、体型、穿着习惯等数据，以大数据的精准方式提供进一步的个性化服务，实现大数据精准化营销。

利用分享大数据云平台形成的面料库、BOM 库、版式库、工艺库、规格库、款式库，可支持设计师和小微企业创业，三年累计服务 1000 家服装小微企业和工作室。同时具有向第三方工厂输出整套技术并实施改进的能力，对产业链相关方开放共享。

总体架构如图 4-2 所示。

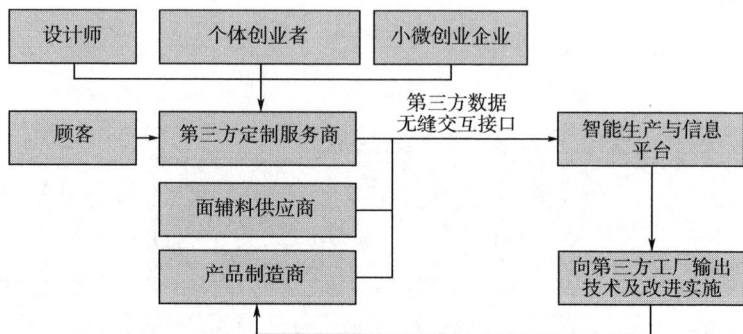

图 4-2　分享大数据云平台总体架构

2. 平台应用

（1）整体业务流程和架构。利用中台系统的商品、订单、库存、会员的数据集合功能，形成具有 SOA 开放架构的数据中心，对前台全渠道销售进行业务支撑。利用后台 SAP、WMS、PLM 等运营层系统对接收到的订单进行智能企划设计、发料、生产执行、推板、发货等工序。基础技术层能快速收集顾客分散、个性化的需求数据，形成强大的数据仓库，通过 MES、客流人脸分析等整合分析数据，达到精准营销的目的。

（2）预期解决的重大问题。建设 MTM 个性化定制云平台、建立量体师与客户之间的高速公路，让顾客的定制订单商品按照个性化原则，为顾客打造最佳全品类私人定制体验。

建设 3D 仿真虚拟设计搭配系统，为顾客呈现服装款式、色彩、材料的虚拟现实与 3D 渲染效果。

3. 平台应用效果

（1）服务支持及系统输出情况。云翼互联服务平台具有年生产 20 万套私人定制西服的能力，可为 2000 多家小微企业提供个性化生产加工及服务，具有向第三方工厂输出整套技术并实施改进的能力。

浙江所罗服饰有限公司、北京易定制网络科技有限公司、数象科技有限公司等近千家企业都是云翼互联服务平台服务的客户。

（2）以销定产"零库存"。直击服装行业痛点，实现了"以销定产"的制造模式，通过合理安排生产和采购计划，减少原材料、在制品、产成品等库存，可节省库存的资金占用成本；还可将传统服装产业由库存问题造成的人力、材料、能源等社会资源的浪费降至最低。

（3）周期缩短，效率提升，成本降低。产品生产周期生产效率提高50%左右，由15天降低至7天，实现了快速交付，既提高了顾客的满意度，又提高了企业库存周转率和资金的利用率，可以摊薄生产制造成本10%，精简人员10%左右。

（4）质量提升，成本降低。系统性控制可以大大降低生产过程的出错率，质量合格率提升5%以上；通过CAD精准自动制版和排料，以及CAM一次性精确裁剪，可以使面料损耗降低5%。

案例二　青岛酷特智能股份有限公司：C2M大规模个性化定制平台

青岛酷特智能股份有限公司（简称酷特智能）在服装个性化定制领域取得了明显的比较优势，形成了独特的核心价值。经过10多年的转型实践探索，摸索出了一条自主创新的发展道路，形成了"数据驱动大流水作业制造个性化产品、SDE传统产业转型升级彻底解决方案、工商一体化的C2M商业生态及源点论组织体系"四种核心价值，是一套传统产业转型升级的综合解决方案。酷特智能正在帮助全国各地多个行业的近百家企业进行转型升级的辅导和工程改造。

1. 平台特点

（1）C2M大规模个性化定制平台是客户直接面对制造商的个性化定制协同平台。C2M大规模个性化定制平台以服装等消费品的大规模个性化定制为核心，集合研发设计、客户订单提交、生产制造、采购供应、营销物流、售后服务等多功能的开放性平台。通过这个平台，无数消费者和生产者可进行瞬时交互联结，构成了无限细分的市场体系。形成客户订单提交、产品设计、生产制造、采购营销、物流配送、售后服务等工商一体化的开放性智能商业生态。

（2）消费端需求数据驱动"智造工厂"。平台以"定制"模式为核心，展开多领域跨界合作，实现众包设计、按需制造。平台上的"智造工厂"在大数据驱动下自发生产，按照需求驱动制造、制造商直接满足需求的商业逻辑，去中间商、代理商，为C和M提供数字化、智能化、全球化的全产业链协同解决方案。产品在平台上设计、制造、直销与配送，消除中间环节所占据的价格空间，颠覆陈旧的商业规则。

（3）推动流程再造，打造 C2M 商业生态。指导合作企业进行"SDE 源点论数据工程"改造，围绕企业源点，建立极致扁平化的组织和端对端的流程，使每一名员工都对应源点展开工作，由酷特智能平台与监督考核机制串起企业资源、决策、协同的全过程。在打造工商一体化的过程中，为合作伙伴提供保姆式的全程支持与服务。

2. 平台应用

（1）C2M。"C 端"是产品呈现面，将企业的优势通过各种营销手段和形式展示给用户并吸引到平台上，是用户的入口。"2 端"为所有交易提供服务支撑，形成数据沉淀，为整个价值链输出数据支持。"M 端"是企业价值链，通过系统集成，各个企业间无缝合作，提供定制产品与服务。

（2）数据驱动。平台把供给和需求双方相关的人与人、设备与设备、人与设备链接起来，客户在网上提交需求，直接传导至智能制造系统，员工在网上云端获取数据，然后进行具体操作，实现数据驱动的智能制造。

（3）技术核心。酷特智能融合 10 多年累积的客户数据，运用独特的算法，建立了款式、版型、工艺、物料四大数据库，能够满足全球人类 99% 以上个性化正装需求，提供智能设计、自动排产。

（4）协同生产。酷特智能平台作为供应链协同平台，通过平台打破了企业边界，多个生产单元和上下游企业通过信息系统共享数据、协同生产；同时又是 C2M 定制直销跨境电商平台，支持国内外消费者在线定制、贸易结清和物流配送。

（5）资源汇聚，业态创新。平台汇聚众多的设计商、生产商、供应商、物流商等，生产制造与生产性服务的边界，甚至细分行业之间的边界被打破，颠覆了传统的产业划分。酷特智能平台融合了设计、制造、销售、物流等全过程，同一产品的设计、制造、营销等都在一个平台上实现，甚至不同细分行业的产品，也可以在同一平台上实现。

3. 平台应用效果

酷特智能的实践与成效带动了传统企业的转型升级，甚至产生了质的飞跃。

（1）推进"SDE 源点论数据工程"初见成效。酷特智能把在服装定制领域的成功经验进行编码化、程序化,形成了标准化的解决方案,命名为"SDE 源点论数据工程"(source data engineering),即传统工业转型升级的方法论,可以在其他行业进行转化应用。为需求企业提供软件定制开发、生产流程再造、管理咨询等服务,把酷特智能大规模定制的基因植入传统型企业,可以帮助企业实现不同程度的转型升级。目前已经有牛仔服装、帽子、鞋、家居、家具、铸造、电器等行业的近百家试点企业和酷特智能签约,应用酷特智能的 SDE 解决方案实现升级改造。

(2)平台合作企业,快反能力提高,实现降本增效。酷特智能平台具备承载多企业、多品类服装个性化定制产品在线直销的能力。SDE 适用于我国劳动力密集等基本国情,特别是中小企业,通过不同程度的投入,3 个月及以上不等时间的升级改造,将实现效率提升 30% 以上,成本下降 20% 以上,实现 "零库存、高利润、低成本、高周转" 的运营能力。在没有裁员的情况下,使生产周期由传统的 20 天以上缩短为 7 天;同时,物联网串起产品研发设计、生产加工、营销服务的全过程,解决了设计过程、产品过程、工艺工程中的瓶颈问题,使设计成本下降,原材料库存减少,制成品实现 "零" 库存。

二、 智能化生产类应用案例

案例一 魏桥纺织股份有限公司:纺纱数字化车间

魏桥纺织股份有限公司主要从事纯棉精梳纱、高支高密坯布及牛仔布的生产与销售。公司拥有四大生产基地,技术实力雄厚,建设的绿色智能化生产线采用世界最先进的生产设备,并配以强大的大数据平台和先进的管理系统,实现了 "生产全程智能化" "控制系统智慧化" "在线监测信息化" "制造过程绿色化",基本实现 "无人化" 生产,整体技术达到国际领先水平,是一家具有全球竞争力的棉纺织企业。

1. 技术方案

纺纱车间为连续性生产车间,生产批量大、物料流通量大、品种更迭频繁、终端面料产品对其质量的依存度高。传统的纺纱加工,生产计划等管理相对粗放,用工量巨大,劳动强度高,对品质的控制能力弱。进入 "中国制造 2025" 时代,我国纺机装备制造企业积极研发适合我国纺纱特色的先进装备体系,在清梳联、精梳联、粗细络包装联等系统上完成了无缝连接,在梳并工序间用 AGV 小车顺利实现无人化桥接;在纤维流过程完成了梳棉、并条自调匀整等部分在线质量调控系统的建设，并对纺纱装备的故障实行平保养一体化和快速响应，部分装备配备了检测监控系统，操作部分采用界面人机对话，这些标识着我国的纺纱产业已经进入数字化加工的初级阶段。但是，当下的纺纱企业，仅仅靠购置最先进的设备来体现技术的"先进性"，对纤维流的断点无法合理创新；工艺切换仍旧依赖人工机面设置，质量数据仅停留在车面；设备运行管理还是老旧的"周期性计划"管理；车间运行还是靠人工"巡视"处理。现有的"智能纺纱"企业，其整体技术也仅仅停留在先进装备的"硬件"组装和信息化的"软件"组装的怪圈中。如此"智能工厂"完全没在享用智能化时代赋予企业智能化"技术"的红利。

针对上述纺纱行业在"智能化"浪潮中暴露出来的系统短板，纺纱数字化车间基于企业现有装备体系，再建无缝化纤维流系统，再建在线监测监控与响应系统，再建基于高速网络的数据采集、分析、追踪的数据流系统，以确保生产安全、稳定、高质、高效地运转。

（1）首次完成全流程纤维流传输无人化。根据不同工序产品特殊形态，结合 AGV 智能机器人、智能连接装置等，接通工序间物流断点，研发智能上包、并粗间智能运输、管纱按质分流输送等技术，实现纺纱车间纤维流的智能化精准衔接。

（2）首次实现全流程各节点装备实时在线采集与调控。实时采集产品质量、设备状态数据，获取问题并预警，由大数据中心指导当下解决问题，保证纤维制成率与生产效率。生条棉网质量在线监测，细纱生产管管监测，筒纱按质码垛等技术，建立了质量可追溯体系。

（3）首次建立数据流在线处理与智能化管控系统。基于全工序在线监测系统，采用 5G 高速网络对检测数据实时保真传输，通过全流程软件设计实现数据处理与挖掘，对工艺需求点进行实时人工干预；结合专件、设备数字化管理以及海量在线生产数据，快速判断并预警失效专件或设备；在线分析空调能耗、制成率等生产数据，宏观智能化管控车间运行。项目建立产品、工艺、设备等全系统大数据平台，设计"订单→选点排产→工艺优选→生产加工→产/质量标识→产品交付"的工作流程，为智能纺纱产品标准化、产能最大化、生产持续化、质量平稳化打下扎实基础。

2. 技术应用和模式创新

全面实施数据化、信息化改造，奠定智能化基础；基于流程再造及数据流的基础，实现精益生产管理的智能化变革：

（1）智能生产管理。研发先进的空中智能运输轨道及360°避障功能的AGV运输小车，把七个工序间人工运输变革为全流程的智能输送。融合环境、物流、配棉、设备、工艺、质量等数据，形成数字主线，加以统计、聚类、关联、预测等数据分析，依托大数据的智能决策、智能执行，实现了智能排单、质量在线管控、智能人员调度、成本动态核算为一体的全维度智能生产管理模式。

（2）智能化在线质量管控。基于5G的智能化全流程设备健康在线监控系统，使传统的日常检查、停机取样试验变革为在线质量监控、预防、分析为主的无实验人员参与的管理模式。

（3）推进供应链协同。精益化管理是公司的核心竞争力之一，随着纺织信息技术、数字化发展以及智能设备的发明，公司依托上下游客户，协同创建一体化管理模式，实现上下游客户与企业的共赢。

（4）变革生产组织管理体制。智能化全流程的管理体系，改变之前纺织行业对"人"管理难的问题，使人、设备、软件融为一体，互联互通，由原来的"人主动管事"模式变革为"事及时找人"模式。

3. 应用效果

自纺纱数字化车间投产，实现了生产智能管控、质量在线监测、设备远程运维、成本在线预算等管理模式的创新，由原来的四个车间合并为两个车间管理，体制合并精简50%，整体投产后，产品及生产工艺可追溯率达到100%，比普通环锭纺用工降低80%，目前10人/万锭，对比普通环锭纺，同生产规模、同品种、同时间，生产效率提升38%。能源综合利用率提高20%，不良品率降低36%。智能配棉的应用，使原料合理采购搭配使用，可平均降低配棉等级0.5级，减少倒垛成本，用棉综合运营成本明显降低。总产值72957万元，利润6581万元，综合经济效益8193万元，总投资收益率19.9%，企业效益良好。

通过项目建设，重点解决了传统型纺织业数字化、物流自动化的技术瓶颈，大幅提高了产品质量和工作效率，使企业形成低成本、高质量的运转优势，为客户带来更高性价比；带动设备厂家技术的提升和共同发展，具有积极的产业推进作用；生产过程废水、废气、废渣达标排放，噪声源得到有效控制，产生了良好的社会效益。

案例二　山东路德新材料股份有限公司：工程用高性能纤维复合材料智能生产线建设

山东路德新材料股份有限公司是目前国内规模最大，品种最全的土工合成材料生产厂家。是国家级制造业单项冠军示范企业，国家高新技术企业、国家技术创新示范企业，拥有中国驰名商标，是中国产业用纺织品行业协会副会长单位。现拥有 1 个国家级科研平台，9 个省部级科研平台。累计申请国家专利 120 余项，牵头/参与制定各类标准 40 余项，获科技创新奖 20 余项。公司将信息技术、人工智能、绿色设计全面引入生产，建成国家级智能工厂、绿色工厂。

路德新材料股份有限公司通过对核心生产装备的智能化改造，关键短板装备的研发应用，实现了高性能纤维复合材料关键短板生产装备的国产化；通过资源管理系统（ERP）、制造执行系统（MES）、产品生命周期管理系统（PLM）、决策支持系统（BI）等软件系统的集成应用，建立了覆盖产品全生命周期的协同优化平台，支撑土工布产品大规模定制模式创新；通过全面配置各类智能传感装置，实现对生产数据的在线采集和深度感知，构建了面向生产现场信息感知与互联集成的信息反馈与分析模型，建成国内首条较为完整的高性能纤维复合材料智能化生产线。

1. 技术方案

公司以应用为导向，紧密围绕高性能土工合成材料领域前沿技术、发展方向及关键共性技术，突破制约高性能土工合成材料行业发展的技术瓶颈。通过研究纤维平面技术以及多种高性能纤维混合编织技术，突破纤维高效均匀整纤技术，自主研发具有国际先进水平的纤维超声波辅助整纤设备及具有国际先进水平的纤维经编设备。突破工程用高性能纤维复合材料专用生产短板装备，打破国外市场垄断，大幅降低高性能纤维复合材料生产成本。通过开发智能型工程用高性能纤维复合材料，实现产品自感知环境刺激，对其进行分析、处理、判断，并采取一定措施适度积极响应。

（1）将光纤（光栅）有效植入技术和信号实施采集分析技术，实现产品集加筋加固与安全预警与一体。实现对工程结构健康进行高精度监测、安全等级评估和预警，保证工程结构的安全。

（2）解决我国北方地区路面结冰积雪问题及土木工程结构维护管理中的无损检测、实时安全监测预警问题，开发一种集融雪抑冰、智能预警功能于一体的碳纤维增强多功能格栅。实现融雪温度监测、应变精度监测、精度定位。

（3）通过开展产品定制化设计、用户个性化需求信息平台，建设数字化、智能化的研发、生产、仓储、物流、管理、质量追溯、ERP、PLM 等系统，实现各系统之间的综合集成，实现研发设计、计划排产、柔性制造、售后服务集成和协同优化。

2. 技术应用与管理创新

该信息化智能系统具备客户关系管理、研发设计管理、企业资源管理、人力资源管理、制造执行管理、决策支持分析等功能，形成了适合与企业特点的开发框架，实现企业的精细化管理、个性化研发设计、高效生产制造及智能化决策支持。

（1）定制化研发设计管理。根据客户需求，利用专用研发设计工具进行研发设计，对设计产品各种性能进行仿真模拟分析；利用研发设计和仿真情况形成产品结构数据，进行产品周期、数字化管理。

（2）精细化生产经营管理。对采购、销售、计划、库存、设备、财务、成本等细化管理；通过利用 MRP 技术，保证准时交货，实现物流、资金和信息流同步。为 MES 系统提供详细的计划指令，通过信息化大数据的分析应用，规范、细化生产经营过程。

（3）数字化制造执行管理。根据客户需求进行柔性化的生产计划编制；按照设备能力和生产情况进行现场计划调度；利用数字化工艺，为智能设备下达生产指令和生产参数；运用质量数据采集，实现细化的质量跟踪和分析；利用条码数据采集，完成生产过程跟踪反馈。

（4）通过智能仓储管理系统实现全面物资管理，确保企业及时准确地掌握库存的准确数据，合理保持和控制库存，为生产系统的运行和决策提供有效的支持。

（5）通过智能化立体仓库，实现货物在整个物流系统内部的信息识别和追踪，提高了效率和灵活性，做到生产过程的可监控和可视化，生产调度有很大的灵活性。

（6）通过产品全周期的质量追溯系统，实现对产品原料、加工、流通等环节中质量相关信息进行采集和跟踪。对单个产品赋予唯一身份标识（身份证），一物一码，实现产品生产环节、销售环节、流通环节、服务环节的全生命周期管理。

（7）决策支持系统能够为决策者提供决策所需的数据、信息和背景材料，通过人机交互功能进行分析、比较和判断，为正确决策提供必要的支持。

3. 应用效果

通过项目的实施，公司形成了高性能纤维复合材料 500 万平方米智能化生产能力，用工成本降低 55%；生产布局更加简约合理，新建高参数自动化立体仓库，兼容多种物料的仓储，空间利用率为普通仓库的 2.5 倍，占地面积减少 60%。同时，智能化立体仓储系统相同建筑面积增加库容 60% 以上；相同投资规模生产效率提高 45%。

在研发周期方面，项目实施前企业新产品研制周期为 3 年，智能化改造后，研发成功率及新产品产业化速率大幅提升，新产品研制周期为 2 年，使得产品研制周期缩短 33%。

在产品质量方面，项目实施前企业产品合格率约为 98.3%，不良品率为 1.7%，实施智能改造后，人为因素导致的不合格品大幅减少，产品合格率有效提升，产品不良品率降低 35%，运营成本降低 34%，从而大幅提升劳动生产率与人均生产值，提高工厂的综合效率。

生产车间使用附近发电厂的余热，并循环利用，单位产值能耗降低 23%，同时，主车间安装 2.4MW 的光伏发电装置并入网发电，实现了生产全过程的绿色环保。

案例三　康赛妮集团有限公司：数字化生产管控

康赛妮集团有限公司自 2019 年起，投资 4.5 亿元实施羊绒纱线制造智能工厂项目，通过顶层设计、工艺流程改造、生产线、物流、仓储等智能化升级，已经建成年产 1500 吨高档羊绒纱线智能工厂。创立"纺纱单元化、工厂黑灯化、物流全自动，数据互联通，排产高智能、质量可追溯"的创新生产模式，实现了羊绒纱线的高端制造。

1. 技术方案

项目主要从六个方面展开。

一是购置智能和毛机、智能梳毛机、智能细纱机、智能络筒机、智能并线机、智能倍捻机等 100 余套智能设备，组建毛纺智能生产线。

二是在车间装有 RGV 实时调度系统、悬挂输送系统，实时和仓库管理系统（WMS）、制造执行系统（MES）交互，实现实时按需自动配送，最后传输至成品物流，通过 AGV、自动包装线、成品提升机、成品自动运送轨道、机器人等自动进入智能立体库。

三是设计与建设智能立体库系统，通过 WMS 等实现了毛纺产品的自动入库、自动发货。

四是集成信息软件系统，智能工厂建立了 PLM、ERP、MES、SCADA、WMS 等软件系统。通过 SCADA 系统对数据进行采集与传输；采用 MES 系统进行生产管理等；采用 EPR 进行销售、采购、仓库等管理；采用 PLM 实现对产品资源等进行一体化集成管理。

五是建立各系统间的信息互联互通，并通过工业互联网，实现设计、工艺、生产和资源管理各环节的信息共享与传递，实现设计与生产协同作业管理。

六是建立看板及集控中心，智能工厂建有独立的中控室，主要由硬件系统和软件组成，通过对采集数据的处理，采用不同的展示形式，对关注的数据类型和各类统计图表进行大屏展示。车间也建设有看板，实时显示任务单下发等参数。

2. 应用效果

康赛妮通过智能工厂实施，企业的设备数控化率达 90%、设备联网率 90%，智能工厂的生产设备均为信息化设备，数控化率达 100%。物流 RGV，AGV 也为智能设备，数控化率 100%。生产物流设备均具有信息化接口，设备联网率达 90 以上。同时，生产效率提高 20%，运营成本降低 12%，库存周转率提升 33%，产品研制周期缩短 22%，订单周期从 51 天降到 21 天。

三、 数字化管理类应用案例

案例一　江苏东渡纺织集团：数据驱动管理

江苏东渡纺织集团创建于 1956 年，1999 年转制为新型股份制企业。经过 60 多年的积累和努力，已经发展成为以研发、品牌、生产、物流为主体，面料、服装及相关配套为主线，集织造、染色、绣花、印花、成衣一条龙服务，科、工、贸为一体的大型纺织企业。公司连续十七年被评为中国纺织全行业百强企业，出口五十强企业，针织行业综合竞争力前 10 名。2020~2021 年连续两年入围"中国民营企业 500 强"。

1. 技术应用与管理创新

近三年，东渡集团智能化改造设备投入近 3000 万元，通过 ERP 系统实现客户订单信息导入，生成采购订单及生产订单，通过工业数据采集系统对接企业的 CAD 系统、MES 生产执行系统、APS 精益生产排程系统、AGV 运输系统、智能吊挂系统等作数据交换，实现数据即时采集、联网分析、可视化展现、智能决策分析，并通过基于大数据分析的决策，对企业管理实现数字化、透明化、网络化的智能生产模式，对整个生产过程进行在线监控，从而提高生产效率与产品质量，极大地提升了东渡集团的计划科学化、生产过程协同化、工业与信息化的深度融合。

（1）智能制版、排版。建立远程定制大数据平台，利用其服务器端和客户端并存的优势，实现 3D 试衣、2D 图形转换、智能制版等基础功能，并通过开放数据库互联技术进行大数据集成管理。通过法国 LECTRA 的计算机辅助设计系统、自动面料排版裁剪管理系统和裁床控制系统，优化面料门幅设计、CAD 服装设计、排料、裁剪等工序，实现最大限度的材料利用，减少废料。并根据集团自身需求，采用云计算技术，建立企业私有云，让东南亚和苏北的生产基地能根据权限访问集团产品数据库，获取生产所需的数据，使得生产基地能实时调整生产计划，提高生产效率，实现从设计到生产的无缝连接。

（2）智能裁剪。ERP 系统与智能排版系统对接，生成对应工单，RFID 系统读取相关数据，拉布控制系统智能识别并读取加工数据，裁剪车间工人通过其工位电脑接收到的工单指令，依从产品数据库中读取的工艺加工数据，裁床依裁剪控制系统指令完成自动裁剪，并将完成的信息与时间上传到裁剪控制系统，再同步上传到 ERP，公司借用物联网技术、激光技术，透过开发中间件等自动拉布、裁剪控制系统来连接产品数据管理系统的数据库。有效提高裁剪效率、出衣率及裁片精准度，保证最终产品质量。

（3）工艺分析系统。该系统对各道工艺和个人的技术水平进行研判，完成标准动作系统和标准时间系统的建构，同时利用该系统建立的工艺标准动作和标准工时数据库，实现服装生产标准化。工艺分析系统以精益标准化管理为主要应用目的，有效地把标准化管理中的建立标准、执行标准、优化标准的三个阶段充分融入软件当中，并有效支持 IE 在数据管理和现场应用方面的日常工作。

（4）智能排线系统。通过 MES 系统下发指令至 RCS 系统（机器人控制调度系统），实现机器人点对点搬运，控制 AGV（智能搬运机器人）移动以实现物料配送，从而实现产线自动化，自动化吊挂系统的控制主机接收到 ERP 的工单指令后，就能自动读取加工工序的要求，并通过判断每个裁片挂钩上 RFID 标签，根据工序间的平衡情况，将各裁片自动在各加工工序之间传递。并且能将生产线上实时的工序平衡图、产量数据、工时完成率、次品率等现场数据自动上传到 ERP 系统中。而且可以通过 RFID 卡跟踪每个工序操作人员的信息，避免同工序质量问题的推诿，有效保证产品质量。

（5）智能生产。通过流程和生产工艺的智能优化，有效控制生产，通过实时反馈，分析全过程数据优化流程。通过 Sedo 中控系统，实现即时数据的存储、查询、分析、对比，可以随时随地查询一缸坯布生产全过程的染色状态信息，包括运行中各个参数数据，便于对比和分析，对当时染色细节过程可以实现当时再现，对染色过程中的设备状态信息也可以进行查询和分析，可以非常便捷地分析、排查出质量问题产生的因素。与传统手动模式相比，染色重现性得到较大提高，缸差等质量疵病大幅度缩小，染色工序一次成功率提升到92%，产品品质和附加值大大提升。

（6）自动配送。通过染化料助剂自动输送系统及 AGV 智能搬运系统，实现原料的实时精准配送、半成品及成品的仓储及智能配送。实现自动称量、计量和管道密闭输送，控制精确度可以大幅度提升，称量或计量的精度每提升一个点，就可以使染料、助剂的损耗得到大幅度降低，并可以杜绝人工手动生产模式下称错、多称或少称等错误现象，根据前后对比和计算，可以使染料和助剂的损耗率降低5%以上。

（7）自动包装。成品坯布到达仓库后，通过全自动包装机完成打卷、装袋，并运输到库位等所有动作。使用全自动包装机代替人工包装，可以有效地完成打卷、装袋、打印日期和产品输出的整个生产过程，大大提高了劳动生产率，同时又能有效保证包装质量，降低了人工成本。通过环思系统中条形码扫描系统，还可以实现对半成品、成品流动的追踪与追溯。

2. 应用效果

通过智能化改造和数字化转型，东渡集团将信息技术、网络技术和智能技术逐步应用于设计、制造、管理和服务等工业生产的各个环节，以进行感知、分析、推理、判断和决策，大幅提高了制造效率，改善了产品质量，降低了产品成本和资源消耗。具体表现在：工作效率不断提高，订单周期缩短30%，生产效率提升20%；生产成本不断降低，服装生产成本降低15%，生产过程能耗节约15%。

3. 未来规划

公司将专注于企业智能技术装备的引进和生产方面的智能化推进，继续深化服装厂智能车间建设，引进服装智能仓储及物流系统，推进针织面料设计与生产智能化项目，在完善自主智能化水平的基础上，联合高校及设备供应商研究开发更多的高端装备和应用技术，在装备和材料上同步迈上一个新台阶，加速推进服装智能工厂建设。以智能制造为引领，推进传统服装制造业高质量发展。

案例二 华纺股份有限公司：印染全流程数字化改造

华纺股份坐落于黄河三角洲滨州市，具有45年历史沿革，2001年9月在上交所挂牌上市（股票代码600448），是以印染为主业，兼有纺织、家纺、服装、热电、金融等产业的现代化企业。现有资产总额36亿元，主导产业年印染布产能4亿米，服装350万件，家纺成品2000万件套。建有国家级企业技术中心、国家级工业设计中心、山东省短流程印染新技术重点实验室、博士后科研工作站等科研平台，是国家印染产品开发基地、国家纺织品检测实验室、高新技术企业。

1. 技术方案

本项目主要研发应用了印染工艺的精准执行及自优化技术，实现工艺参数执行数据的自动采集、分析、反馈与调整；研发应用了染化料助剂精准配送技术，开发了染化料助剂自动配送装备及控制系统；研发应用了印染生产优化排程技术，对订单的拆分策略和排程调度约束条件进行研究，建立生产计划自动排程和调度反馈算法模型，大幅提升印染生产的智能化水平。

（1）建立工艺参数在线监测与控制系统，实现生产全过程的智能化管理。

第一阶段：实现生产全过程监控。首先建立生产监控中心，布设信息化通信网络，完成机台信息化终端改造，完成生产过程数据的采集与处理，实现对生产工艺的全过程监控，实时采集机台运行参数、生产过程参数、布车/布轴运转工位、车间环境等关键参数，并以图形化的方式动态展示给生产管理者，方便管理者横向全局性地掌握车间的生产运行情况。同时，支持参数的历史存储和调取，以趋势图的方式显示选定的感兴趣参数的变化情况，以利于管理者对某一参数进行纵向的深入分析。

第二阶段：建立各种资源管理模块，形成分布式业务管理集群。包括工艺管理、设备管理、质量管理、能耗管理、物料管理、人员管理等。如质量管理模块采集和记录生产过程中各质量检测环节的质量信息，完成产品质量信息的归档和整理统计，使用 RFID 技术，管理者可以对质量信息追溯到加工机台、坯布批次、工艺流程、各机台加工该布匹时的运行参数等，便于产品缺陷原因的查找和产品质量的提高；人员管理模块对生产作业人力资源进行综合管理与分配，模块对人员基本信息进行综合登记与管理，并监控作业人员的状态和相关数据（工时、出勤等）；物料管理模块利用 RFID 物联网技术对半成品、产成品在任意时刻的位置和状态进行跟踪记录，来获取每个产品所经历的加工工序、加工结果的数据记录，以此为据，对企业的每个产品可追溯性记录；设备管理方面实现记录各类设备信息，管理设备从购入到运行使用、报废等整个生命周期的过程情况，快捷出具入账设备的当前账目情况以及历史账目统计。能源管理模块通过在机台上加装的带远传功能的水、电、蒸汽计量仪表，准确地记录下每个订单生产过程中在每道工序所消耗的能源情况。

第三阶段：基于过程实时数据及生产业务流，实现各资源管理模块之间的业务流转，实现以可视化生产管理为目标的计划管理、工序优化排程、资源优化分配与管理、生产单元的优化分配、生产过程的跟踪纠错与优化调整、产品性能的分析与优化建议、产品流转过程的追溯与状态全记录、绩效的综合统计与评估等。

（2）化学品智能精准配送系统，提高生产物料管理水平效能。针对印染资源消耗大、废水排放量高的问题，开发染化料助剂自动配送的基础平台，涵盖原料称量、搅拌、上料、储存、发料、加料等流程的机械设备和控制程序，研究染化料助剂的性能参数和工艺可控参数之间的物理数学模型、工业自动化解决方案、总线式管路系统及布局优化算法等，有效实现自动配送；研究染化料助剂在线定量监测方法，实现浆料和助剂性能检测数据的在线采集和实时反馈，提高自动配送的精度；构建自动配送平台和在线监测模块的统一管理网络，研究局域网的体系架构、拓扑结构，以及模块管理、数据挖掘、自适应学习等功能的实现方法等，研究如何实现染化料助剂配送系统的内外部通信，使该系统兼具良好的独立性和拓展性，能够与全流程监控系统、自动排程系统形成有机的整体，实现一体化、智能化的生产管理模式。

（3）建立智能排产系统，提升智能化管理水平。系统对管理部门下达的订单，首先通过算法基于颜色、花型、加工量等信息自动生成相应的生产定单，并将其加入待产生产单缓冲池中。然后对每个生产单自动关联对应的工艺，并根据加工量和车间机台车速等信息确定该生产单在每道工序的加工时长。最后从生产单缓冲池中获取一定量生产单，根据调度算法为每个生产单指定具体的加工机台和加工时段，还可以根据生产单、车卡等进行排产查询。

各个生产任务单何时在哪个机台设备上进行生产都是根据排产结果有序进行的。在对排产流程进行说明之前需要说明两个属性：订单和生产任务单。订单是客户下达的生产需要，包括多种产品的种类，每一个产品需求对应具体的生产任务单。对生产任务单进行排产调度的流程如下：ERP 每周将一周的生产订单发送给 MES 系统，MES 系统在接收到生产订单后自动生成生产任务单。APS 系统从 MES 系统中取得生产任务单后，根据相应规则选择适当的生产任务单，获取工艺数据库中相应的工艺，包括工序，每道工序的加工时间和停留时间等指标，再获取当前每台机台的加工状态，包括可用加工时段，关键/瓶颈工序等，在得到一切排产所需参数后，对生产任务单进行计划排产。

2. 应用效果

通过印染工艺参数自动监控系统的研发，实现了参数在线监测的自动化、对历史数据的自动分析、实时信息监控和实时动态反馈、生产过程中印染工艺参数调整的自动化；通过染化料助剂自动配送装备及控制系统的研发，实现了染化料助剂配送的自动化，提升原料称量、化料搅拌、上料、储存、发料、检测、反馈、加料各生产环节的自动化程度；通过对订单的拆分策略、排程调度约束条件进行研究，建立了可插拔的参数化排程调度目标函数。突破了高效的排程调度算法难题，并在此基础上研发了印染生产计划自动排程和调度反馈算法模型，实现了印染生产计划排程的自动化。

项目建设完成后，设备关键参数采集率实现 100%，故障诊断正确率≥95%，产品一次准确率≥95%，单位产品平均能耗（折合标煤）降低 20%、水耗降低 30%。项目预计效益明显，年完成印染布 4 亿米以上，年产生直接经济效益 19792 万元（其中效率效益 3616 万元，降低能耗 5184 万元，降低人工成本 7696 万元，质量效益 3296 万元），提质、降本、增效作用显著。

案例三 安莉芳控股有限公司：终端货品智能配送

安莉芳控股有限公司（简称"安莉芳"）是我国主要的内衣品牌及零售企业。自 1975 年创办于中国香港，经过四十多年的经营，安莉芳已经发展成为一家现代大型企业。安莉芳内衣以其高雅、时尚的风格，舒适、健康、不断创新的功能，始终如一的高品质而深受广大女性消费者的喜爱，成功建立了高质素、多元化的"Embry Form 安莉芳""Fandecie 芬狄诗"等内衣品牌系列。

为了有效满足市场需求，加快终端货品的配送，安莉芳集团于 2015 年在山东工业园投资建设了现代化的智能配送项目。安莉芳（山东）服装有限公司引进智能流水线系统、自动裁剪系统、三维扫描系统等大型现代化生产设备，自主研发滚筒削棉机等设备建设智能制造生产流水线，同时引进世界领先技术的自动化、智能化配送流水线、无人值守立体仓库，实现了成品高速、自动分类分发和货物高效自动存储，逐步实现自动化、少人化，解决产品品质和劳动力缺乏问题，有效地降低了运营成本、提高运行效率，带动整个内衣行业现代化智能制造改革。

1. 技术方案

安莉芳智能配送项目由自动化设备及智能化集成管理系统组成，主要包括：

（1）智能立体仓库，用于存储、支持货到人拣选、高速缓存（图 4-3）；

图 4-3 智能立体仓库

（2）交叉皮带分拣系统，用于产品分拣（图 4-4）；

图 4-4　交叉皮带自动分拣

（3）箱式输送系统，用于产品箱和周转箱的输送；

（4）软件控制系统，主要用来实现货物的高效、自动储存，并与分拣系统无缝衔接。

2. 应用成效

智能仓自投产已超过六年，自动化设备及智能集成系统运行稳定，有效解决了集团现有仓储管理"门店缺货、补货不及时，退货不能及时处理等问题"。项目可实现：货到人、少人化、高效率、每家门店按需配送；实现了智能仓为市场服务，有货即发，高效灵活准确，适应不断变化的市场货品配送需求。同时，通过"机器换人"节约了人工成本，提高了作业效率。目前智能仓作业平均效率比之前作业提高约 200%，每月平均实际用电可节省约 224%。

智能仓运用的智能先进技术达到目前国际领先水平，并得到了行业及政府的肯定。2017 年获山东省经信委"机器换人"技术改造奖励资金，2018 年被中国纺织行业联合会评为"纺织行业智能制造试点示范单位"，2020 年获济南市先进制造业和数字经济发展专项资金。

案例四　恒力集团：全产业链发展

恒力集团始建于 1994 年，是以炼油、石化、聚酯新材料和纺织全产业链发展的国际型企业。恒力纺织是全球最大的纺织生产基地之一，拥有超 4 万台生产设备，产能规模超过 40 亿米/年，生产基地分布在江苏苏州、宿迁，四川泸州，贵州贵阳等地。

1. 技术方案

恒力集团配有自动挂纱系统，自动拆垛、自动取料、自动上丝、自动配送，一系列自动化流程工序，员工劳动强度减轻，效率提升。

积极运用前道工序设备进行柔性化生产，引进工业机器人以及智能运输设备 RGV，应用二维码、条形码、RFID 等数字标识技术来实现产品信息全流程监控和追溯。

在数字化建设方面，恒力积极推广实施 5G+工业互联网的科技成果应用，全力提升了传统纺织业的数字化水平。集成运用生产制造执行系统（MES）、企业资源与计划管理系统（ERP）、仓库管理系统（WMS）、数据采集与监视控制系统（SCADA）、大数据系统等工业信息化软件系统，不断打造"智慧工厂"。

在智能装备与工业控制系统及产品研发等工业软件的整合上，通过与国内成熟的数字化智能科技公司合作研发，以工业互联网平台为基础，紧盯纺织行业的自动化、网络化、数字化、智能化产业发展趋势，以及传统纺织行业管理中存在的痛点及难点，将恒力多年积累的生产管理经验、成熟的管理体系以及完善的管理指标进行整合，打造出行业级的工业互联网数字可视化平台。

2. 应用效果

在设备创新上，恒力纺织着力推动设备智能化提升。在织机方面，侧重于织机的机械性能优化，推进织机电控一体化系统节能型设备的升级，通过运用变频控制、直驱系统，实现了织机灵活调速、降耗增效，综合节能率在 20%以上；强化织机自动加油、自动补水、自动寻纬、断经自停装置的技术创新和电动上轴的使用；提档高速开口装置与六连杆打纬联动结合，提升了家纺类高密、厚重织物的品质与效率。

恒力纺织引进自动化程度高，适合于高密度、宽门幅的高速智能整浆并设备，相比于传统的分体式整浆并设备，整浆联合机集成了整经机和浆丝机的全部功能，减少了整经下轴、浆丝上轴、多次套箱的工序，整体效率是以往分体式设备的 2 倍以上。

在自动穿经工序，恒力纺织与国内知名厂家不断进行探讨与研发新机型，可支持多种经丝混合比例穿经，有效解决了分层处理问题，并加置安装了一键式 AI 自检功能，可根据数据远程诊断处理，运行效率得以在进口设备的基础上提升 30%以上。

通过不断打造"智慧工厂"，恒力纺织实现了用工降低 38%，产能提升 110%，生产效率提高 23.8%，生产运营成本降低 41.17%，零差错率的好成绩。

四、 服务化延伸类应用案例

案例一　青岛宏大纺织机械有限责任公司：远程运维模式创新

青岛宏大纺织机械有限责任公司隶属国资委直管央企中国机械工业集团（世界五百强），公司注重自主创新，通过了"国家级企业技术中心""高新技术企业""梳棉机产品研发中心""自动络筒机产品研发中心"认定。现拥有授权专利 130 项，其中已授权发明专利 38 项、实用新型专利 89 项，并获得欧洲专利 4 项、日本专利 3 项，软件著作权 7 项。主持或参与制修订国家、行业标准 42 项。依托于全力打造的远程运维云平台及公司智能化、信息化建设，公司实现了纺织机械智能制造，获评首批"国家两化融合试点单位""山东省智能制造示范试点企业""纺织行业工业互联网平台试点项目"等称号，是中国纺织行业互网联联盟的理事单位。

1. 技术方案

（1）远程运维云平台（图 4-5）。项目为纺织客户提供专业的设备管理服务，适应于新建工厂快速投产，也适应于老设备升级改造。实现设备和平台

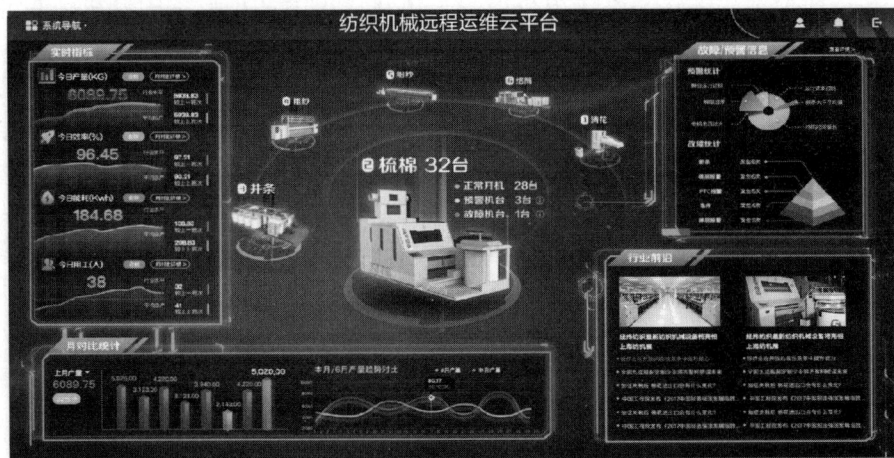

图 4-5　远程运维服务云平台

的实时信息对接，进行远程故障诊断和排查、远程程序升级，为客户提供最优化、最专业的技术支持。实现用户设备的实时运行状态检测、问题秒级感知，主动分析隐患和预警，及时有效处理，避免重大故障发生。降低纺织企业设备运营的成本和维护的难度。

（2）智能加工单元。项目使用集成智能加工单元、智能机械手等装备，实现产品主关键件柔性加工。系统按 SAP 指令，实现自动料仓库、二维码金属打标、自动上下料、自动装夹、自动加工、自动送检、自动清洗、自动计数等功能。用 DNC/MES 等软件对制造过程中的物料、设备、程序、夹具、刀具、质量等信息进行物理集成。实现设备数据自动采集，生产数据自动报工，生产防错。

（3）智能化装配生产线。项目打造了适应精益生产的物料路线、满足生产需求、与 MES 系统无缝对接的辊道式装配检测自动线，实现了多工位装配工序自动转移，零部件的装配、运转、测试及 PDM \ CAPP \ ERP \ MES 等信息集成共享。装配线全程信息化管控，二维码管理，记录存贮数据和信息。

（4）数字化生产管控系统（图 4-6）。项目建立了基于 MRP 生产订单的车间生产计划排程和控制体系，实行基于生产订单排程拉动和定额领料的车间物流方式、基于车间物流和关键物料条码追踪的追溯方式，通过 DNC 系统实现设备与产品的互联、设备监控及预警报警管理体系，实时统计设备开机率及状态、设备制造状态、整体设备运行效率，确定维护维修方案，优化选择工艺方案，建立设备维修保养档案。

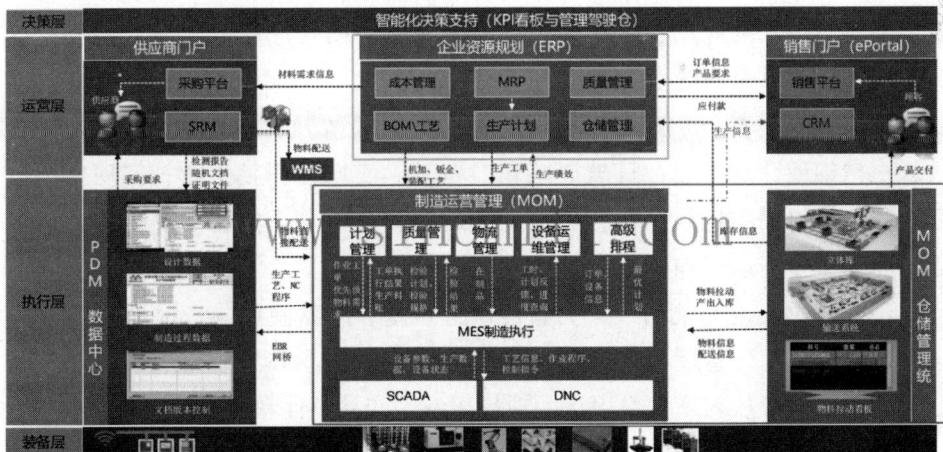

图 4-6 以生产管控系统为核心的企业数字化总体架构

（5）智能质量检测系统。项目实现了零部件的光学快速检测、检测数据数字化传输，建立起完整的智能检测系统，实现检测数据数字化、信息化。基于智能化、环保性的理化实验室，减少对员工技能水平的依赖，对公司核心零部件进行有效监控。

升级改造三坐标测量机，增加自动循环供料、高精度定位和自动测量系统，简化零件装夹和测量程序，引入智能自动、数字化技术，提高检测效率和三坐标利用率，降低检测成本，检测结果更加客观真实，检测精度更高。

（6）智能棉纺检测实验室。项目建设了智能棉纺检测实验室，配置的全流程棉纺监测仪器，使用专业传感器感应技术及算法系统，以乌斯特公报这一纺织行业标准为指导，依托公司、高校、科研机构的设备、工艺专家，建立了专家团队，辅以产学研结合的研发体制，实验室对出产设备进行相关棉纺指标性能测试与分析对比，对纺纱全流程进行数据追踪与动态模拟。

2. 技术应用和模式创新

依托远程运维云平台，产品研发、生产管理、质量管理、采购、销售各环节数据共享。用互联网技术切入企业业务流，形成智能化闭环，使得企业的生产经营全过程可度量、可追溯、可预测、可传承，重构企业的产品、质量、效率、成本的核心竞争力。

（1）深度赋能，促进数字化转型。远程运维云平台聚焦客户和制造商，打造客户需要的纺织机械解决方案。项目提供远程故障诊断、故障智能预测，利用大数据分析，实现设备远程运维服务。通过算法的优化、大数据分析以及机器学习技术的应用，依靠完善的故障库、预案处理库以及算法模型库等为棉纺客户提供全新的设备运维服务模式。

（2）智能管控，实现精细管理。通过 MES 系统及智能化加工、装配，实现快捷精细地计划排程；打破"暗箱"管理，实现透明化生产；实现生产过程全程物流追溯；将数字化应用于生产运营和日常管理的各个环节中，实现数据驱动型生产运营和管理。

（3）赋能企业智能研发，为智能制造筑基。产品使用与产品研发设计对接，建立产品闭环管理模式，在全产品生命周期的业务与数据层面实现一体化应用，建立了从客户需求引出的项目研发、产品设计和工艺开发的新模式。

（4）智慧检测，实现质量提升。智能化质量管控，实现涵盖供应商送货、零件制造、整机装配、售后服务等质检电子化，通过使用 SPC 分析、质量追溯等功能，实现全生命周期的数字化质量管理模式。

3. 应用效果

基于工业互联网的纺织机械智能制造项目建设，为青岛宏大及合作伙伴实现了信息化提升和数字化转型升级，创造了丰富的经济效益和社会效益。

（1）全面提升客户生产管理和质量管理。项目实施，帮助棉纺客户降低了设备故障率、减少了停车时间，提升了设备生产效率，增加了企业运营效益，产品不良率大幅下降。同时全面实现棉纺客户信息化管理，大大降低管理成本。

运维平台对影响质量的生产数据、工艺数据、隐形数据等进行追踪、处理和分析，提前预警。帮助客户降低生产成本、降低吨纱能耗、提高生产效率；通过大数据信息管理技术，实现数据追溯、分析，发现问题及时处理，减少异常状态。通过差异化对比分析进行预警以及重点维护，提高生产效率和质量指标，同时使系统具有自学习功能，提供专家系统服务；远程服务、故障处理，信息化人性化的服务，大大提高了用户满意度。

（2）降低服务成本，提升产品研发品质。项目实施后，售后服务人员通过平台可以及时、迅速为客户提供最贴心的保姆式服务，同时也为企业大大降低了售后服务成本。

研发人员通过平台了解设备运行状态、指标及零部件异常等，利用平台优势积累大量运行、故障、维保数据，进行处理、分析，优化系统工艺参数、进行产品改进验证，研发、售后、质量各部门亲身体验用户感受，为用户提供全方位的技术服务支持，同时促进产品升级改进，更加符合客户需求，大大提升了产品设计的有效性。

（3）推动制造产业链协同发展。通过智能加工单元、智能化装配生产线、数字化生产管控等系统应用，建立覆盖人、机、料等生产要素的生产过程记录和追溯机制，整合产品全生命周期数据资源，打通生产、制造、质量、售后等过程，推动产业链建设。将生产过程数据转变为管理效益，促进生产过程管理。同时，推进沟通联系，有利于数据获取，实现协同发展，减少用工、提升生产效率，增加企业效益。

（4）实现管理流程化、质量可追溯。明确物料管理流程，通过记录关键件条码，绑定物料，并可以实时查看物料的库存数量。将不同仓库存放的物料含义明确地区分出来，避免出现物料呆账的情况，减少现场浪费及库存积压。同时与质量管理、智能质量检测系统，形成关键件物料质量追溯档案，实现质量可追溯。

案例二　杰克缝纫机股份有限公司：杰克智能云平台

杰克缝纫机股份有限公司与树根互联技术有限公司合作，开发建立缝制行业云平台——杰克智能云平台。

杰克缝纫机股份有限公司是国内缝纫机行业的龙头企业，率先推出物联网智能缝纫机产品，物联网缝纫机可以实时采集缝纫机的机台信息、开工情况、运行状况、维保信息等数据，并可由工人输入款式、面料、工序、订单号等信息。基于此，树根互联与杰克股份联合打造以远程服务云平台为核心、基于设备的数据为客户提供智能管理系统、为第三方软件提供开发者平台接口，用数据赋能行业，构筑新的缝制行业生态圈。

1. 平台架构（图4-7）

通过工业互联网络，杰克股份的终端客户如服装、家纺、鞋帽等企业的缝纫设备与根云平台连接；然后基于根云的大数据平台，通过数据接入有效地进行数据分析，平台上的杰克股份、杰克的经销商、第三方服务商等基于数据围绕终端客户提供各自的增值服务。

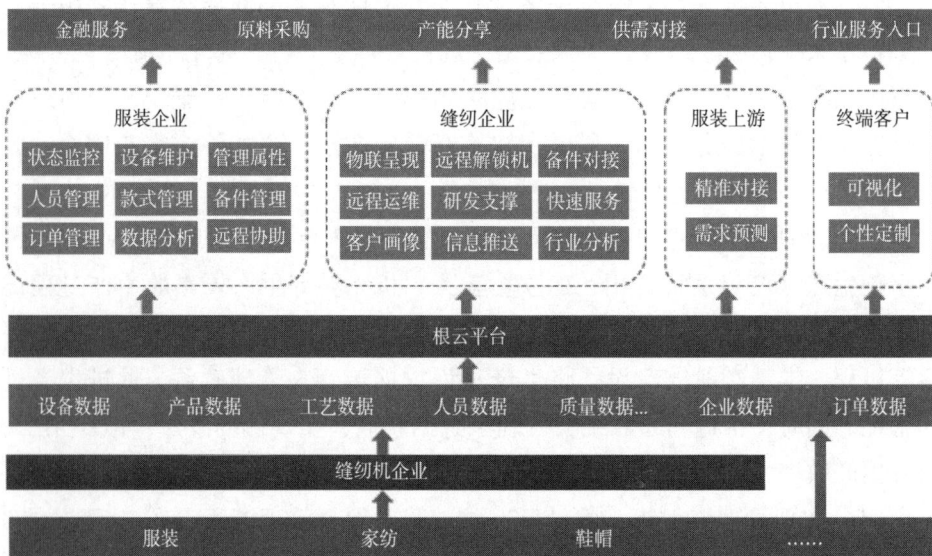

图4-7　杰克智能云平台架构

2. 平台功能

杰克股份通过缝制云平台实现设备的远程监控，为终端客户提供远程诊断、花样下传、固件远程升级等功能，服务响应时间从日级别到分钟级别。同时大数据为设备的研发提供强有力的支撑。杰克股份为终端客户提供基于物联网设备的增值功能，如分期租赁、设备的状态监控、生产工艺一键下传、设备操作优化提醒等。

杰克股份的经销商通过该平台实现辖区内客户的精准维护保养服务，精准的营销服务，客户信息的更新时间从平均半个月缩短到分钟级别。

第三方服务商如服装行业的 MES 系统、ERP 系统、工时系统、排产系统等通过根云的开发者平台集成设备数据，实现 MES、ERP、工时、排产系统等与设备数据的集成分析，为终端客户提供更加精细化的服务。

基于设备互联衍生出的租赁和分期业务，通过根云平台对设备进行远程解锁机，来实现对违约逾期的设备进行锁机操作，增强金融安全，同时通过对设备的使用情况来进行租赁收费，提供除按时间租赁的方式外，还提供按使用程度进行收费的新租赁模式。

3. 赋能传统行业的商业模式创新

杰克智能缝制云平台把杰克的缝制设备、终端客户、经销商、行业第三方服务公司的数据打通，为杰克和经销商提供智能服务系统，实现定向销售、精准服务、客户需求预测、故障远程诊断和固件远程升级。为杰克的终端客户提供设备实时监控分析、生产工时平衡分析、设备的生产工艺管理系统等，通过大数据为行业的终端客户精准画像，终端客户得到及时服务的同时，杰克股份及其经销商实现销售和服务模式的创新。

通过根云的开发者平台，数据可以有权限地开放给第三方服务公司，实现设备数据价值的最大化集成，该平台聚集终端客户和围绕终端客户的各服务商，实现产业链服务模式的创新。

五、 装备企业数字化应用案例

案例一　卓郎新疆智能机械有限公司：数据驱动管理，提高企业综合竞争力

卓郎智能是 A 股上市公司（股票代码：600545），上市公司所在地新疆乌鲁木齐。卓郎乌鲁木齐是卓郎智能全球总部，也是卓郎全球四大制造基地之一，拥有世界先进的清梳联、细纱机、全自动络筒机、全自动气流纺生产线

及各类产品研发能力。

卓郎新疆智能工厂的产品主要服务于中国西部五省、中亚、西亚，巴基斯坦等地的客户。因新疆机械制造产业链配套薄弱、距离国内外其他工业发达区域远。为解决零件运输成本高、交期长等问题，卓郎新疆工厂立项时便规划了零件自制产能，实现了梳棉机和清花机除标准件外60%以上的零件自制，有效降低了经营成本。

在不断努力下，新疆工厂已实现了全自动络筒机和全自动气流纺纱机的批量生产。但上述产品零件国产化率低，核心部件目前还依赖于从国外进口，造成产品交货周期长，生产成本高等问题。计划建设专用生产线，实现络筒单元、气流纺单元等组件的厂内生产，降低生产成本、缩短生产周期。

公司以生产过程自动化、信息化和智能化为手段，集成开发和应用一系列安全可控智能纺纱机械装备，并以智能化生产装备为基础，实现纺纱机械生产过程的数字化、网络化，实现产品优化设计和生产过程高效管控，解决生产全流程质量跟踪、进度管控等核心问题。建立生产大数据分析平台，开发大数据的智能化分析与决策支持方法，增强对纺纱机械生产数据的处理能力，挖掘非显见的生产知识，实现智能化制造，提升制造的生产效率，降低运营成本，缩短纺纱机械的升级周期和交付周期，降低产品的不良品率，降低单位产值能耗，从而提高企业的综合竞争力。

案例二　宜昌经纬纺机有限公司：打造世界一流智能加捻装备

宜昌经纬纺机有限公司是一家专门生产产业用加捻装备的专业化生产企业，其目标定位在国际一流企业。一流的企业就要有一流的产品，如帘子线直捻机、BCF地毯丝加捻机、玻璃纤维加捻机、工业丝倍捻机。长期以来，坚持持续创新，保持差异化的竞争优势，推行模块化设计。

随着企业承接项目数量的增长和项目周期的缩短，设计周期压缩，同时验证时间短，且限于少锭位、短时间，疲劳、耐久性、可靠性试验缺失，导致设备在运行一段时间后出现磨损、疲劳质量问题。订单批量小、种类杂、个性化程度高，项目计划性强，任务周期弹性小，在项目资源不变的情况下，又要保证按时完成任务，使得科研管理部门很难对资源和进度进行科学的统筹规划和协调，从而影响设计和加工的质量。因为研发任务紧，不按照标准的流程规范办事的现象时有发生，计划的优先级和资源的分配容易被人为因素影响。

围绕发展战略的定位，未来将进一步优化产品结构，加捻系统始终立足中间、向超粗超细、差异化方向发展。逐步实现产品多元化、行业多元化、成品搬运无人化、环保节能化。同时，围绕突破关键技术、开展前瞻性研发布局，在研发手段、实验室条件、基础设施、检测试验条件、人力资源开发上，都会对企业推进加捻品牌国际化战略起到重大的支撑作用。

1. 自动化智能化

设备从孤立的单机，走向产业线上的一个工序，将赋予更多智能化、自动化概念，如物料的自动上、下纱，成品卷装的自动落纱，自动打结技术等，目标就是高度智能化，减轻工人劳动强度，减少用工。

2. 效率

高效始终是装备发展的一个方向，如直捻机、地毯机设备锭速从6000转/分钟到9000转/分钟，再到11000转/分钟，运行效率逐步提升。

3. 高质量

高质量高品质永远是公司的追求目标，这就要求对纱线加捻关键零部件、纱线特点进行深入研究，确保设备连续正常运行下，纱线品质满足不断增长的实际工况的需要。

4. 节能环保

随着经济的发展，能源也将逐步紧张，而捻线工序是在工业丝制备环节中能耗最高的一个工序，低能耗、绿色环保是新型加捻装备的一个重要指标。

5. "互联网+"及自动物流技术将成为化纤企业的主流需求

随着社会的发展，万物互联，为实现智能工厂的目标，设备之间的连接及自动物流技术，将是宜昌三大主流产品未来的发展趋势。

全力打造世界一流智能加捻装备，满足国内外各类高端用户对产品高质量、高效率、节能环保、智能化的需求，始终紧盯加捻技术最新发展趋势，积极参与国际市场竞争，将两化融合和智能制造的思维融入产品，研发环境友好、国际先进的加捻系统，打造一个在细分领域具有国际竞争力的一流国际化公司。

第二章

工业互联网平台应用案例

纺织行业工业互联网平台发展迅速，平台赋能企业数字化转型日益成为行业发展的共识，不同主体、不同类型的平台纷纷落地建设。

一、 区域平台应用案例

案例一 航天云网数据研究院（江苏）有限公司：航天云网纺织工业互联网平台

"航天云网纺织工业互联网平台"由航天云网数据研究院（江苏）有限公司运营和实施，航天云网数据研究院（江苏）有限公司是中国航天科工集团有限公司和航天云网科技发展有限责任公司在长三角地区布局"国家工业互联网平台"、打造云制造产业集群生态的运营和实施主体，也是航天云网科技发展有限责任公司与常州市天宁区政府的合作主体。

1. 地区产业分布和平台特点

（1）地区产业分布。常州市纺织服装产业链完整，2018 年，纺织服装规模以上企业产值 204.7 亿元，覆盖棉、麻、丝、化纤各类产品，形成化纤、纺纱、织布、印染直至成衣的完整的产业体系，拥有一批龙头企业和两化融合先进企业，如黑牡丹（集团）股份有限公司、常州旭荣针织印染有限公司、常州华利达服装集团有限公司、常州溢达服装有限公司等。

（2）平台特点。根据常州市的区域产业特点，航天云网江苏公司确定了"千企上云成规模""重点企业建样板""完整链路全覆盖"的总体建设思路，并创新性地提出了以"星级评价体系"为亮点的区域性、可复制、集中化企业阶梯式的"五星上云"模式。根据企业实际提供能力上云、工具上云、管理上云、设备上云以及智慧企业上云的不同上云途径，加快推动企业不同业务向云端迁移。

在企业上云过程中，航天云网江苏公司针对大中小型企业不同情况和需求，提出"4+1"场景应用模式，兼顾了"大型企业集成创新+中小企业应用普及"。"4"指的是针对重点企业，提供面向工业现场的生产过程优化、面向企业运营的管理决策优化、面向社会化生产的资源优化配置与协同、面向产品全生命周期的管理与服务优化的四种应用场景。"1"指的是针对中小企业缺资金、缺订单、缺管理、缺能力等核心痛点，通过设备上云实现设备监控和健康管理；同时为企业提供"工业好大夫""工业滴滴"等应用，及时了解设备相关知识，一键呼叫专业维修人才；并且依托设备数据及企业生产状况为企业提供金融征信服务，极大缓解中小企业缺资金的问题，并带动相关服务产业的发展。

2. 平台应用

平台涵盖 IaaS、PaaS、DaaS、SaaS 工业互联网服务功能，为工业级企业提供基于"互联网+智能制造"、智能研发、智能生产、智能服务、智能商务全生命周期应用服务；可支持各种工业设备接入、集成各类工业应用服务，构建良性工业生态体系，使制造管理更加便捷高效；构建了涵盖各种安全的工业互联网完整安全保障体系。

通过线上实现制造信息互通、资源共享、能力协同、开放合作、互利共赢，牵引线下智能化改造，进而实现智能制造、协同制造和云制造，打造线上线下结合、制造服务结合、创新创业结合的新业态。如图 4-8 所示。

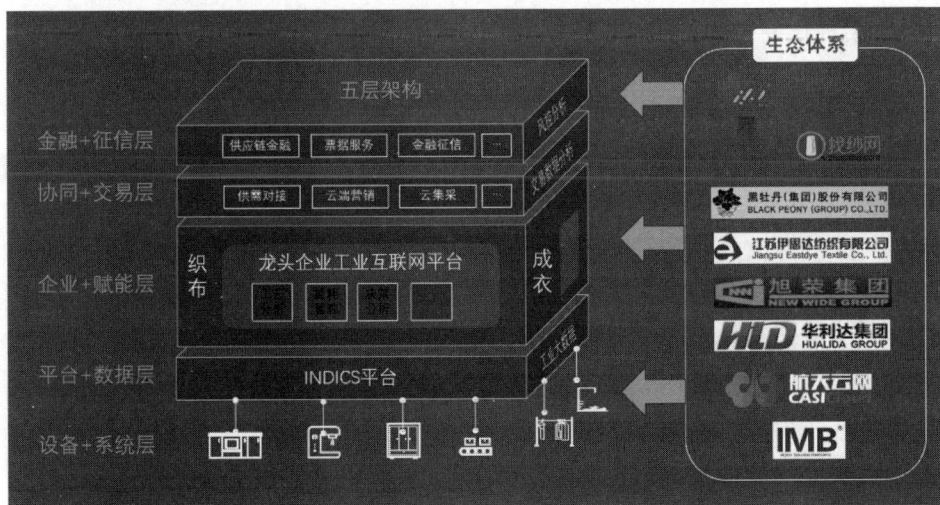

图 4-8　平台应用

（1）系统层（边缘层）。基于航天云网强大的数据采集能力、边缘计算能力，连接印染设备、织造设备、验布机及各类缝制单元，采集生产数据，并对纺织设备进行数字化改造，降本增效。

（2）数据层（物联平台层）。基于常州工业互联网公共平台，对纺织设备进行高效管理，同时汇聚设备生产数据和业务系统数据，整合分析、优化决策管理并提炼输出。

（3）赋能层。航天云网汇聚资源为平台提供覆盖产、供、销、存、研等覆盖全产业链流程的赋能能力。一方面直接提供模块化产品服务，提升产业链各环节效率；另一个方面整合工业互联网数据、交易消费数据、企业征信数据等，构建大数据增值服务进一步赋能。

（4）交易层。以棉花、棉纱、面料为切入点，通过大数据采集分析、"线上+线下"专业团队运营，全面优化整个纺织贸易价值链解决方案，提高买卖双方效率。

（5）征信层（金融层）。通过优化产业链各环节，发现优质资产和产业场景，对接供应链金融为主的综合金融服务。同时对接金融机构，提供风控辅助和场景对接等技术服务，协调低成本资金。

3. 平台服务能力

依托航天云网 INDICS（www.casicloud.com）平台核心技术优势，纺织服装工业互联网平台以数据为中心，以降本增效为驱动，联合行业龙头企业、解决方案提供商、金融机构等多方资源，提供涵盖从"原材料→纺纱→织布→染整→成衣"完整纵向产业链的适合行业特点的工业互联网系统解决方案，助力纺织产业链业务模式转型。平台立足常州，辐射长三角，通过平台有效整合、打通企业上下游供应链，帮助企业实现供应链资源的共享协同和高效配置。同时，依托打造纺织服装行业工业互联网重点实验室、推动行业大数据中心建设，研制一批纺织服装行业工业互联网平台应用相关标准，推动整个纺织服装行业高质量发展。

平台 v2.0 版本包含管理中心、交易中心、金融中心、数据中心、应用中心五大核心功能。目前正在与战略合作伙伴推进业务合作，逐步规划形成纺织行业云端营销的新模式，同时通过供应链金融、融资租赁等金融服务，以棉花、棉纱、面料、织机为切入点，通过大数据采集分析、"线上+线下"专业团队运营，全面优化整个纺织贸易价值链解决方案。

4. 应用效果

航天云网江苏公司打造的"一横多纵、五星上云"的工业互联网平台体系——"常州模式"，依托航天云网工业大数据应用技术国家工程实验室核心技术，为广大企业提供产品全生命周期管理、智能工厂、企业经营分析和优化、企业能力协同、区域工业大数据聚集的完整链路服务，助力未来智慧城云制造先导中心建设，在产业链全过程和全要素上形成整合性的、规范性的集群资源。构建和涵养以工业互联网为基础的云制造产业集群生态，兼容智能制造、协同制造和云制造三种现代制造形态，服务于制造业技术创新、商业模式创新和管理创新。

常州市天宁区被中国纺织工业联合会授予"纺织服装工业互联网示范基地"。

案例二　杭州亿尚智能科技有限公司：浙江省服装产业创新服务综合体

杭州亿尚智能科技有限公司作为服装产业创新服务综合体建设运营单位，自主研发"服装工业互联网平台"，同时联合业务伙伴作共同打造线下"服装产业生态园区"，整合服装全产业链，打造工业互联网生态，共同推进服装产业的转型升级。公司现已与47家软硬件服务机构打通服务数据链，通过创新服务改造传统服装企业，实现产业内企业串珠成链。

1. 地区产业分布和平台特点

（1）地区产业分布。杭州市余杭区是中国纺织工业联合会首批产业集群试点地区之一，是"杭派女装"的重要生产基地。余杭服装产业集群拥有规模以上服装企业131家，其中产值超亿元企业23家，规模以下服装及相关企业约万家。2018年，余杭服纺织装产业集群规上企业主营业务收入达214.2亿元，工业总占区规模工业总产值的比重达8%，从业人员达20万人。

余杭地区服装产业链配套完整，有以艺尚小镇为代表的中高端设计师集群；3000家左右的面辅料供应商；近万家中小服装制造企业、以阿里巴巴为代表的数千家电商企业及网红群体，具备设计、面辅料、制造、营销全产业链业态体系。

（2）平台特点。"浙江省服装产业创新服务综合体"针对余杭地区中小微企业集聚，同时具备设计集聚、生产集聚、贸易集聚的典型集群化特征，构建了一个打通服装产业链五大环节（原料、面辅料、设计、制造、营销）的工业互联网平台，为服装产业建设一个高品质、大规模、高弹性的供应链网络，以制造过程的规范化、标准化将中小微企业的长板进行互补与链接，将数千家中小微企业的产业资源串珠成链，形成了一个虚拟的"大型服装集团"。

目前综合体工业互联网平台注册企业达 3691 家，其中独立设计师 384 名，制版师 150 名，制造企业 802 家，各类面辅料供应商 667 家，品牌商 453 家，终端门店 399 家。已覆盖运营 8 个园区，其中包含 2 个生产制造园区、2 个电商园区、2 个品牌设计师园区、1 个综合类园区，并已形成园区间通过工业互联网的资源调度及运营。

2. 平台应用

服装产业工业互联网平台建设过程中，基于工业互联网的产业化应用分为四层，暨：资源层、平台层、运营层、空间层。如图 4-9 所示。

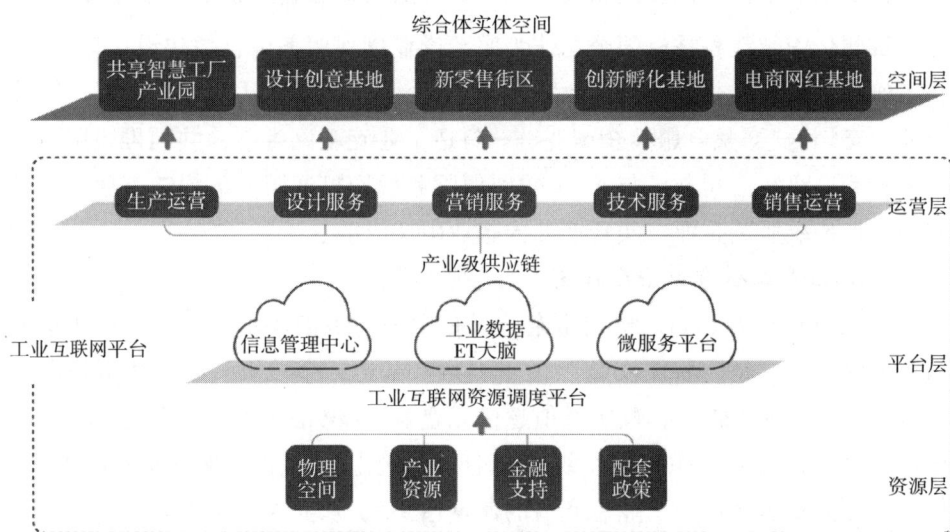

图 4-9　综合体平台总体架构

（1）资源层。资源层作为整个体系的底部支撑提供物理空间、产业资源、金融、政策等配套服务，形成底部资源池，作为综合体平台精准服务于上层的企业的基础。

（2）平台层。平台层是对资源层进行数据分析、信息处理、资源调度的中枢层，通过微服务平台并承载大量的产业 SAAS 应用，获取大量产业数据，信息管理作为信息总入口对搜集资源数据进行分析，通过产业 ET 大脑的

SCSM（自动化建模技术）系统进行数据自动过滤及计算，对外输出数据服务，从而实现对产业链的资源的调度及运营。

（3）运营层。运营层是对整个工业互联网平台架构下的综合体资源进行执行落地的重要组成部分，其中包含生产运营、设计服务、营销服务、销售服务、技术服务五个部分，主要通过线上线下的一体化服务来为产业链各个环节的企业提供匹配的服务，通过服务形式来提供企业订单、提升运营效率、提升销量、提升管理水平、处理企业问题，实现服装产业互联网的商业落地。

（4）空间层。空间层是产业创新服务综合体的承载部分，通过建设和改造大量共享智慧工厂产业园、设计师创意基地、电商网红园区、设计师创意基地，通过空间招商引入大量产业链内的企业及产业服务商，将多个园区进行协同运营，打造一个完整的服装产业空间体系。

3. 平台服务能力

现阶段服装产业工业互联网平台服务主要以 SAAS 应用服务及 PAAS 数据互通服务为主，主要包含以下几个方面。

（1）订单服务。支持各类服装产业链订单接发业务嵌入如 OEM 贴牌生产、CMT 来料加工、ODM 看款下单等一系列与生产订单相关的订单服务。

（2）共享工厂。在不改变服装小微企业、家庭作坊原有组织体系的前提下，为其提供场地、设备，给予订单并进行智能化管理，实现综合体统一接单、统一派单、集中打版、集中裁片，优化产业资源配置，提升企业经营效率，拓展业务增长空间。

（3）软件微服务。与服装行业相关的各软件服务商将其软件 SAAS 化后通服装综合体工业云平台，统一数据接口、统一标准后接入云平台，并形成全产业贯穿互通的软件网络，如基于 RFID 系统的智慧门店服务、模块化的智能 ERP 系统、设计管理软件 PDM、智能 OMS 系统、CAD、GST、智能 WMSS 系统、3D 显示、检验检测系统和能最大限度地实现跨越时空、地域和供应链的信息集成，在产品全生命周期内，充分利用分布在 ERP、CRM、SCM 等系统中的产品数据和企业智力资产的生命周期管理 PLM 等。

（4）数据服务。提供最新、最全行业时尚资讯，如产业头条、时装周、赛事、时装发布、品牌图库、趋势分析、橱窗分析、色彩分析等资讯服务模块；针对不同的企业提供数字化、个性化、智能化营销服务，同时配套营销策划、一键铺货、数据跟踪优化等解决方案；实现数据及时反馈、沉淀；通过大数据平台分析、预判和复盘。

（5）金融服务。在综合体的用户可利用自身的订单数据、信息用数据、行为数据、销售数据作为授信主体提供小额信贷、融资租赁、订单金融等一系列贷款、租赁、授信业务。

4. 平台应用效果

平台的应用大幅度提高了产业链的运营效率，从设计、打版、面辅料、生产到营销全流程从曾经的 45 天左右提升到最快的 7 天，提高了平台内企业的竞争力，通过产业服务推动平台内 3000 余家企业转型升级，带动了近 15 万产业人员的就业。

智慧门店实现门店盘点率提升 93%，准确率提升 99.5%，收货效率提升 85%，客户转化率提升 25%，门店库存降低 40%；共享工厂实现订单共享、设备共享、面料共享、数据共享。平均提升小微制造企业生产效率提升 20%，次品率下降 35%，订单加工利润提升 50% 以上；智能工厂建设通过推广应用吊挂系统、智能机器人、智慧供应链、网络化信息管理系统等，大力推动服装企业的装备智能化、设计数字化、生产自动化、管理现代化、营销服务网络化改造，实现提质增效。生产过程中换款时间从 3 天提升到 1 天；在制品减少 50%，问题反应效率提升 15%。整体生产效率提升 25% 以上。

二、 企业平台应用案例

案例一　桐昆集团股份有限公司：桐昆集团化纤行业工业互联网平台

桐昆集团股份有限公司成立于 1981 年，总部位于浙江嘉兴，是一家主要从事高性能差别化涤纶长丝设计研发、生产制造和销售服务的股份制上市公司（股票代码：601233）。经过四十年发展，公司垂直整合了"炼化—石化（PTA）—聚酯—纺丝—加弹"全产业链，整体实力和市场竞争力不断增强，奠定了桐昆在中国聚酯纤维行业领军企业的地位，涤纶长丝产能及产量位居全球第一。

桐昆集团化纤行业工业互联网平台围绕着泛在连接、高效承载、智能融合、价值转化等关键能力要素进行建设，平台以"6+3"模式架构支撑企业，赋能行业。

截至目前，平台已连接工业设备 25763 台，连接数据采集点数量超过 150 万个，适配主流协议种类数量在 19 类以上。同时，平台共提供 8 类 78 个以上的微服务、机理模型组件，开发集成工业 APP 72 个。构建了 122 类 3500 个以上的安全防护工具库、病毒库、漏洞库。

桐昆集团化纤行业工业互联网平台不久后将面向化纤及上下游行业开放应用，用技术革新带动行业发展，用数据协同促进合作共赢，共同构建产业数字化新生态。

1. 技术方案

桐昆现代化纤行业工业互联网平台基于平台定位与目标，参考同行业案例与其他行业最佳实践，将分四步逐步展开，以期望达成最佳效果与最优目标。

总体方案如图 4-10 所示。

需求调研	平台建设	应用开发	应用推广
平台需求调研： • 平台需求访谈 • 同行案例参考 • 平台需求分析 • 撰写平台需求报告	搭建平台： • 边缘计算 • 工业物联网 • 工业大数据 • 微服务	应用开发： • 基础应用组件开发 • 企业内部应用开发 • 行业生态应用开发	• 连接超过25000台（套）工业设备，数据采集点达到150万以上 • 78个组件：微服务组件、数据共享组件、工业机理模型
应用需求调研： • 应用需求访谈 • 应用需求分析 • 编写应用需求报告	构建能力： • 设备管理能力 • 环境支撑能力 • 应用开发能力	能力开放： 应用服务化	• 72个工业APP：工艺优化类，质量检测类，供应链优化类，研发提效类等 • 60家以上企业推广使用

图 4-10 桐昆现代化纤行业工业互联网平台总体方案

（1）需求调研。针对系统目标和功能进行需求访谈、系统需求分析，针对平台目标进行相应的需求调研。

（2）平台建设。搭建化纤行业工业互联网平台，具备设备管理、设备联接、边缘计算、数据分析、工业机理模型、微服务、各类工业 APP 等功能，支持研发设计、生产制造、经营管理、销售服务、仓储物流等制造业关键环节的管理与运营需求，为企业内、跨企业、跨地域、跨行业数字化转型与智能制造提供支撑，推动行业数字化与智能化水平发展，促进制造业高质量发展，树立现代化纤行业智能制造标志性平台。

（3）应用开发。基于工业互联网平台所提供的相关能力，构建服务于研发设计、生产制造、经营管理、销售服务、仓储物流等制造业关键环节的工业机理模型与工业 APP，并通过企业内部服务与行业应用生态的模式服务于桐昆集团内部分子公司与行业上下游核心企业。

（4）应用推广。进行成果推广，围绕现代化纤行业上下游核心子行业，实现石化、化纤、棉纺、鞋服、机械、物流等多个行业不少于 60 家工业企业使用。

2. 技术框架

桐昆集团化纤行业工业互联网平台构建"6+3"模式架构，即 6 大核心功能层与 3 大核心能力。6 大核心功能层包括设备层，边缘层，环境支撑层，平台层，应用层以及工业护理网安全防护；3 大核心能力为基于 6 大核心功能所提供的核心支撑能力，即工业设备管理能力、环境支撑及应用开发能力、服务用户能力。

具体如图 4-11 所示。

（1）关键工业设备监控和管理技术。当前工业企业普遍存在企业信息管理系统内部结构复杂，数据结构层次不清晰，数据含义不清楚等一系列问题，且工业现场设备数据更复杂、采集汇聚更困难。本项目提供工业设备和系统的数据获取技术，完整快速设备连接与集成技术；建立了动态自适应的工业现场设备数据接入系统，自适应的接入工业现场设备，完成数据连接、协议解析、数据处理、云端连接等核心功能，利用先进的互联网技术，解决众多工业现场数据的接入问题。

（2）以微服务架构为核心对外提供工业应用开发能力和工业应用服务。行业工业互联网平台面临体系内外各个应用系统之间横向的信息交换，体系内应用系统与其他应用系统以及管理部门应用系统之间存在信息共享和交互，国家管理机构与行业、企业内外网之间存在信息的下发和交互。系统对数据时效性、完整性、准确性，数据传输的效率等都有很高的要求。平台在保证实现业务系统功能、规范业务及数据资源的同时，整个系统面向今后发展的要求，具有很好的扩展性、灵活性、资源可重用、高可用性等特点。

（3）结合微服务技术提供支撑端到端工业应用落地的工业大数据及开发平台。一是提供工业数据管理能力，将数据科学与工业机理结合，帮助制造企业构建工业数据分析能力，实现数据价值挖掘；二是把技术、知识、经验

工业互联网安全防护

应用层

行业生态应用：行业标准应用　行业工艺优化应用

企业应用服务：生产运行应用　业务优化应用　战略决策应用　经营管理分析

数据贯通应用　产业链连通应用　供应链协同应用　通用管理类应用

通用管理：远程管理　监控告警　集成管理　用户管理　服务管理　认证授权

平台层

应用开发层：业务流程服务　AR/VR服务　可视化服务　开发者工具集　工业知识库

工业模型层：仿真分析　机器学习　机器视觉　知识渊博　机理模型　特征工程

工业大数据层：数据获取　数据清洗　数据存储　数据计算　数字孪生　数据治理

工业物联层：设备连接　点位管理　工业分析　数字孪生　日志管理

微服务框架

云资源管理：网络管理　服务器　数据库　计算资源

云服务管理：操作系统

环境支撑层

边缘层

数据采集：工业设备介入　连接管理　协议解析　点位连接　通道管理　网关管理

边缘计算：数据预处理　边缘建模管理　边缘应用　边缘计算

设备档案管理　设备运行管理　设备维护管理　设备协同管理　设备鉴权管理

设备层

服务用户应用能力

环境支撑及应用开发能力

工业设备管理能力

图4-11　桐昆集团化纤行业工业互联网平台技术架构

等资源固化为可移植、可复用的工业微服务组件库，供开发者调用；三是构建应用开发环境，借助微服务组件和工业应用开发工具，帮助用户快速构建定制化的工业 APP。

（4）现场管理应用。现场管理应用以工业现场的六大要素——人、机、物、法、环、测为核心，结合生产要素，基于 PDCA 管理原理的一般规律、结合工业现场及大数据领域的实战经验的总结，开发出后台到前端全覆盖的现场作业管理整体解决方案，致力于解决智能制造最后一公里的问题，为管好"人"提供有效工具。

（5）数字化供应链管理应用。数字化供应链可以帮助企业大幅降本增效，本平台致力于推动企业供应链数字化转型，实现供应链可视化，管理信息化，整体利益最大化，管理成本最小化，从而提高总体水平的新型供应链服务业态，提升信息、物料、资金、产品等配置流通效率，推动设计、采购、制造、销售、消费信息交互和流程再造，形成高效协同、弹性安全、绿色可持续的智慧供应链网络。

（6）高价值设备预防性维护。设备的海量实时运行数据已经在 MES 系统中长期存储，但没有被充分地开发利用，很难做到在故障发生前就能够提前积极预防，本项目通过运用各种手段进行数据和信号的采集，建立分析预测模型，通过判断设备的劣化趋势、故障部位和原因，预测变化发展、提出防范措施，防止和控制可能的故障出现。设备管理从故障维修转变为预防性维护。

（7）智慧综合能耗。传统的节能通常从降低传动电动机功耗、选用高效节能装备等角度出发，缺乏监控分析，一方面不能及时分析装置运行中能耗上升的原因，另一方面可能出现单纯为了降低能耗而引起工艺控制波动而造成产品质量下降的问题。平台利用完善的计量数据采集网络获取生产过程的重要参数和相关能源数据，经过处理、分析并结合对生产工艺过程用能分析，实时提供在线能源数据采集、用能监测。

3. 服务能力和模式创新

平台构建面向智能化生产、网络化协同、个性化定制、服务化延伸等智能制造和工业互联网典型应用，并实现至少 60 家企业的应用推广。本次行业级工业互联网平台搭建的核心，主要包括行业应用服务和行业生态构建两方面。

（1）行业应用服务。基于核心能力层提供的数据接入加工、数据计算与存储、数据分析与应用、数据检索与服务、数据治理体系等基础服务能力，实现包括数据交换服务、工业应用服务、行业信息服务、需求撮合服务、云端部署服务、疫情防疫服务等行业应用服务。同时以 API 服务总线将这些能力和服务对外开放。

（2）行业数据生态。通过行业级工业互联网平台的搭建，连接大大小小不同行业与企业、不同类型与层次的工业互联网平台，以及周围的服务商与合作伙伴聚合在一起，形成命运共同体，通过跨界合作，知识的共享与共创，打造一个跨行业、跨领域的工业互联网平台生态，打造诸如工业互联网解决方案、融资租赁服务、工业区块链等创新服务和产品，在更广阔的市场增量空间中寻找机会。

4. 成果应用效果

桐昆集团工业互联网平台帮助企业搭建从用户需求、产品设计、研发、柔性生产制造等关键环节的构建数字化应用与服务，帮助企业在整体制造过程实现运营效率提升，运营成本降低 10%；通过大数据指导产品生产和设计，周期缩短 20%；构建可追溯产品质量管理能力，帮助产品良品率提升 10%；实现敏捷供应链运营能力，有效提升库存周转率 20%。同时在成果转化过程中，桐昆集团一方面基于自身在客户化需求的全流程制造服务支撑积累，向其他制造行业企业开放转移，另一方面在商业实践中也同时积极向各家先进企业学习行业积累，作为输入持续优化桐昆集团工业互联网平台行业能力和技术基础。

案例二　江苏红豆工业互联网有限公司：纺织服装个性化定制+5G 柔性生产解决方案

江苏红豆工业互联网有限公司是红豆集团旗下的创新型科技公司，以"智慧企业"为牵引，专注于物联网科技、智能科技、电子信息技术、通信技术和自动化技术，专注服务传统纺织服装企业，解决纺织服装企业在实现智能生产、智能服务、智能产品等数字化转型过程中遇到的基础共性技术难题，并为开发者提供工业应用创新合作的生态共赢环境。

红豆工业互联网打造的个性化定制+5G 柔性生产解决方案，通过建设 5G 专网，构建 5G+MEC 云边协同能力，赋能纺织服装行业，为研发设计、生产设备全连接和柔性智造系统助力。本方案基于 5G 量体仓、5G 无轨柔性智造以及智能标识服务，实现了个性化定制化量身裁衣、智能设计、柔性快捷生产和一站式服装溯源服务，为消费者带来实体场景与技术相融的全新消费环境与购物体验。同时，企业可以与用户深度交互、广泛征集需求，根据订单情况、产能情况等多要素实时基于 AI 算法建立智能排产模型，以 5G AGV 实现物料实时搬运，最终构建柔性生产线，在保持规模经济性的同时为客户提供个性化的产品。

1. 技术方案

本解决方案是运用现代管理技术、制造技术、信息通信技术、自动化技术、系统工程技术，将人、技术、设备、经营管理等要素集成起来，实现制造过程的实时信息采集、分析、预警、报警，驱动人、机、料、法、环等各个环节和责任部门人员高度协同工作，确保制造过程的高效、高质、低成本，提升企业的生产效率、管理效率和快速反应能力。主要从以下几个方面帮助企业解决问题和提升能力。

（1）量体方面。通过 5G AI 智能算法对激光扫描的人体模型进行智能化处理，形成比较准确的人体净尺寸模型。通过量体仓内的 5G 模组终端实时传输，加快了数据的计算和传输过程，从量体到数据呈现最快可以做到 30 秒，极大地提升了用户的体验。真正做到 30 秒量体、1 分钟出版、2 小时裁剪、7 天成衣到家的服务标准，提升了定制整体的服务水平和体验标准。

（2）设计方面。通过智能云平台中设计师的设计稿，可以直接被前端客户所选择，客户根据设计师的设计款式选择自己喜欢的服装类型，量体仓作为云平台的新流量平台以及交互终端，为消费者提供了线下直观的体验和服务。

（3）生产方面。5G 无轨柔性智造生产线全面满足服装市场小单快反需求的能力，支持多款式小单并行生产：矩阵单元，超越吊挂式生产，用 5G AGV 替代吊挂线，划小生产单元，灵活规划物料运输路线，打破现有吊挂线单款运行的生产方式，可同时生产多款订单。高度智能，脱离线平衡限制，柔性产线系统和"AGV 调度系统"协同调度，智能实时的调度系统可对全部工位进行动态平衡，调整作业负荷，产能不再受制于线平衡而影响弹性扩充产能，实现线性产能调节，简单快速扩充工位，按需配置生产单元，生产规模实时可调，智能调度不同工位串联成不同款式订单的生产工艺路线无损插单，助力产品快反，革新生产方式，矩阵单元规模应用快速应对插单快反需求，标准化管理，隐性数据显性化。

2. 服务能力和模式创新

个性化定制+5G 柔性生产解决方案是基于工业互联网平台打通用户需求与研发设计之间的数据流，构建覆盖产品全生命周期的数据贯通体系，以数据自由流动带动企业内各部门人力、物力、财力等资源协调配置，低成本、高效率、全方位地满足用户个性化、水平化、多样化需求。基于工业互联网平台的个性化定制+5G 柔性生产解决方案，主要有以下三点创新点。

（1）用户中心化。用户中心化是个性化定制的本质。当前，企业价值链正加速由以产品为中心向以用户为中心转变。

一是用户地位由被动变主动。在个性化定制新模式中，用户由被动接受标准化产品向主动主导产品供给转变，深度参与产品设计、制造和装配等环节，大幅提高消费自由度。

二是出售产品由标准化变个性化。以往制造企业主要面向重点大客户提供统一化、模块化 7 的拳头产品，而长尾经济理论则启示制造企业要同时兼顾具有个性化、定制化需求的用户，挖掘更广阔的市场空间。

三是服务边界由销售部门变企业全部门。用户与制造企业分离的边界点由前端销售部门不断向企业内部延伸，研发、生产、运维等部门以用户定制需求信息为依据，合理安排相关工作，全程响应用户需求。

（2）数据贯通化。数据贯通化是个性化定制的核心。企业基于平台将用户定制数据贯通产品全生命周期，串联起研发、生产、运维等部门，为协调各类资源开展个性化定制服务提供重要支撑。

一是数据准确贯通。企业要准确获取用户对产品原材料、结构、外观和性能等各方面的个性化需求，结合实际使用场景进行数据转化，将定制数据在各业务环节准确贯通，实现各业务部门一致性、协调性、准确性。

二是数据实时贯通。企业要保障用户定制数据和生产能力数据在研发、生产、运维等部门间快速贯通，灵活配置制造资源，及时响应客户需求。

三是数据交互贯通。企业要确保数据在各部门之间自由流动，驱动各部门依据定制信息变动进行同步调整，提高企业整体协作水平。

（3）生产柔性化。生产柔性化是个性化定制的关键。企业基于平台整合用户多样化定制需求，提升研发设计、生产制造、原料供应等环节的快速响应和柔性切换能力，开展高精度、高可靠、高质量的个性化定制服务。

一是设计协同。企业准确识别用户需求，协调材料、结构和性能等设计部门，实时共享设计数据，制定个性化产品设计方案和生产计划，充分满足用户需求。

二是柔性制造。企业根据定制产品的加工要求，通过软件控制系统无缝切换刀具、工装（夹具、治具、检具）、传输设备等产线配置，确保各工序之间紧密衔接，高质量完成定制产品生产，提高企业生产效率。

三是敏捷供应链。汇聚和梳理用户定制信息，按产品结构拆分形成原材料需求清单，确定采购计划，减少原材料采购提前期，提高供应链协作水平，保障生产活动的原材料供应。

服务模式是运用互联网、移动互联网等技术实现与用户的连接，进而打造用户聚合平台、多元社交平台，通过用户行为和社交关系等的大数据分析，精准预判市场、开展精准营销，借助平台的集聚和交互功能实现海量用户与企业间的交互对接，使大规模个性化定制、精准决策等成为可能。服装行业的科技创新与商业模式创新，融合了服装行业的技术创新与消费文化创新，融合了服装行业的供给侧改革与需求升级创新，辐射产业链上下游，为中小服装企业的智能化改造提供解决方案，建立标准化流程，赋能整体纺织行业智能改造升级。

3. 应用效果

本解决方案相比传统刚性生产线灵活、高效，起单量可以低至 1 件/单，大幅降低了服装企业的产品试错成本，赋能品牌方高频上新，同时支持快速交付，线性交期调节，生产线柔性后排产更为灵活，可随时无损耗插单，支撑企业对市场需求的快速响应。在质量、成本、交期保持一致的情况下，让企业的生产线具备在大批量生产和多个小批量生产之间任意转换和组合的柔性生产能力。个性化定制+5G 柔性生产解决方案实现了按需定制、体验式消费新模式，显著提升用户满意度、扩大产品种类，提升品牌知名度。柔性生产线与传统生产线的具体对比数据见表 4-1。

表 4-1 柔性生产线与传统生产线的对比

对比项	柔性生产线	传统生产线
快反起单量	50 件	500 件
交货周期	弹性交期	10 天

续表

对比项	柔性生产线	传统生产线
急单处理能力	无损插单	无法及时响应
快反翻单能力	超 5000 件	超 5000 件
产线重组能力	虚拟产线、按需调整	物理限制，无法调整
产线规模人工数量调节	无限制	有上限
动态交期调节	强	弱
品质	优	优
成本（单量 100）	2.4	不接单
成本（单量 3000）	1.7	2.1

从对比数据可知，新型生产线无论在交货周期、处理能力还是成本上，都有了显著的提高。而此系统在对生产线改造时没有换线成本和线平衡损耗的情况下，实现了人员—工艺的匹配优化，实现 50～3000 件柔性弹性无级变速，以此替代现有传统生产技术，为服装制造行业提供了经济实用的新型技术路线。

案例三　新凤鸣集团股份有限公司：“互联网+”模式下化纤智能工厂

新凤鸣集团股份有限公司坐落在中国化纤名镇桐乡洲泉，是一家集 PTA、聚酯、纺丝、加弹、进出口贸易为一体的现代大型股份制企业，下设中维、湖州中石科技、独山能源、江苏新拓等 20 余家子公司，员工 15000 余人。先后被授予全国五一劳动奖状、全国非公企业“双强百佳党组织”、浙江省文明单位、嘉兴市功勋民营企业等荣誉称号，是中国企业 500 强之一，并连续多年跻身中国民企 500 强、中国制造业 500 强、浙江省百强企业之列。

新凤鸣集团确立了以“数字化转型为主线，建设智慧企业”的智能制造发展战略。基于智能制造战略，新凤鸣以工业互联网为主线，有序建成经营管理、生产营运、客户服务、基础技术四大平台和智能工厂；按照“能集中不分散、能自动不手工”的原则，重建一体化智能制造平台，集主数据、实时数据、ERP、MES、WMS、大数据以及商务智能、APP 和标识解析于一体，实现内外部互通互联，一体化打通业务链、数据链、决策链，实现“一个平台、一个标准、一个团队”，解决行业难题，支撑和保障企业高质量发展。

新凤鸣构建了"5G+工业互联网"平台——凤平台。在平台赋能下，新凤鸣向上延伸了产业链，横向打通了供应链与物流链，向下延伸了金融与服务链，实现业务链、数据链、决策链一体化，塑造了化纤产业集群新模式，构建了"互联网+化纤"数字新生态。凤平台集"主数据、实时数据、ERP、MES、WMS、大数据以及商务智能、APP 和标识解析"于一体，实现业务链、数据链、决策链一体化，平台固化聚酯和拉丝工艺工作流、业务流、数据流知识超千条。通过应用 14 类工业机器人覆盖生产制造全业务环节，实现全链条数字化制造。基于单品批号的数量、成本和利润的实时分析，实现需求、生产、服务的全价值链管控。基于云销售和"化纤白条"的融合销售，实现交易、融资、物流的全供应链服务，塑造化纤产业集群新模式，构建"互联网+化纤"数字新生态。

新凤鸣综合应用 5G MEC 技术，通过数据+装备+AI 联合研发出了 5G 智能监控机器人，改变了以往靠人用手电筒照射、肉眼周期性巡检观测产品飘丝的问题，降低了劳动强度，提升了检测效率，全面应用预期提升优品率 0.3%，直接受益年超千万元。5G IGV 智能搬运机器人改变了以往靠人手提肩扛的产品搬运方式，减少额外人员用工，提升了工作效率，保障了产品外观品质。综合应用 5G 灵活部署能力和 8K 高清视频通信等技术，搭建了覆盖超过 5000 点位的巡检和应急调度指挥平台，实现了随时随地对集团关键点位、岗位的有力管控和调度。全链条数字化制造实现了各环节装备之间的集成联动，以及人与人、人与设备之间的高效协同，自动化率超 95%，支撑企业优化管理、提质增效，提升生产管控能力。

三、 双跨平台应用案例

案例一　北京航天智造科技发展有限公司：医疗卫生用纺织品韧性供应链构建

北京航天智造科技发展有限公司是航天科工集团航天云网公司的全资子公司、总部与研究院，是科技部复杂产品智能制造系统技术国家重点实验室的核心组成单位，是"云制造"等国家级重大项目技术总体单位。公司致力于工业互联网平台和智能制造、云制造技术研究与推广，打造的 INDICS 平台具备支撑万级工业 APP 应用接入、十万家企业上云、百万台设备上线应用的实施能力，支撑区域云、行业云、园区云、企业云落地建设和智能制造项目实施，服务制造企业数字化转型、政府数字化治理。

1. 平台介绍

北京航天智造科技发展有限公司通过《基于工业互联网的医疗卫生用纺织品韧性产业链协同技术及其推广应用》项目建设，打造了基于工业互联网平台的医疗卫生用纺织品韧性供应链构建和应用模式，变新冠肺炎疫情带来的供应链阻断挑战为机遇，借助国家双循环新格局下"强链补链固链"行动东风，针对新冠肺炎疫情各个阶段的需求特点，实现了研发成果的快速应用推广，取得了显著的经济效益和社会效益。

（1）新冠肺炎疫情期间快速构建防疫物资生产供应链。针对新冠肺炎疫情时期医疗卫生用纺织品生产企业面临的"缺材料、缺设备、缺专家、缺经验、产能低"难题，基于航天云网工业互联网平台构建医疗卫生用纺织品网络化协同环境，并创新实现了网络化协同环境下基于区块链的可信交易以及基于担保支付模式的安全交易机制。医疗卫生用纺织品工业互联网应用服务平台的构建，提高了医疗卫生用纺织品防疫物资的快速精准对接效率，尤其是重点解决了口罩生产中关键原材料熔喷布断供难题。

（2）提供开箱即用的数字化解决方案。本项目研发的集合边缘智能和工业知识封装技术的口罩生产管理一体机、边缘智能一体机等产品，嵌入航天云网 INDICS 边缘版平台，根据生产需求预装工业 APP 打通 IT 和 OT，提供开箱即用的数字化解决方案，支撑企业快速备产和排产，提供关键质量检验流程设定，支持一大批制造企业实现快速转产、产能和效率提升。

（3）实现医疗卫生用纺织品产品质量全程追溯。通过标识解析技术对防疫物资需求和防疫物资供给进行标识编码，对标识编码进行工业知识封装，建立了卫生用纺织品标识解析体系，实现物资需求或物资供给信息的快速查询和防疫物资的质量追溯。

（4）产业链联动保供模式创新。基于产业链数字孪生技术构建医疗卫生用纺织品联动保供系统，帮助政府、大型企业集团进行产业链数字化监测，实时掌握重点应急物资生产企业的分布情况、产能分布和变动情况以及产业资源流动性，通过领域内上下游企业的深度联动和军民融合，保障医疗卫生用纺织品稳定供应，增强产业链韧性，为应急状态下保持产业链健壮性提供全新的模式。

当前，我国开始步入国内大循环为主体、国内国际双循环相互促进的新发展格局阶段，项目成果的推广应用可支撑政府在优化资源配置、提高产能利用率、降低产能重复建设造成的资源无效损耗、弥补供应链关键断点、保障产业链供应链安全方面发挥更大作用。

2. 技术方案

（1）解决方案整体功能架构（图 4-12）。项目以航天云网 INDICS 工业互联网平台作为基础平台，通过供需对接、云端产能监控、数字地图、专家指导、担保支付和复工复产模块实现网络化协同；通过 INDICS EDGE 搭载 INDICS 边缘版操作系统、工业 APPs，并提供基于标识解析的信息记录和追溯来支撑企业的快速转产；通过对应急状态下的各类态势感知、产能地图和辅助决策来实现应急保供。

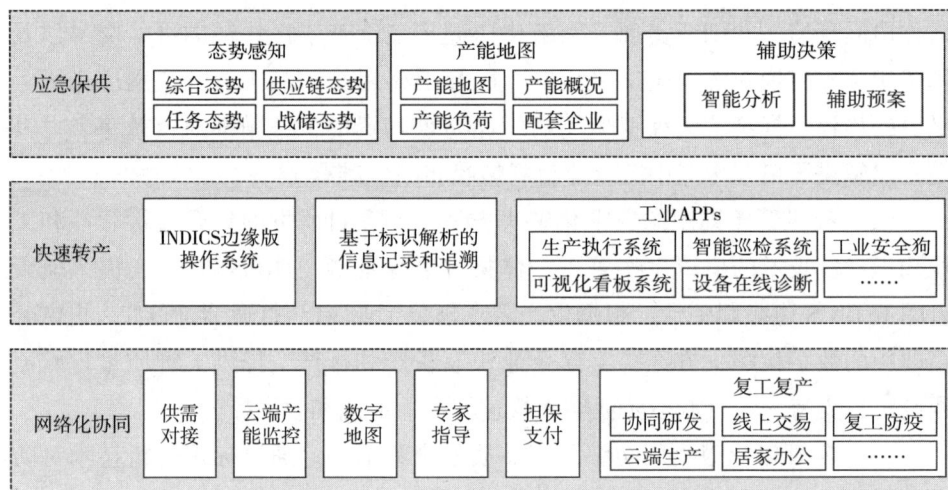

图 4-12　解决方案功能架构图

（2）工业互联网基础平台架构（图 4-13）。本解决方案采用工业互联网技术架构，由下至上分为基础设备设施层、IIOT 层、IaaS 层、DaaS 层、PaaS 层、SaaS 层、门户层和用户层。平台综合考虑不同规模企业业务需求的差异，兼顾企业业务协作和生产管控，横向从线到面，构建企业供应链的网络化、精准化协同，增强在突发事件下供应链的弹性、韧性。纵向从下到上，打通企业设备侧、边缘侧、平台侧的有效连接，应用云技术资源实现快速、柔性转产。

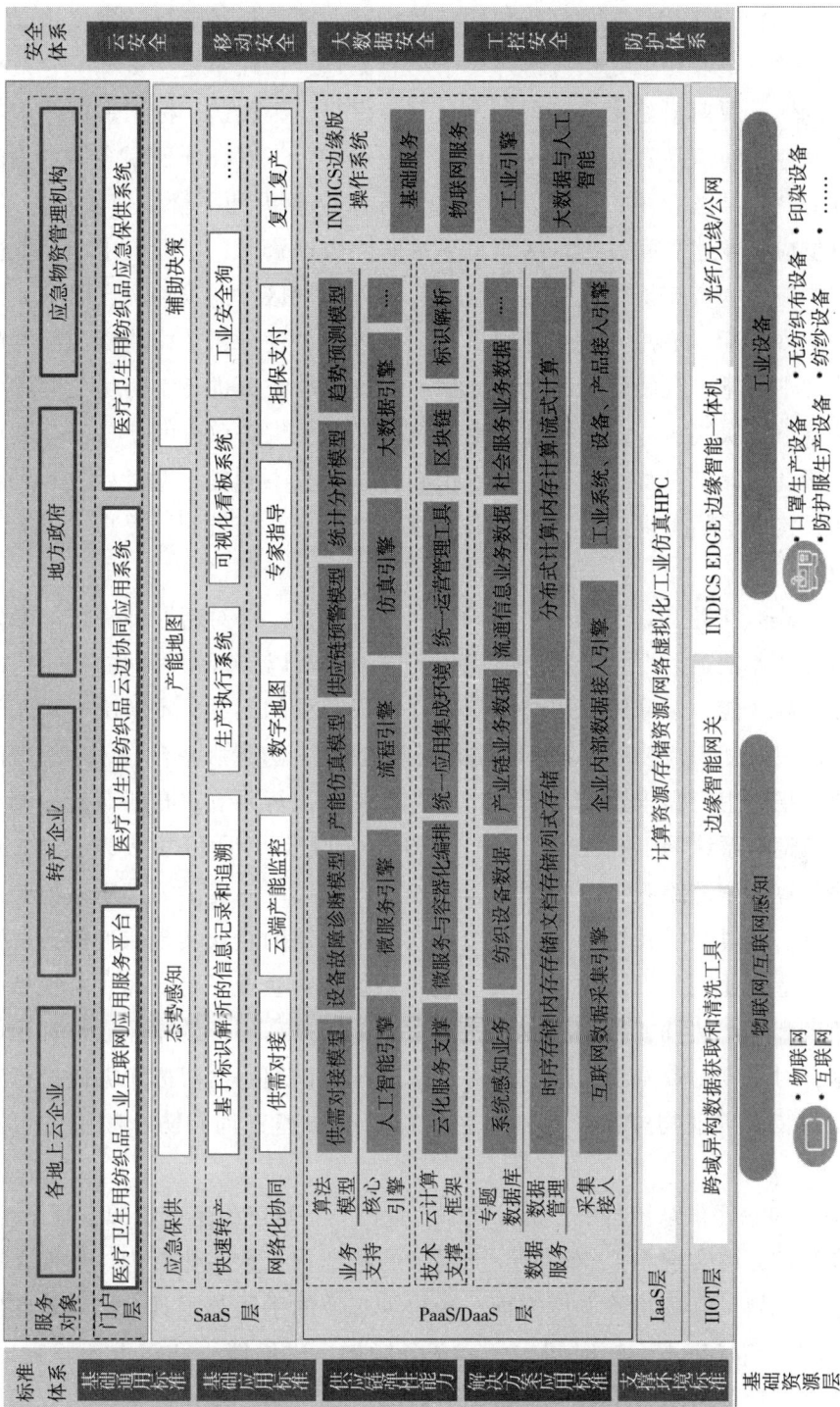

图4-13 工业互联网平台技术架构图

（3）医疗卫生用纺织品网络协同环境构建。项目针对新冠肺炎疫情暴发初期供需双方企业在陌生供应链环境下信息不通、信任不足、资源配置效率不高等问题，快速搭建融合产能共享、资金保付、区块链、标识解析等多项技术的医疗用纺织品防疫物资工业互联网应用平台，发挥项目联合体各方的资源优势，引导医疗用纺织品及防疫物资需求企业借助平台快速发布需求，与物资供应企业建立联系，盘活原本不透明的数据资源，融通大中小企业供应链，为应急物资产能供给保驾护航。针对不同地区、需求情况、需求紧急程度的发展状况，依托大数据开展资源配置的相关性分析，构建资源配置的监测与评估模型，开展资源的动态评估；对资源的配置进行实时优化并提供反馈信息。区块链、标识解析等技术的应用保证了供需双方的信息安全和可追溯，资金担保支付解决了交易双方担心付款后收不到货、发货后收不到款的问题，构建了陌生供应链物资供需双方对接交易互信机制，提高了供需对接的效率。

（4）医疗卫生用纺织品云边协同应用系统构建。针对新冠肺炎疫情暴发阶段转产企业缺乏柔性生产和产能优化的能力，难以实现短时间内稳定产品质量和提高产能，保障医疗用纺织品防疫物资需求的问题，本解决方案基于边缘智能以及知识封装等技术，将航天云网 INDICS 边缘版平台嵌入边缘智能一体机，根据生产需求预装口罩生产工艺、制造执行系统、布匹瑕疵检测系统、设备巡检系统等工业 APP，打通 IT 和 OT，以云边协同方式实现云端管理和边缘计算的全链路服务，实现企业快速备产和排产，提供关键质量检验流程设定等。通过提供开箱即用的云边协同方案，辅助企业实现快速转产，同时支撑制造企业利用云边协同方式实现跨系统、跨企业、跨产品、跨地域的统筹协调和生产协同，帮助企业快速扩大产能，提高生产效率。通过标识解析技术，对防疫物资需求和防疫物资供给进行标识编码，对标识编码进行工业知识封装，实现物资需求或物资供给信息的快速查询和防疫物资的可追溯性。

（5）应急保供系统构建。部分纺织企业已具备数字化生产资源管理系统、供应商管理，可实现企业/车间层/产层级的精细化、数字化管理。然而，在生产战略规划、资源统筹调度方面，尚缺少有效的手段与工具，特别是在应急和战时生产状态下，短时间内生产任务激增，供给能力和需求矛盾突出。通过建立医疗卫生用纺织品应急状态下联动保供机制，依托数字孪生技术及全链路安全技术，建立医疗卫生用纺织品增产、扩产的数字孪生环境，实现虚拟环境与物理环境间的数据流通及交互，实时掌握重点应急物资生产企业的分布情况，及时了解和分析产能情况，并利用虚拟空间仿真及优化提供高效生产策略。针对双循环新格局，开展产业链监测分析，构建联动保供系统，精准把控与调配科研生产能力，动员与提升纺织工业潜能与军民融合联动保供能力，保障及时精准供给。

3. 服务能力与模式创新

本解决方案实现产业链协同技术的突破，极大提升了服务企业数字化转型的能力，提升了国家应急物资的快速柔性转产和联动保供水平。

（1）发挥工业互联网在产业链协同方面的作用，可为物资供需对接、资源调度、产能共享、线上协同提供有力支持。

（2）应用区块链技术可实现重要物资生成、供应、物流、存储等信息上链存证，为供应链信息的公开透明度和安全可信度提供有力保障。

（3）通过担保支付技术采用，有效解决平台企业间在线交易面临的资金风险，解决陌生供应链的互信交易问题。

（4）基于航天云网国家级工业互联网平台（INDICS）和边缘智能一体机，结合工业知识封装，可实现企业排产、可视化执行、设备状态检测。

（5）基于标识解析体系航空航天行业二级节点对医疗卫生用纺织品进行标识、解析，保证物资的可追溯、防伪。

（6）通过应急保供系统的构建，汇聚应急物资产能信息，建立当地甚至全国的应急物资生产数字地图，助力政府相关管理机构形成应急物资实时监控和保障体系。

4. 应用效果

本解决方案基于工业互联网边缘智能一体机系统和边云协同模式辅助企业实现快速转产和业务上云，打破了工业互联网落地应用过程中的成本、技术壁垒，取得了良好的应用成效。

（1）通过搭建医疗卫生用纺织品防疫物资工业互联网应用服务平台，提高了医疗卫生用纺织品防疫物资的快速精准对接效率。目前平台已收录全国范围内845家防疫物资生产企业信息，用户覆盖江苏、浙江、广东、湖南、湖北、河南、山东等全国纺织行业主要产业集群所在地，累计用户访问量10万+，企业间平均撮合时间小于2天，撮合成交金额超10亿元，为医用口罩的迅速复产发挥了重要作用。

（2）新冠肺炎疫情期间利用边缘一体机，支撑了十余家企业最大限度地利用现有设备进行防疫物资的转产，转产周期小于7天，一个月内达到峰值产能，转产时间缩减76%以上，并在"后疫情"时代，支持了上百家企业利用边缘一体机实现数字化转型。

（3）解决方案支撑了航天科工集团移动方舱项目及国资委、国防科工总局等政府机构产业链监测和应急物资联动保供系统的建设，实时掌握重点应急物资生产企业的分布情况、产能分布和变动情况以及产业资源流动性，达到产能利用率100%的目标。

四、 工业互联网 APP 解决方案

案例 北京经纬纺机新技术有限公司：经纬棉纺车间智能管控平台（经纬 e 系统）

北京经纬纺机新技术有限公司是中国恒天集团控股的经纬股份全资子公司。主要从事工业测控、机器视觉、纺织机械电气控制、棉纺车间设备集成管控平台等高端产品研发，是北京市高新技术企业、国家级企业技术研发中心，是国内最大的棉纺成套设备电控系统的产品研发制造中心。

近几年，公司得到了快速发展，产品研发机制不断创新，产品研发能力不断提高，产品研发成果较为显著，多项自主研发项目获得省部级奖励。其中，2008年获得中国纺织工业协会科学技术一等奖1项，二等奖2项，三等奖1项；2009年获得中国纺织工业协会科技进步二等奖一项；2011年获得中国纺织工业协会科技进步二等奖一项。还承担了国家科技支撑计划"新一代纺织设备"重点项目课题。

1. 工业 APP 解决方案介绍

依托棉纺成套设备技术和制造优势，北京经纬纺机新技术有限公司开发了一套适合于棉纺车间智能生产车间的生产作业管理软件化工具——经纬棉纺车间智能管控平台系统（简称"经纬 e 系统"），历经多年的开发和实际应用，目前已成为棉纺行业信息化、数字化的知名产品，在国内知名企业如无锡一棉、山东鲁泰、山东如意、魏桥纺织、大生纺织、裕大华等广泛应用，取得良好的效果。"经纬 e 系统"于2016年获得中国纺联"纺织之光"科技进步奖二等奖，2017年获得中国纺织行业专利奖金奖，2018年获得中国纺织

行业信息化成果奖一等奖，工信部工业互联网 APP 优秀解决方案。

经纬 e 系统以纺纱设备的数据为中心，集成纱线产品质量数据、环境数据、能耗数据、人员数据，搭建企业生产数据平台，实现生产的远程管理。通过数据挖掘设备产能。实现计划进度预警、设备状态预警、质量超标预警、环境超标预警、能耗超标预警。搭建纺织企业"管控一体化"平台，助力跨区域集团企业实现"管理模式升级"。

截至 2018 年，已经实施的设备型号超过 100 种，涉及的设备厂家达 30 个以上。同时经纬 e 系统已经和多个厂家的 ERP 系统实现集成，并与空调系统、配电室电量管理系统、乌斯特专家系统、断纱检测系统等集成，把纺纱车间孤立的数据进行全方位的集成为用户提供生产大数据平台。

系统架构分为三层，如图 4-14 所示。

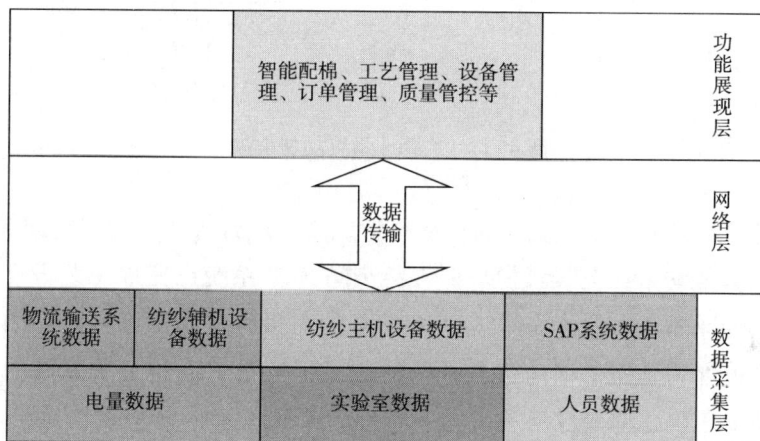

图 4-14　经纬 e 系统架构

2. 主要功能

系统包含多个模块，包括智能调度、智能配棉及成纱质量预测、智能纺纱工艺设计、在线质量管控、试验数据管理分析、产量统计分析、产量工资管理、制成率分析、空调自动调节等模块。功能框架如图 4-15 所示。

（1）智能配棉系统。智能配棉系统根据原棉数量、原棉质量、原棉价格、成线质量指标等自动形成配棉方案，同时具有原棉库管理、备智能接批、成纱质量分析预测、工艺设计等功能。由于各企业使用的原料、设备状况、人员素质、成纱质量要求等不同，配棉系统具有个性化、定制化的特点，因此

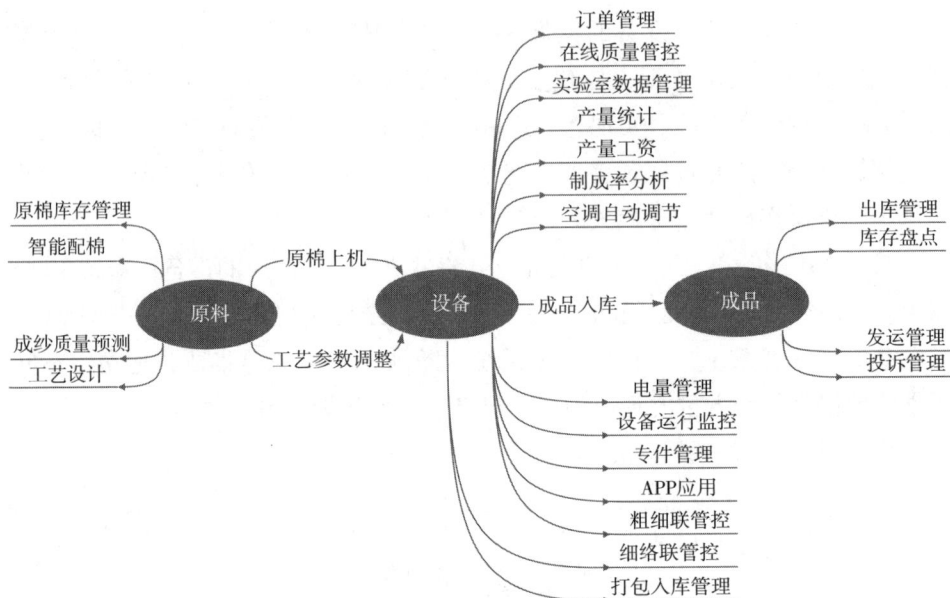

图 4-15　经纬 e 系统功能框架

需要经过大量数据、多次反复验证最终形成一套适合棉纺车的智能配棉系统。

（2）智能纺纱工艺设计模块。棉纺车间 SAP 系统已完成工艺设计，本系统对每个机型都有工艺计算库实现和 SAP 的对接构建各工序各机型的工艺数据库；订单管理流程中记录各品种所使用的工艺单；通过订单关联的质量数据关联到工艺单，形成设备—工艺—质量的关联关系，并将数据返给 SAP 系统形成历史知识库，为下次纺纱自动提供最优工艺单。工艺设计模块和企业已有的 SAP 系统功能以及企业管理模式紧密相关，需要定制开发。

（3）订单管理。订单管理包含调度，系统通过订单的调度、订单追踪实现订单的可视化管控，准时交货，缩短产品的生产周期，快速应对用户不断变化的需求，同时对订单的在线质量、离线质量数据实时监视，出现订单进度异常、机台产量异常、订单质量异常时及时在系统中提升、邮件和短信报警，报警方式用户可以设置。

（4）在线质量管控模块。通过质量在线管控模块实时采集梳棉机和并条机的匀整数据、细纱机的断头检测、络筒的清纱器质量数据、粗纱断头等数据，形成各种质量数据报表，如"粗纱断条统计""并条质量分析报表"等；

超标数据可实时报警，报警形式支持大屏幕形式、邮件和系统页面形式，形成异常事件统计报表。并可根据棉纺车间给定的质量管控规则形成相应的质量报表、质量趋势分析、制定质量问题触发、解决的流程功能。

（5）实验室数据管理分析模块。与棉纺车间 SAP 实验数据管理模块对接，导入相应的质量数据，并把实验室质量数据和订单等关联，实现订单质量的可追溯，并对质量数据从品种、机台等多个维度进行统计和分析，实现数据的综合应用和管理。

（6）产量统计分析模块。自动生成各工序、各品种、各班组、各机台的日报、周报、月报和指定时间内的报表，同时系统可生成用于生产管理的综合报表，如细纱工序综合报表、前纺工序综合报表，像细纱机的"细纱工序综合报表"综合反映细纱工序的计划产量、实际完成、设备开台率、生成能力、设备综合效率等。

（7）人员管理模块。人员管理模块主要实现车间一线工人和基层管理者的在线绩效，实现产量工资和管理人员绩效指标的自动生成，涵盖的功能有人员档案管理、任务分配、绩效查询等功能。

（8）RFID 质量追溯。通过使用 RFID 技术，实现对纺织厂问题纱锭对应的粗纱、细纱机台号以及锭位的追溯功能。实现指导生产、定向维修，从而保证纱线品质。

（9）空调自动调节模块。实现 e 系统和空调系统数据的集成，生成车间用的温湿度报表，并把在线质量数据包括细纱断头和环境温湿度进行关联分析。

（10）电量管理模块。在主辅机加装进口数字电量检测模块，采集电流、电压、功率、功率因素、电能等，实现按照品种、班组、机台、工序、用电峰值的日报、周报、月报和指定时间的用电报表，实现品种吨纱耗电的实时计算，机台耗电分析、异常耗电的报警等功能，并可根据棉纺车间统计需求进行定制性开发。

（11）设备运行监控模块。该功能模块涵盖设备的运行状态实时显示、设备开停情况分析、设备故障的记录和分析、设备络纱落筒记录的统计分析、设备综合效率分析等功能。

3. 系统应用

经纬 e 系统在企业的应用过程中，解决了以上问题，给客户带来了管理和效益的提升，它能够实现以下功能。

（1）通过生产过程中发现的问题进行定性，通过查询生产过程数据对问题进行定量，确定问题发生的机理，从而制定相应的整改措施，确保问题获得根本性解决。

（2）通过生产各环节的数据化，制定更科学的考核指标体系，使得各KPI指标得以量化，对提升设备效率、员工积极性、节能降耗具有正向激励。

（3）对设备的远程管理，减少了棉纺车间环境高温、高湿、高噪声对员工身体健康不利影响，更加人性化。

（4）专家系统利用大数据分析，人工智能算法，为解决工艺问题提供了更优的解决备选方案。

4. 应用效果

经纬 e 系统致力于实现棉纺工厂的数字化、信息化、智能化，在各知名厂家实施取得了良好的效果，项目先后在行业龙头企业集团应用，有大生集团、无锡一棉、鲁泰集团、如意集团、联发纺织、新野集团、华孚集团、南阳纺织、裕丰纺织、铜仁天翔纺织、武汉裕大华等。

通过系统应用，生产效率明显提升。

（1）生产效率提高，效率损失降低 10%左右。

（2）基层管理人员工作效率至少提高 30%，生产信息收集时间从几小时变为几分钟；管理效率提高，生产管理从模糊管理变为量化管理，实现精确化管理。

（3）基层工作人员降低劳动强度，人员效率提升 10%。细纱检测装置+挡车 APP 方式实现定向挡车，大幅降低细纱挡车工的劳动强度；信息化的管理手段直接提高一线员的劳动效率、降低劳动强度，各管理层次的专用 APP使用，可实时查看自己的工作重点和业绩指标，提高信息交互效率，提高劳动积极性。

（4）半制品库存降低。通过细纱机的落纱预测、机上粗纱换段，预测合理安排粗纱机各品种的生产任务；通过实现在线盘存，监控各道工序各品种的生产消耗比来控制前纺供应。相比传统管理方式，能降低半制品库存 20%。

（5）吨纱电耗降低。通过主机的开停与断电的预警推送，消除异常用电；合理安排前纺生产任务在谷电时间内完成，实现用电成本降低，实现吨纱电耗降低 5%。

第三章

数字化转型解决方案及其应用案例

纺织行业数字化转型离不开契合纺织行业管理特点的数字化转型解决方案和深耕于纺织行业的解决方案服务商。

方案一　中纺网络信息技术有限责任公司：纺织行业云平台 ERP 系统解决方案

中纺网络信息技术有限责任公司是中国纺织工业联合会下属的高科技企业，是国家纺织行业信息化应用试点工作的指定承担单位。公司自成立以来，一直专注于纺织行业的信息化项目建设，凭借丰富的行业经验、强大的技术实力和优质的项目服务，在业界获得众多企业的认可和广泛的赞誉，是国内领先的纺织行业信息化应用服务提供商。

纺织行业 ERP 软件产品系列"TexERP"是公司自主开发的核心产品系列，获得中国纺织工业联合会科技成果一等奖、信息化成果奖解决方案一等奖。"TexERP"产品系列按照行业特点细分为棉纺织、毛纺织、针织、印染、色织、服装等行业版本，现已在相关行业的外资企业、合资企业、国有企业、民营企业、上市公司等众多企业中得到成功应用，受到用户的广泛好评。

一、解决方案

纺织行业云平台 ERP 各主流模块的业务处理与信息化的实现原理实现了完美结合，充分体现了精益生产、敏捷制造的现代化管理思想。根据纺织企业的特点，率先在纺织企业的生产管理中引入根据订单倒排计划拉式生产的新模式，实现了 JIT 制造（即准时制生产）的生产管理方式。在行业专家的指导下，形成了一套科学、合理、实用的行业标准物料编码规则。同时对以往的产品功能设计、生产工艺设计、生产准备等步骤的串行生产方式改为集成地、并行地设计产品及其半成品和相关各种过程（包括制造过程和相关过程），体现了并行工程的现代化管理思想。针对纺织行业独特的需求，融合了TOC约束理论的思维流程分析法和物流分析法等，对细分行业的业务流程进行了相应重组和梳理，凝聚了细分行业的一套具有精细管理思想的高参考价值的标准化管理流程，覆盖纺织企业管理的方方面面。

纺织行业云平台ERP系统架构如图4-16所示。

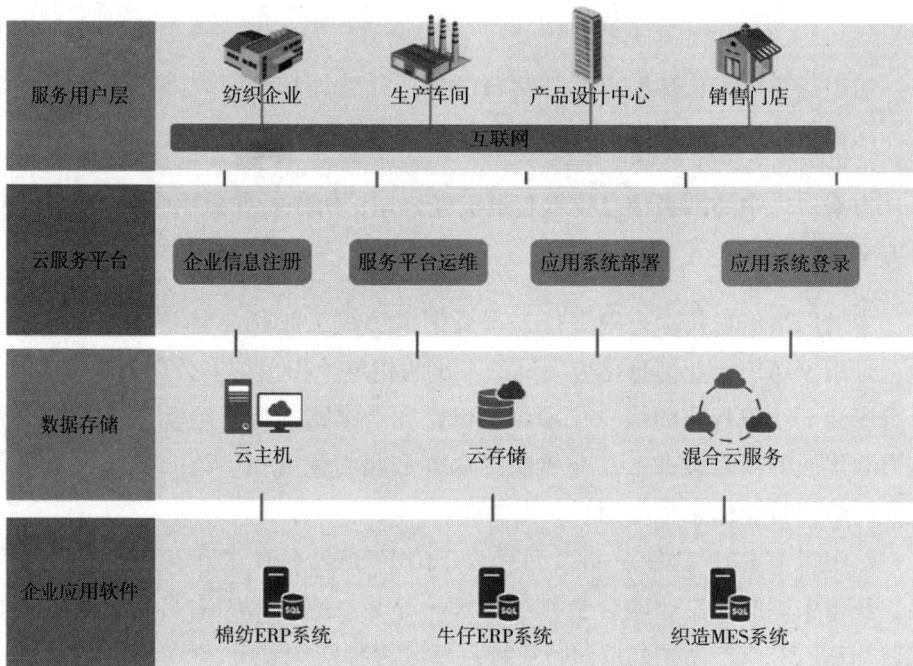

图4-16 纺织行业云平台ERP系统架构图

1. 技术方案

平台开发采用B/S服务架构，运营服务采用SaaS服务模式。平台分为企业注册云服务平台和企业应用软件系统，当企业注册应用软件成功后，所注册的应用软件系统由企业独立管理。平台和软件系统都部署在云主机中，企业通过互联网访问云主机，登录应用系统。企业数据存储使用云存储和混合云存储两种方式，根据企业需求，可以把数据存储到平台提供的云存储数据库中，也可以根据企业要求，存储到企业指定的云数据库或者本地数据库中。

云平台技术路线如图4-17所示。

（1）平台管理功能可扩展性。随着企业发展和市场的不断变化，企业在

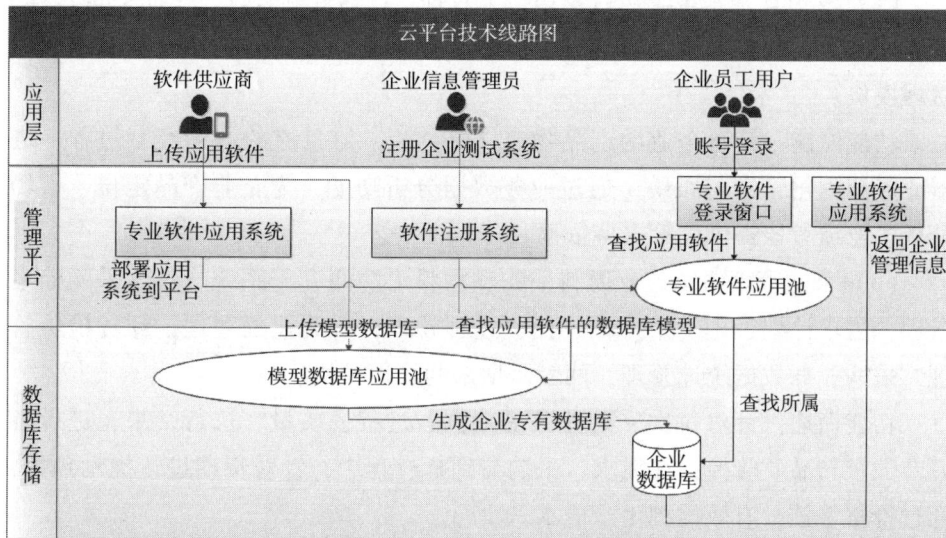

图 4-17　云平台技术路线图

组织结构、业务模式等方面会定期或不定期地发生变化。本系统采用单个用户、多个身份、适当权限的管理模式，使企业信息管理系统具备很强的灵活性，能适应管理体系不断调整变化的特点。

此外，在设计中，本系统平台具备良好的兼容性、可移植性和升级前景，采用可裁剪的模块化结构，使功能模块可以平滑扩充，确保未来系统的可扩展性需求。

（2）兼顾先进性和实用性。系统涉及的 IT 技术非常广泛，从硬件、网络技术到数据库技术。选择 IT 技术的基本原则是：以实用性为主，兼顾先进性，在适用于企业信息化整体水平的前提下，保证一定的先进性。

2. 主要功能

纺织行业云平台 ERP 系统主要功能包括营销管理、采购管理、仓库管理、财务应收应付管理、系统管理等云端应用系统开发及系统集成功能。

（1）企业管理服务云平台。包含企业应用系统注册功能，注册信息查询功能，注册信息管理功能，各应用系统产品功能介绍，各应用系统操作说明，应用系统（ERP）登录窗口。

功能简述：企业管理服务平台的门户网站，企业申请应用系统的注册、登录、查询窗口，各应用系统部署的管控平台。

（2）营销管理系统。包含营销档案管理，经营计划管理，产品核价管理，销售业务管理，售后服务管理，经营业务数据统计分析管理，一套六项营销管理模块。

功能简述：针对企业的产品物流、资金流、信息流的营销经营过程，进行业务流程化管控与跟踪，通过业务数据分析功能，为企业产品定位、市场分析、业绩考核提供决策支持依据。

（3）采购管理系统。分原料采购和物料采购两套子系统。包含采购档案管理，需求计划管理，采购询、比价过程管理，采购业务管理，到货检验管理，采购业务数据统计管理，两套六项采购管理模块。

功能简述：针对每次采购业务的依据、过程、质量、执行结果，进行各环节数量与品质管控；在需求、采购与到货过程中，针对货期进行提示预警；通过价格管控，有效控制生产成本。

（4）仓库管理系统。按照原料、成品、机物料分类管理，将仓库管理系统划分为原料、成品、物料三个子系统。包含仓库属性信息管理、仓库业务管理、库存统计分析，三套三项仓库管理模块。

功能简述：依据采购或者销售业务单据指令，对出入库货物信息进行全程跟踪管控，针对每次出入库信息做到有据可依，确保库存货物能够清晰追溯到入库前后的每一个环节，实现精细化库存管理信息延伸到每个经营业务板块。

（5）财务应收应付管理系统。根据业务类型分采购应付系统、销售应收系统，包含财务分类档案管理、发票管理、收付款管理、财务统计分析管理，一套四项采购管理模块。

功能简述：以采购或者销售业务数据为基础，跟踪记录每张发票的采购入库和销售出库信息，并以发票为依据记录每笔收、付款的发票信息与出入库信息，确保每笔付款与收款的物流信息跟踪，并精确汇总应收、应付的账龄。

（6）系统管理。包含子系统账号管理、权限分配管理、操作运维跟踪管理，一套三项系统管理模块。

功能简述：是企业各自运行系统的运维工具，包括系统登录账号的权限、身份、功能、操作记录的运维管控，系统业务流程的自定义管控，系统运行状态的监控。

3. 应用效果

系统运用 ERP 管理思想，对采购、销售、生产、工艺、质量、仓库等进行全面的业务流程梳理和改善，建立科学合理的运作模式，明确岗位职责，使业务管理规范化、流程化、电子化，全面提高工作效率。在企业信息管理和传递方面，做到数据源头一次录入，提高信息来源的准确性和高效性，各部门间数据通过系统与网络达到共享，使企业信息资源得到最大化地共享和加工利用。

通过数据的规划和采集、形成各种日报、周报、月报等管理报表，多角度、全方位、快速地统计分析，辅助企业管理，为企业领导者提供可靠的经营决策依据，提高企业决策效率和对市场变化的反应能力。

（1）系统注册平台（图 4-18）。

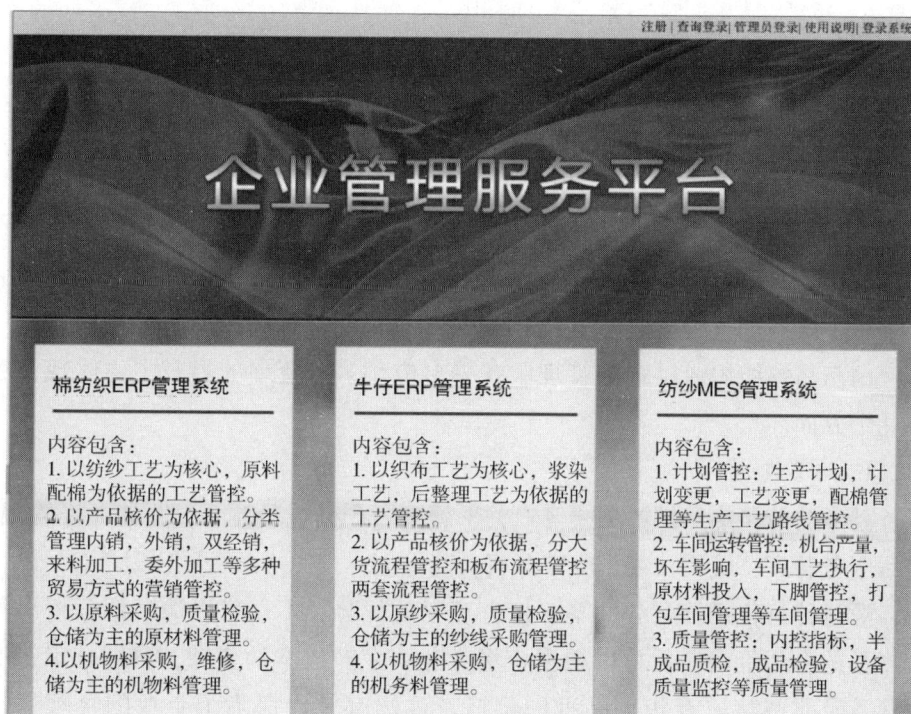

图 4-18　系统注册平台

（2）棉纺云 ERP 系统主界面（图 4-19）。

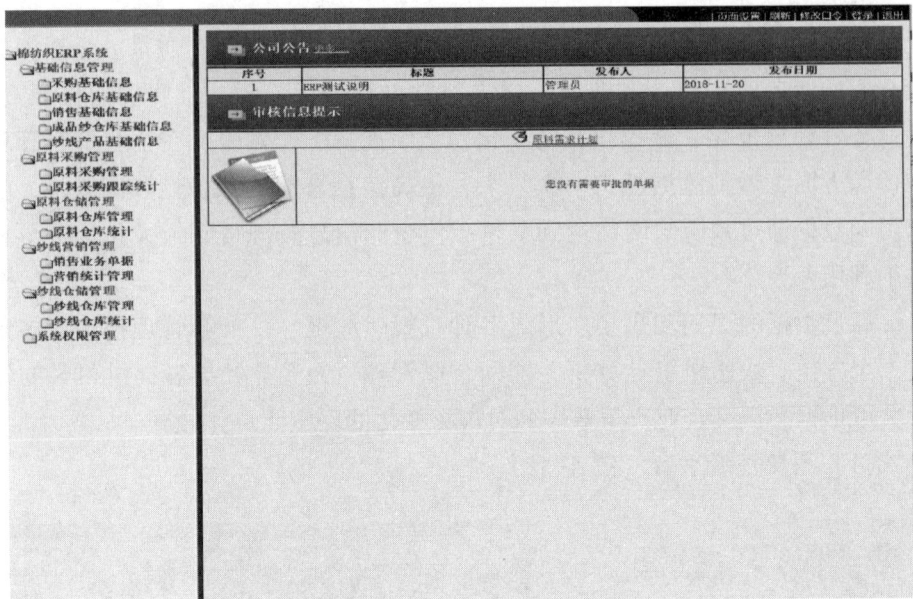

图 4-19 棉纺云 ERP 系统主界面

二、 典型应用

应用案例一 山东岱银纺织集团股份有限公司

山东岱银纺织通过企业管理服务平台应用，对管理的提升主要体现在以下几个方面。

1. 销售模块

基本功能包括营销计划、客户关系管理、产品核价体系，营销业务管理，售后服务管理，营销费用、决策分析功能等。

通过信息化系统资源共享、信息互通的优势，不仅可以清晰地分析出每个产品的合理价格，还可以根据市场变化、生产成本的变动，再结合工艺的变化，及时调整所有相关品种的价格，这样有效地保障了企业的合理销售利润。

通过长期、大量收集各品种的销量信息、频率信息、利润信息等业务资料，再结合工艺信息、质量信息、投诉信息，就可总结归纳出每个品种的市场行情、季节趋势、流行风向等商业资料，为企业销售策略提供宝贵的信息情报。

2. 采购模块

利用信息化系统，可以精确计算出应采购的供求数量。利用出入库信息，随时计算原料库存；根据生产过程的跟踪，随时计算出未完成订单的原料占用量；根据采购进度跟踪，可清晰查找每个原料的在途数量。有了库存、有了占用、有了在途，系统就可以非常及时地计算出来，为采购提供精确的采购供需数量。

3. 仓储模块

主要分成品、原料、物料三方面内容。建立了精细化库存管理体系，主要体现在出入库信息精细、质量信息精细、使用状态信息精细三个方面。通过与质量管理模块信息集成，使库存的每个物品都可以清晰地查到入库时的质量资料，查找到这个物品发起与结束的原因，也就是为什么入库，为什么出库。

应用案例二 北江智联纺织有限公司

北江智联纺织通过企业管理服务平台应用，对管理的提升主要体现在以下几个方面。

1. 提高业务订单跟踪效率

通过信息化系统可以对订单流转的每一个环节进行信息收集，并且根据要求对各个环节进行职责控制与指标监控，减少问题的人为因素，同时提高企业业务生产的运行效率。

2. 提升企业对市场的快速响应能力

通过管控集成引用，可以将各类客户需求、市场信息进行收集、整理、归纳，并且合理地分配到各个部门和相关管理负责人手中，再结合企业自身的产品信息、库存信息、生产现场情况和供应状态等信息，对企业的产能与状态做出合理的判断，辅助企业决策者做出准确的利率抉择。

3. 减少原纱库存占压，加快企业资金流转速度

信息化系统通过对原料库与采购在途的合理计算，结合对车间生产情况的判断，清晰地分析出供应状态，对新下达的订单做出精确的采购决策。对成品库的管理，通过信息化的条码管控规则，可以清晰分析出每一件坯布的库领情况、归属情况、质量情况、生产状态等详细信息资料。结合企业管理规则，做出合理准确的监控提示。

4. 信息化管理的及时性、准确性，使生产过程管理从事后管理转变为事前预防、事中控制

通过信息化信息资源共享的特点，计划安排人员可以预先把产品的质量标准、产量标准、设备运行标准、工艺标准等生产指标要求固化到信息系统中，在生产过程中，依据制定的产品生产标准，实时监控每个品种的生产信息，当发现产量、质量、设备运行状况等方面超标时，信息系统可及时将问题检验清单传递给相关人员，对问题进行分析与处理，将问题解决在萌芽状态。

方案二　杭州天富德泰信息技术有限公司：纺织印染数字化解决方案

杭州天富德泰信息技术有限公司运用工业互联网新技术，创新结合深耕纺织印染行业二十余年积累的应用产品和经验，为企业提供 ERP、MES、能源管理、关键设备集中控制等系统，帮助企业进行数字化、智能化转型升级，完善企业内链。支持企业上云上平台，并与集群服务平台集成打通，通过平台形成集群外链。帮助中小企业低成本零门槛地实现生产数据和设备数据上云，实现生产模式的创新，有效解决制造企业生产痛点，实现增产增效、降本增效、减人增效、提质增效。

一、解决方案

天富科技业务涵盖织造、印染、贸易产业链的 ERP/MES、工业互联网产品线及智能化控制系统。见表 4-2。

表 4-2　天富科技业务涵盖范围

纺织印染 ERP	纺织印染 MES	智能装备
织染一体化 ERP	织机监测 MES	染料立库称料
牛仔布生产 ERP	经编纬编 MES	元明粉纯碱系统
织造 ERP	印染机联网	染料自动称量化料
印染 ERP	三级能源管控	染色机中央监控系统
面料贸易 ERP	定型机监控	染料助剂自动配送
化纤 ERP	布匹检验包装	智能叉车立库

天富多系统（ERP \ MES \ PCS \ 工业互联网）整体解决方案之间数据无缝对接，高效率低成本维护服务，能够切实帮助企业实现增产增效、降本增

效、提质增效，推动纺织印染行业的整体技术进步。

1. 技术方案

通过物联网改造赋予每个纺织印染设备通信的能力，加强对纺织印染设备工况的监控、生产工艺质量数据监控，打造数字化、可视化车间，并通过"云+端"的方式将离散分布的设备连接在一起，使机器与机器、机器与人、人与人之间实现全面连接交互，并于云平台集成，实现基于工业互联网平台的数字孪生云上工厂。

天富多系统架构如图 4-20 所示。

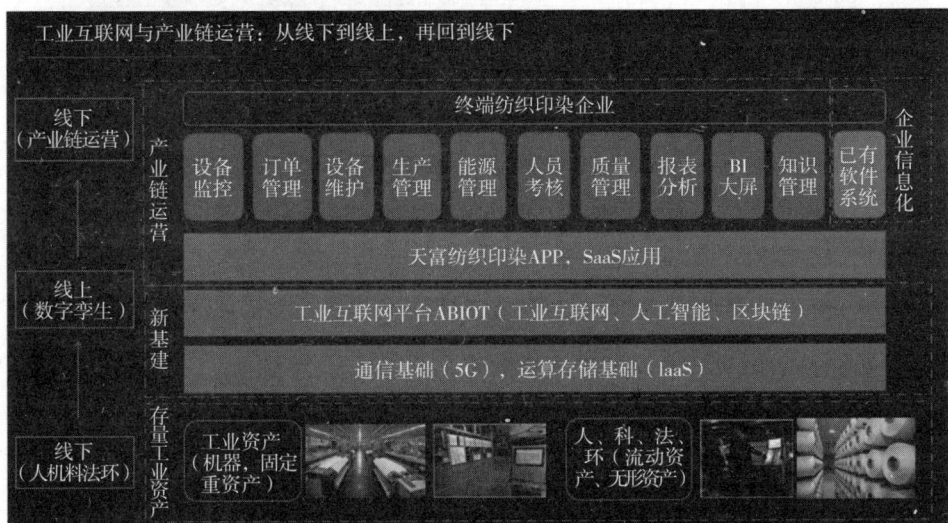

图 4-20　天富多系统架构图

因为纺织印染机台种类繁多，协议不一，很多第三方厂家进行了加密处理，故专门组织了协议通讯小组，开发了适用于该种情况下的物联网网关和采集器件。通过在物理侧，从数据链路层获取报文，并对报文进行有效性筛选和边缘计算，将脏数据、冗余数据、垃圾数据从数据包中去除，从而得到精确数据。进一步转换成 OPC 统一架构（OPC UA），应用 MQTT 协议，发布和订阅的消息方式，结合 5G 传输进行数据传输。

天富云平台数据处理系统如图 4-21 所示。

2. 应用效果

帮助企业进行自动化、数字化、智能化升级转型，为企业提供云 ERP、

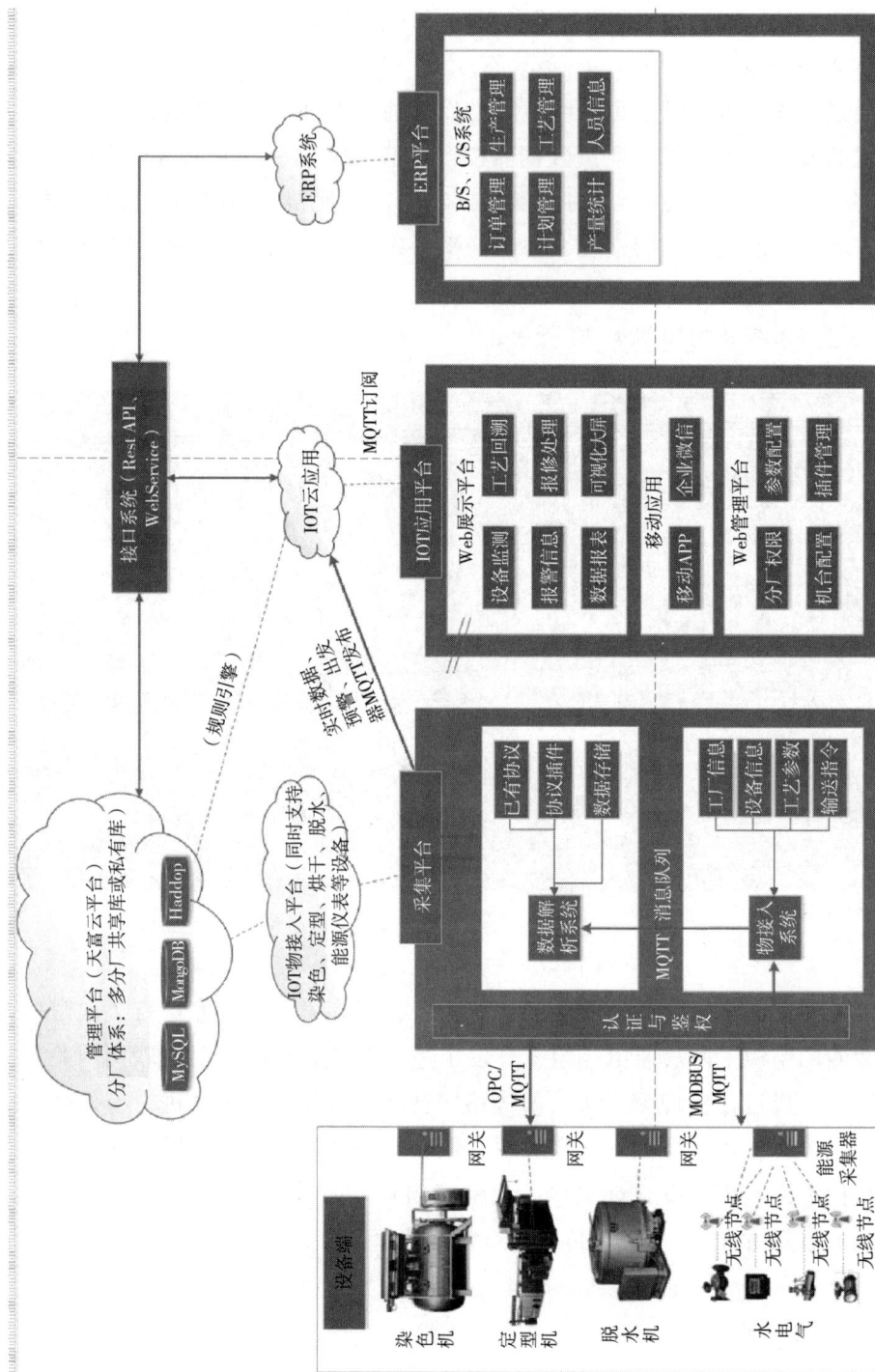

图4-21　天富云平台数据处理系统

云 MES、能源管理、关键设备集中控制系统等企业信息化系统，建立完善的企业内链，通过平台形成集群外链，逐步实现产业企业设备网络化、数据互联化、文档无纸化、过程透明化、车间减人化、管理可视化、服务平台化，加速转型升级，保持和提高竞争优势，实现高质量发展。

（1）织机监测（图4-22）

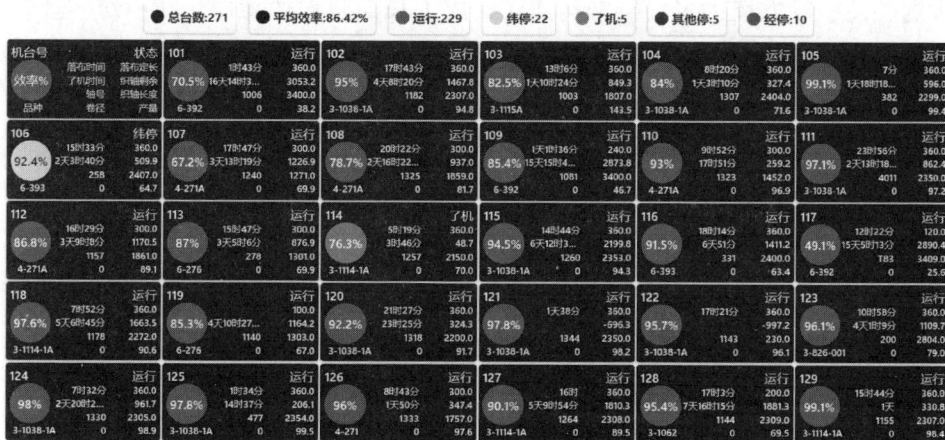

图4-22　织机监测

（2）印染监测（图4-23）。

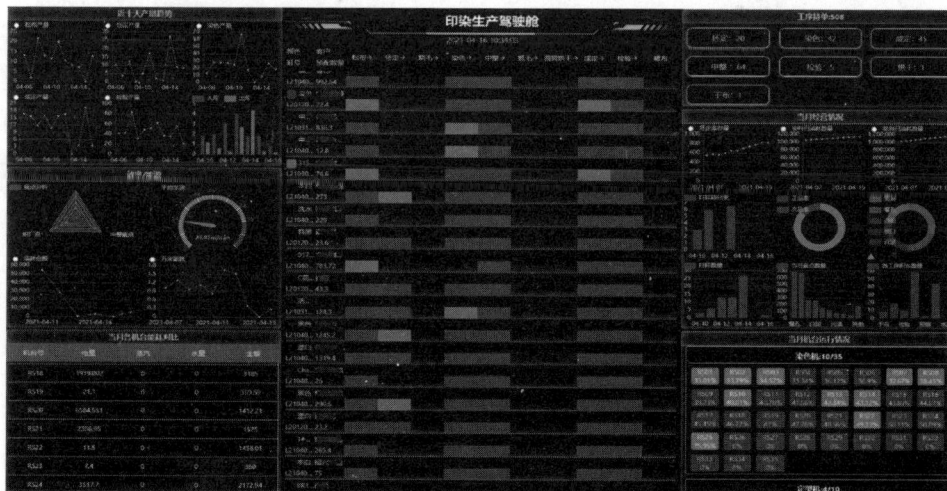

图4-23　印染监测

二、 典型应用

应用案例　浙江新中纺实业有限公司

新中纺实业对天富案例进行多次深入细致的考察，特别是天富对染整行业有全线的产品布局以及本地化服务能力，这两点引起了新中纺实业领导很大的关注。双方经过多次接触沟通，达成了长期合作的意向。新中纺实业认为数字化工厂建设不是一蹴而就，不是一朝一夕就能做好的事情，应该是整体考虑，分阶段持续按效益驱动原则先后组织实施，但要保证前后实施系统间信息的一致性、连贯性。

第一阶段：染色机联网

染色工段是染整工厂的最核心所在。新中纺经过多年发展，为适应不同品种的特性需要添置了多种类型的染色机，配置的染色机终端也是各不相同，无法实现统一的集中管理，单机人工操作情况比较多，人为因素造成的色差、浪费水电蒸汽现象在所难免。为此将 39 台染色机终端统一升级更换成天富 T7型号，统一在天富中控系统实现工艺配方管理，并进一步通过网络实现中央监控，一台计算机完全掌握染色全过程的控制权，大大减少染色控制过程中人为因素造成的色差，染色一次通过率显著提高。如图 4-24 所示。

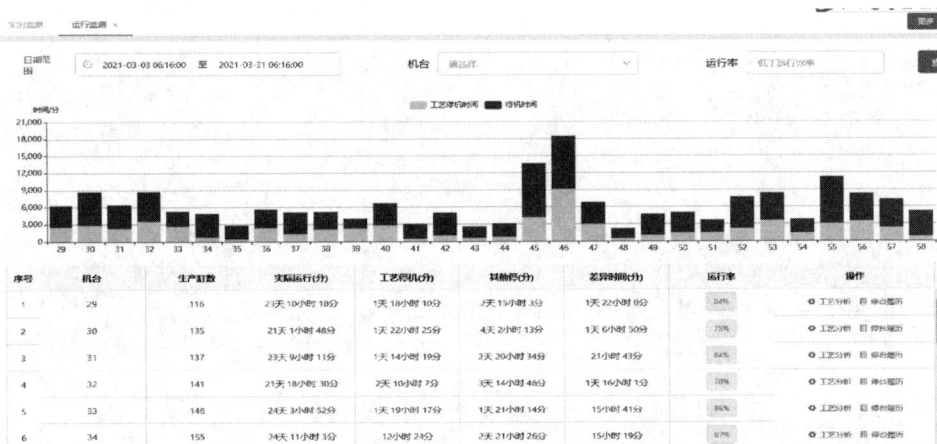

图 4-24　染色机联网

这次改造所带来的节省是很可观的，有如下清楚的经济效益：

染色工艺运行误差控制在 3% 以内，显著提高一次染色成功率；

每缸通过工艺优化平均缩短 15 分钟，仅此项染色车间平均综合能耗成本下降 12%；

用水总量基本降低 35% 以上，大幅度降低水资源消耗，电和蒸汽也有相应下降；

染化料消耗减少 15% 左右，大幅度减少废水排放，减少排污费同时还能间接扩大产量。

第二阶段：建立印染生产 ERP 管理系统

前面染色工段取得了明显经济效益，进一步增强了新中纺对天富方案产品的信心。新中纺生产的品种畅销国内外，新形势下单量却越来越小。企业必须面对这样的现实，需要转型实现高效的柔性生产，需要一套能帮助企业建立快速反应体系的生产 ERP 管理系统。为此，总经理挂帅，组织双方多次会议，凭借多年生产管理实战经验，不完全照搬照套其他企业做法，亲自拟定适合于新中纺生产特点的业务点色、计划排产、工艺参数、质量、设备运维 APP 等关键控制点信息化方案。并始终强调一点，生产 ERP 管理系统制定的排程时间、加工顺序和工艺参数必须得到刚性执行，需提前将待生产的布车找到并排好序。如图 4-25 所示。

第三阶段：定型机工艺监控配送 MES 系统

热定型是印染企业除染色外最重要的工段，也是提高产品附加值最关键的坏节，面料的风格、手感、光泽、防水、门幅、克重等要求都是在这个环节实现。定型机设备昂贵，能耗高，但不少企业缺乏对此工段的精细管理，是多数印染企业的生产瓶颈所在。

定型机有很多重要工艺参数，如热定型的温度、车速、超喂、风量、门幅、张力及助剂用量等，目前市场上定型机的参数是由人工根据工艺要求手动调整设置的。现在大多数企业一方面没有严格的定型工艺单下达到现场，很大程度上是操作工值班长凭工作经验在进行；另一方面，机台运行的实际工艺也没有完整连续记录在案，定型加工后出现质量问题，企业无法厘清是当初工艺制定问题还是实际工艺执行问题，往往是技术、生产各打五十大板，导致工艺人员、操作人员都很难有严谨的工作精神，中高档面料产品的质量稳定性很难得到有效保证。

ERP 计划排台作业和制定的工艺参数通过 MES 终端下发到现场。操作时

图 4-25　印染生产 ERP 系统

对布车号与加工顺序匹配，不符合排产顺序将不允许生产；实时在线采集的工艺参数与理论值对比，超过误差允许范围分级发送报警信息，甚至是向机台发送急停信息，并且可以方便回溯。通过这些刚性的措施，厘清了计划工艺制定与执行的责任界线，并奖罚分明，增强了各自岗位工作的严谨性，产品的质量稳定性得到了有效保证。如图 4-26 所示。

根据详细的数据统计和分析，在本项目实施至少达到了年度 800 万元经济效益的效果。

企业自实施数字化改造工作以来，执行力得到提高，生产综合成本显著下降，品质稳步提升，客户服务情况明显改善，优质客户资源逐渐增加，一直以来生产经营依然保持了良好的发展。

方案三　绍兴环思智慧科技股份有限公司：基于平台的企业数字化整体解决方案

绍兴环思智慧科技股份有限公司是一家专注纺织行业信息化建设的高科

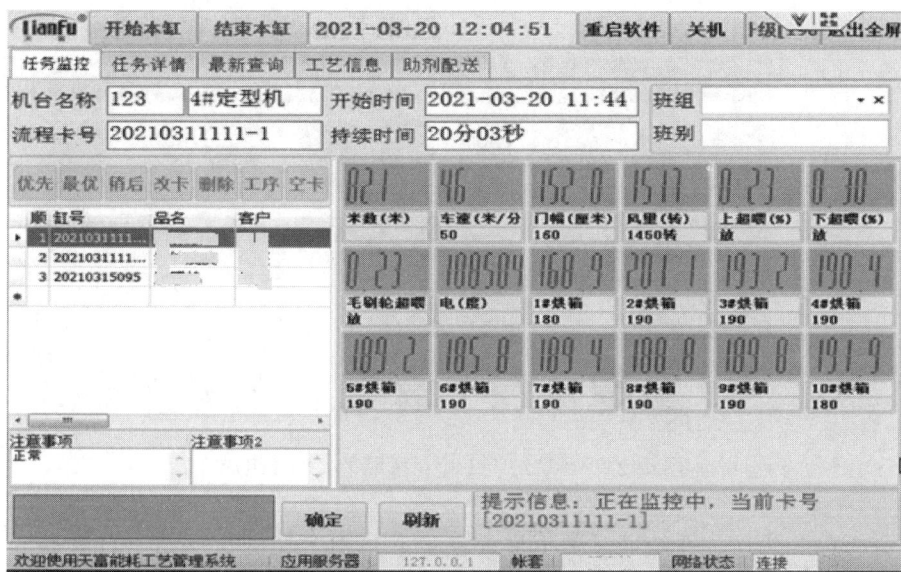

图 4-26　定型机工艺监控 MES 系统

技企业，致力于为纺织服装企业提供数字化解决方案。环思智慧已累积超过 3000 家优质的行业案例，其中包括鄂尔多斯、山东如意、罗莱家纺等 49 家纺织上市公司，超 150 家纺织服装 500 强企业，235 家综合性纺织大中型集团企业，是纺织服装行业 ERP、MES 等管理信息系统的专业服务企业。

一、　解决方案

　　环思纺织工业互联网平台由阿里云基础设施、工业 APP 应用、边缘系统、决策分析等功能组成。如图 4-27 所示。

　　平台在阿里云基础设施上另做应用开发，现已完成产品工艺、订单管理、计划管理、仓库管理、生产管理、硬件 IOT 接入等 APP。基于这些应用数据的抽取和清洗，形成销售分析、生产分析的 DataV 管理看板等，为管理者提供及时的决策支持。

　　边缘层对于较复杂的现场业务，可以通过 ERP 和 MES 提供接口的方式同步处理数据，同时也支持硬件通过 IOT 平台直接上传硬件数据，也可以通过边缘 MES 处理后再接入工业互联网平台。

1. 技术方案

（1）核心框架。环思纺织工业互联网平台系统由五层架构组成，以"数

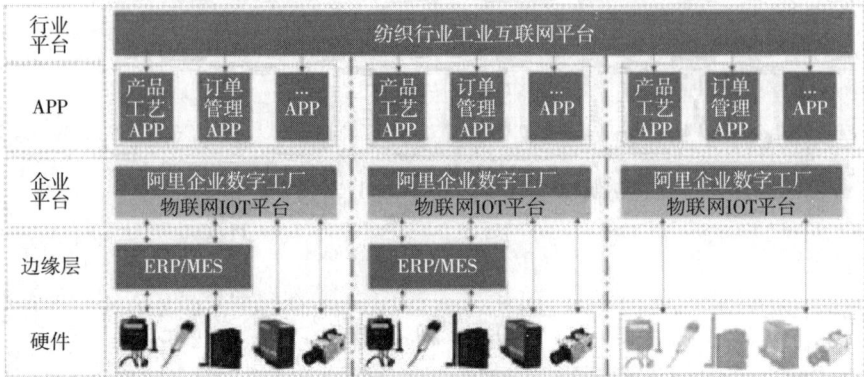

图4-27　环思纺织工业互联网平台功能组成

据分析层"为例，系统通过数据底座能力，可对公司的数据做出具体的分析与洞察，如图4-28所示。

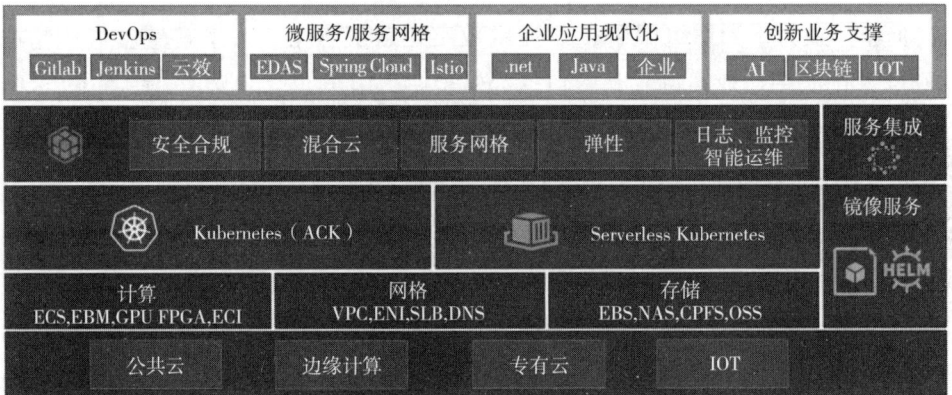

图4-28　平台底座技术框架

平台系统具有边缘云计算能力，该平台是基于云计算技术的核心和边缘计算的能力，构筑在边缘基础设施之上的云计算平台。平台以标准化、No o-verhead、边缘高可用等为设计原则，具有云管边架构、边缘自治等方案要点，如图4-29所示。

平台中的企业服务总线ESB方案可应用于集团内多套子系统与MDM之间的数据交互、集团内多套子系统之间的数据交互两大场景，如图4-30所示。

Edge@ACK 整体架构

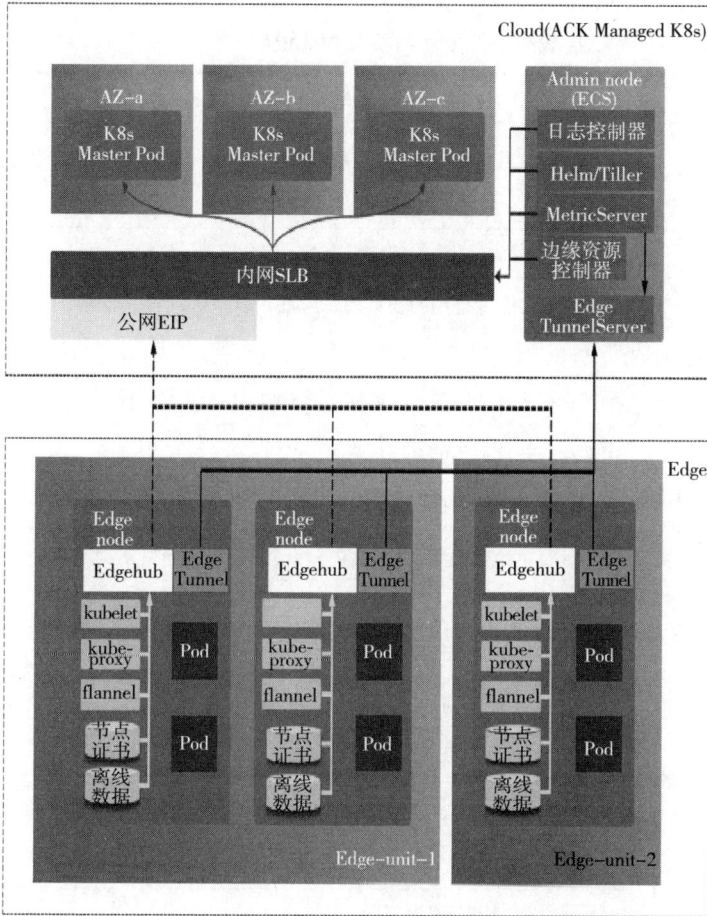

Cloud(ACK Managed K8s)

AZ-a	AZ-b	AZ-c	Admin node (ECS)
K8s Master Pod	K8s Master Pod	K8s Master Pod	日志控制器
			Helm/Tiller
			MetricServer
			边缘资源控制器

内网SLB

公网EIP

Edge TunnelServer

⬚ 设计原则
• 标准化
• No overhead
• 边缘高可用
• 一致体验

Edge

Edge node		Edge node		Edge node	
Edgehub	Edge Tunnel	Edgehub	Edge Tunnel	Edgehub	Edge Tunnel
kubelet				kubelet	
kube-proxy	Pod	kube-proxy	Pod	kube-proxy	Pod
flannel		flannel		flannel	
节点证书	Pod	节点证书	Pod	节点证书	Pod
离线数据		离线数据		离线数据	

Edge-unit-1   Edge-unit-2

⬚ 方案要点
• 云管边架构
• 边缘自治
• Edge unit
• 云边双向通道
• 边缘节点：支持ENS和用户自有节点
• 独占集群，解决多租问题

图 4-29 边缘云计算平台

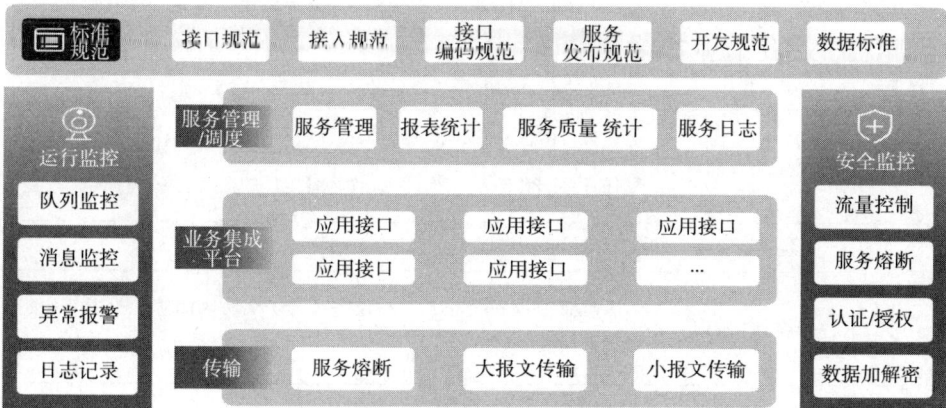

标准规范	接口规范	接入规范	接口编码规范	服务发布规范	开发规范	数据标准

运行监控	服务管理/调度	服务管理	报表统计	服务质量统计	服务日志	安全监控
队列监控	业务集成平台	应用接口	应用接口	应用接口		流量控制
消息监控		应用接口	应用接口	...		服务熔断
异常报警	传输	服务熔断	大报文传输	小报文传输		认证/授权
日志记录						数据加解密

图 4-30 企业服务总线 ESB 方案

（2）主要功能。系统模块类别及应用与相关功能说明见表4-3。

表4-3　系统模块类别及应用与相关功能说明

类别	应用	功能说明
产品工艺	物料大类	维护纺织行业的物料大类，如：棉花、纱线、面料、成衣、通用料等
	物料小类	维护行业或者企业适用的物料小类，如全棉类、涤纶+棉等
	物料主档	维护企业各企业使用的物料数据，如：500D闪电纹、420D砖纹提花等
	物料BOM	维护物料主档的物料耗用数据，形成物料的标准清单
	工序定义	定义物料主档加工的工序流程及工艺
订单管理	币种管理	维护币种及汇率数据
	计量单位组	维护计量单位组数据，用于区分纱线、面料等物料不同的单位类别
	计量单位	维护计量单位组中的详细使用单位
	客商档案	维护各企业自身的客户和供应商数据，可对供应商进行分组管理
	订单台账	管理销售订单的详细数据，如客户、物料、单价、交期等，并详细记录订单的更改日志，将更改后的订单推送至相关系统
计划管理	部门档案	管理企业部门组织架构信息
	人员档案	管理企业人员及岗位数据
	工厂档案	管理一个企业内部多工厂的业务，可维护多个工厂
	工人班组	维护工厂人员的档案信息
	生产主计划管理	根据订单任务及BOM清单分解主计划任务和主计划安排，主计划任务会配到各个生产工厂，作为各工厂的生产任务
设备管理	设备类型管理	管理维护设备类型、型号、产能等信息
	设备主档管理	管理企业设备清单，包括设备编号、名称、品牌、折旧年限、归属部门等信息
IOT	硬件IOT接入	实现织机监控设备的连网接入

类别	应用	功能说明
仓库管理	仓库维护	维护企业内部仓库清单，定义原料和成品仓库的相关属性
	仓库区域位置	维护各仓库在厂区的区域和位置
原料仓库	入库管理	管理原料仓库的入库单据信息，包括入库类型、来源、时间、物料、入库数量、单位、等级等信息
	出库管理	管理原料仓库的出库单据信息，包括出库类型、目的客户、出库时间、物料、出库数量、单位、等级等信息
	库存存量查询	管理原料各仓库库存数据
成品仓库	入库管理	管理成品仓库的入库单据信息，包括入库类型、入库来源、入库时间、物料、入库数量、单位、等级等信息
	出库管理	管理成品仓库的出库单据信息，包括出库类型、目的客户、出库时间、物料、出库数量、单位、等级等信息
	库存存量查询	管理成品各仓库库存数据
运营分析	销售分析 DataV	统计分析年/季/月多维度的销售量、客户排名、热销品种、销售利润等数据，并形成看板实时刷新输出，指导销售决策
	生产分析 DataV	统计分析整经、浆纱、织布各生产环节的生产产量、进度、质量数据，实时查看机台机面负荷情况，输出实时看板，指导生产

2. 应用成效

2018 年以来，绍兴环思智慧科技股份有限公司加大在工业互联网领域的产品、技术等资源的投入，目前已基本完成纺织工业互联网平台基础能力的建设。平台现已累计接入服务制造业企业 4000 余家，接入纺织各类设备 5 万余台，累计工业 APP 数 100 多个。

在大型企业数字化转型标杆打造部分，环思利用先进技术赋能传统工业企业，不断在平台上沉淀知识与经验，目前已成功服务江苏黑牡丹集团、江苏盛虹集团、江苏蓝天环保集团、浙江迎丰科技、浙江台华新材料、青岛即发集团、山东孚日集团、内蒙古鄂尔多斯等数十家工业细分领域的龙头企业，帮助企业创造利润数亿元。

二、 典型应用

应用案例一　江苏蓝丝羽家用纺织品有限公司

江苏蓝丝羽家用纺织品有限公司位于江苏南通国际家纺城，是一家集先进的产品研发设计中心、现代化的生产制造流水线、健全的营销服务体系于一体的专业家用纺织品企业，年产值近 5 亿元，致力于打造国内家纺市场优质床品的性价比典范。

数字化现状：使用了金蝶 K3 处理订单、采购、仓库等环节的信息流；MES 系统管理工艺和生产；生产侧使用吊挂系统；计划排产侧目前使用传统的 Excel 报表。

痛点描述：企业信息管理系统各自独立应用，没有有效地集成，计划管理粗放、物料滞留时间长、流动性差；生产设备没有互联互通，裁剪排版全靠人工、机器产量无法统计、工艺变更能力差、工人产量无法有效统计；外协订单无法有效管控，外发生产的过程中无法进行有效监控和实时的进度跟踪。

蓝丝羽家纺公司数字化转型升级框架如图 4-31 所示。

通过应用环思的 MES 和 WMS 系统，对生产和仓库侧进行精细化管理，根据原料的库位、库区信息确保精准地出入库，采用款式二级 BOM 进行信息录入，实现合理的算料方式，精细的排产计划以及根据现场生产情况进行的生产调度实现了柔性化生产，生产过程的实时监控确保了产品的进度交期合理，后整理包装等的准确信息流打通了产品的全过程追溯。通过和金蝶 K3 的数据接口交互相关信息来建设蓝丝羽的数字化工厂。

应用案例二　青岛迦南美地家居用品有限公司

公司成立于 2005 年，现在拥有青岛迦南美地家居用品有限公司、青岛纺联寝装、平度浩瀚家纺、同和浩瀚家纺、展升（越南）家纺、迦喜家纺、迦韵国际贸易、迦兰家纺等子公司。目前拥有的商标品牌有 CANAAN HOME、迦喜、本物物语等。

需求描述：供应商管理分散，没有集中的供应商主数据管理，信息无法共享；缺乏统一的供应商管理体系，资质认证不规范，供应商管理风险大；采购过程涉及流程环节多，很难控制。同时，不同的采购类型都有不同的管理规范要求，采购需求、采购立项、采购招标、采购合同签订、采购订单执

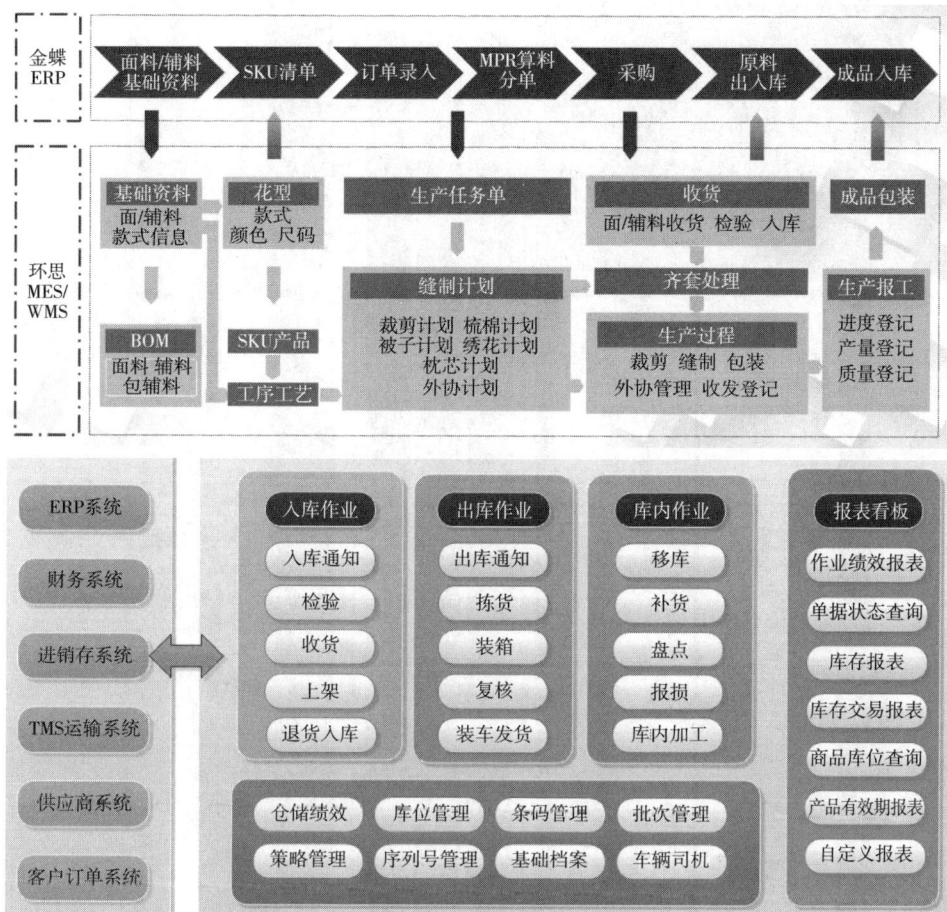

图 4-31 蓝丝羽家纺公司数字化转型升级框架

行的管理难度大；采购过程中涉及的采购招标公告、招标文件、中标通知、合同签署、订单签署、对账付款单签署等大量文件需要盖章，传统方式下，主要依靠人工方式完成打印、盖章，工作量大，效率低；与供应商的交互信息多，工作量大，传统方式下，主要依靠邮件、电话、微信等方式来解决采购合同的签署、发货通知、对账、付款，不仅效率低，也容易出现错误。

迦南美地家居用品有限公司数字化转型升级框架如图 4-32 所示。

通过环思的供应链平台，从上游面辅料供应商的接入到下游成衣加工厂的接入。为面辅料供应商和成衣加工商提供供应商账户使用，开放了自主注册的功能，帮助迦南美地公司实现了供应商的管理及考核、生产协同、计划

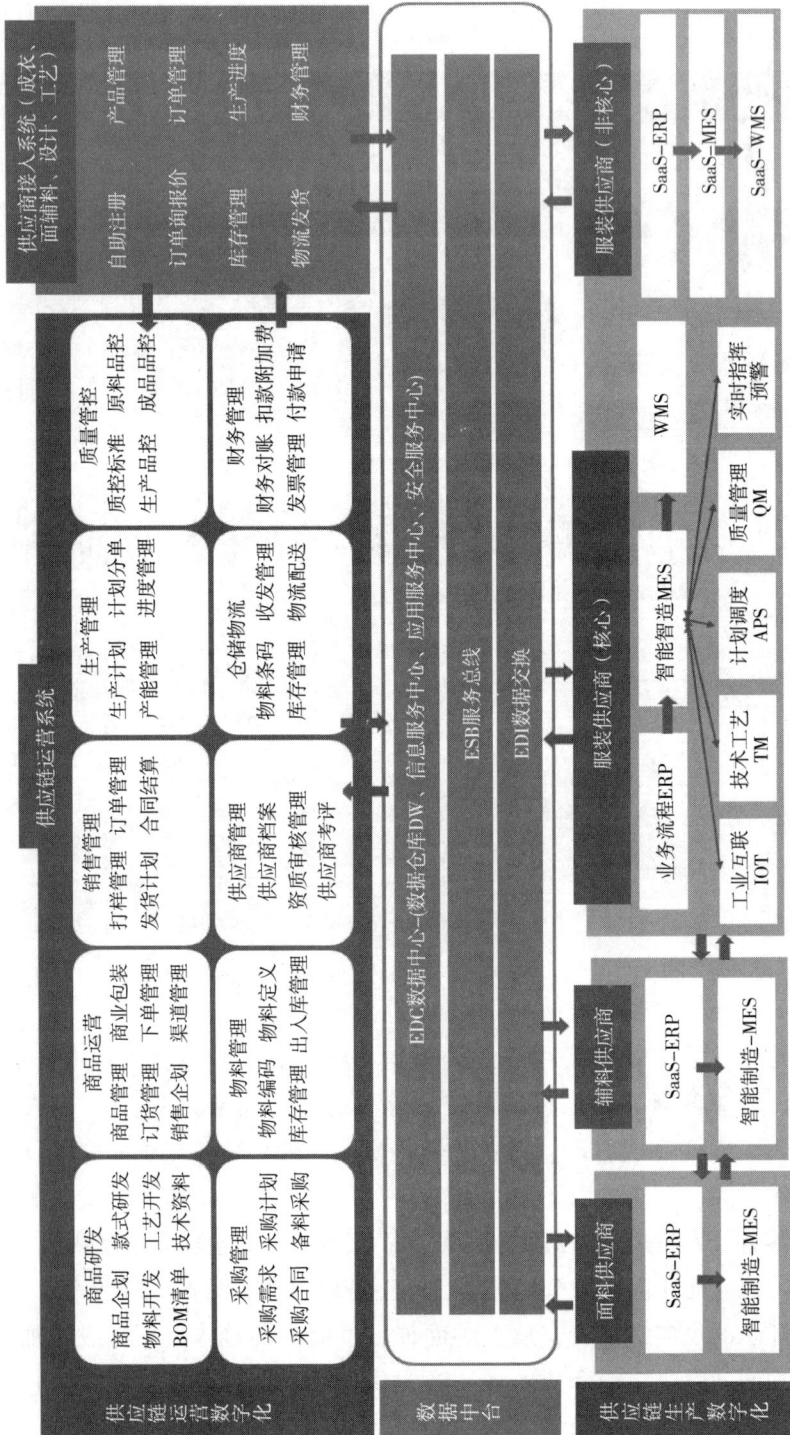

图4-32　迦南美地家居用品有限公司数字平台架构

协同、订单协同、品控管理、财务协同等业务的集成，支撑迦南美地公司与供应商之间的业务往来，间接降低了企业间的采购成本，节约了企业间的交易成本，降低了企业库存，缩短了循环周期。

方案四 广州工业智能研究院：印染废水处理智能管控解决方案

广州工业智能研究院以中国科学院沈阳自动化研究所为主要技术依托，紧密围绕粤港澳大湾区电子制造、纺织印染、造船、动力电池等重点行业转型升级的技术需求，在智能产品开发和应用、智能服务开发和应用、智能工厂建设和示范三个方向进行关键共性技术攻关和成套解决方案研发，并在行业规模企业应用示范，提升重点行业的技术进步和竞争力，引领和带动重点行业发展。

经过多年技术攻关，本项目从信息感知、工况识别、性能评价、优化控制和云管控五个层次形成印染废水处理智能管控整体解决方案，解决了目前印染废水处理普遍存在关键信息与指标难以在线感知、异常工况频繁且难以识别、系统调控基本依赖人工经验、缺少系统运行性能评价手段，以及废水处理成本高、运行质量不稳定等难题，将智能管控解决方案融合应用于印染废水复杂处理过程，实现稳定达标和高效经济运行。近三年，共获得经济效益累计近1.5亿元，其中，完成单位获得经济效益累计6967.34万元，其他应用企业获得经济效益累计7862万元。

一、 解决方案

针对印染废水处理管控层面的现状，本解决方案面向印染废水复杂处理系统全局，从印染废水处理关键信息与指标感知、异常工况识别、运行性能评价、关键环节优化控制和工艺系统云管控五个层次开发形成印染废水处理智能管控解决方案，实现信息化、智能化技术与工业废水处理的融合发展，技术内容及其相互关系如图4-33所示。

1. 印染废水复杂处理过程信息感知与集成

项目开发基于生物传感的微生物活性在线分析技术及相关在线监测设备，通过数据特征的提取分析，实现在线获取废水复杂处理过程关键信息，同时建立关键过程变量的内在关联，为工况识别、性能评价、工艺参数优化设定与控制提供情景和模式信息支撑。

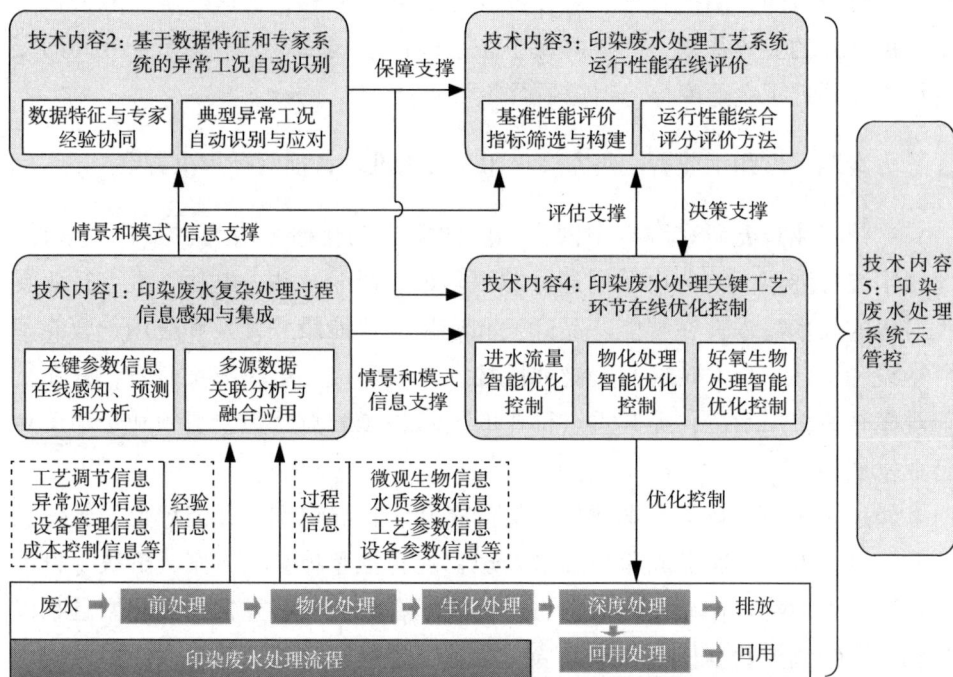

图 4-33　关键技术内容与相互关系

2. 基于数据特征和专家系统的异常工况自动识别

项目通过处理过程多类型信息数据和动态特征进行提取，同时结合专家经验知识系统，形成数据和知识融合驱动的异常工况自动识别技术，为工艺系统优化控制提供保障。

3. 印染废水处理工艺系统运行性能在线评价

项目研究建立了一套印染废水处理工艺系统运行性能在线评价方法，包括基准标价指标的筛选、综合性能评分评价策略构建等，为工艺系统多目标优化控制提供决策支撑和效应验证。

4. 印染废水处理关键工艺环节在线优化控制

项目以工艺系统信息感知融合为基础，数据特征/专家经验融合驱动为核心，性能评价为指导，研究进水流量控制、物化处理、生物处理三大关键环节在线优化设定与控制技术，满足印染废水处理高效、稳定、节能降耗多目标优化控制要求。

5. 印染废水处理系统云管控

项目应用"互联网+"技术，建立"数据采集—云端储存—远程监控与运维"三层次设计和构建纺织印染环保设施云管控系统架构，实现企业集团（运营方）对印染厂区（园区）废水在宏观维度上的监督、运维和管理决策的多重目标。

二、 关键技术与实施成效

本项目成果帮助纺织印染企业解决在印染废水治理方面普遍存在的关键信息与指标难以在线感知、异常工况频繁且难以识别、系统调控基本依赖人工经验、缺少系统运行性能评价手段等难题，满足企业环保治理信息化、智能化技术需求，提升废水处理水平和节能降耗效果。具体技术方案如下。

1. 废水可生化性在线监测分析技术及设备

项目研制形成了一套印染废水可生化性在线监测分析设备，实现微生物活性状态、废水可生化性、废水异常情况等关键价值信息，映射现场处理系统为过程优化控制提供及时的指导信息。如图 4-34 所示。

2. 基于数据与知识融合的异常工况识别与应对技术

项目建立了"数据融合感知—知识融合分析—情境理解与态势认知"的印染废水处理情境识别与分析体系。针对废水处理质量风险判别的实际需求，开发了基于机器学习分类方法的出水关键参数预测模型，准确预测出水 COD 等指标所在区间，为废水处理出水风险预测和工艺优化通过支撑。如图 4-35 所示。

3. 印染废水处理运行性能在线量化评价方法

项目构建了印染废水处理水质数据、工艺数据等数据库，筛选基准评价指标，针对企业具体情况，通过数据和知识融合建立评价指标考量基准区间值，形成运行性能综合评分表，实现印染废水处理系统运行性能细化评价和综合评分，为工艺系统优化控制提供决策和验证支撑。如图 4-36 所示。

4. 印染废水处理关键环节参数在线优化设定与控制技术

项目开发了基于数据特征和专家知识融合驱动的印染废水处理关键环节在线智能控制技术，实现对进水流量、混凝沉淀药剂投加和好氧生物曝气的优化控制，降低物化药剂消耗 15% 以上，降低生物处理风机能耗 5% 以上；处理后出水回用重复利用率达 60% 以上。如图 4-37 所示。

应用领域	设备功能	应用效果
● 以生物处理为核心的工业废水处理系统 ● 城镇污水处理厂	废水含生物毒性识别	避免含生物毒性废水大量进入人工艺系统导致微生物中毒
	废水有机负荷异常识别	避免生物处理负荷超载导致致出水超标
	废水可生化性变化分析	评估和辅助优化厌氧段污染物处理效果
	微生物活性变化分析	协助指导进水流量控制、曝气模式优化

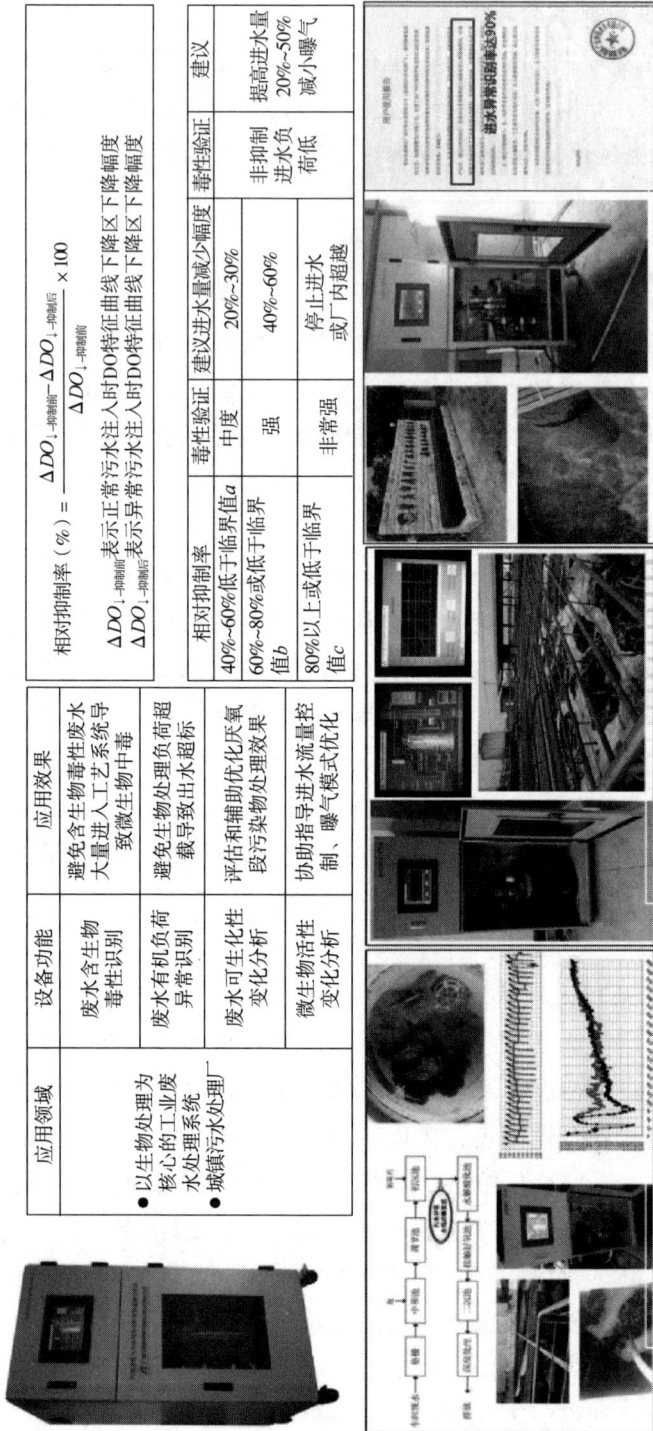

$$相对抑制率（\%）= \frac{\Delta DO_{j-抑制前} - \Delta DO_{j-抑制后}}{\Delta DO_{j-抑制前}} \times 100$$

$\Delta DO_{j-抑制前}$ 表示正常污水注入时DO特征曲线下降区下降幅度
$\Delta DO_{j-抑制后}$ 表示异常污水注入时DO特征曲线下降区下降幅度

相对抑制率	毒性验证	建议进水量减小幅度	毒性验证	建议
40%~60%低于临界值a	中度	20%~30%	非抑制进水负荷低	提高进水量20%~50%
60%~80%或低于临界值b	强	40%~60%		减小曝气
80%以上或低于临界值c	非常强	停止进水或厂内超越		

广东溢达纺织印染有限公司应用

浙江红绿蓝纺织印染有限公司应用

肇庆鼎湖废水处理厂应用

图4-34 废水可生化性监测分析技术及设备

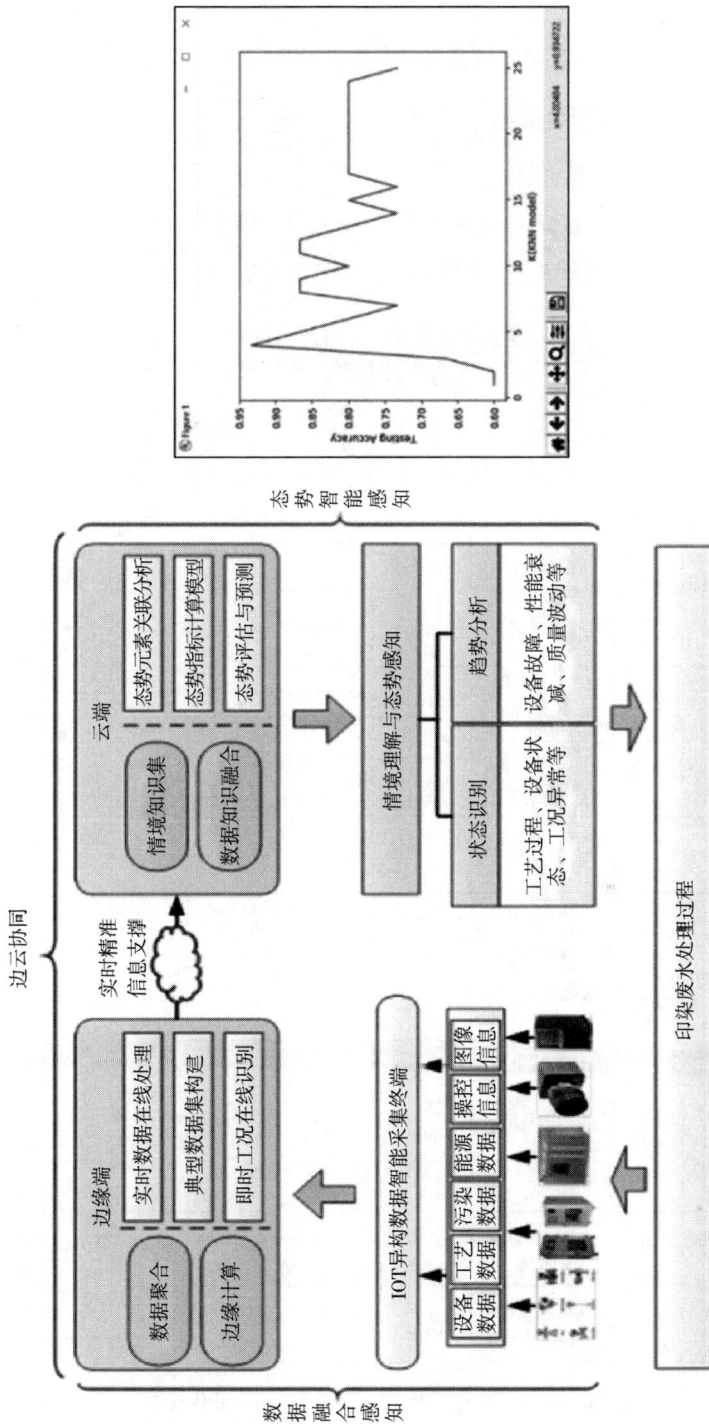

图4-35　印染废水处理情境识别与分析体系

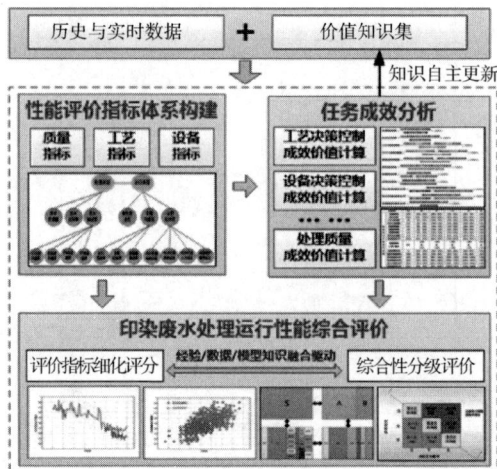

序号	评价项目				评分规则			项目得分			失分原因
	评价类别（一级）	评价类别（二级）	评价类别（三级）	评价参数	90~100分	60~90分	0分	算法	分值区间	对应评价	
1	处理效果（A1）	出水达标（B1）		达标率（D1）	大于90%	80%~90%	小于80%	B1=D1	(90, 100] (70, 90] (0, 70]	优 良 差	达标率低
		出水水质稳定性（B2）		COD波幼幅度（D2）	小于10mg/L	10~30mg/L	大于40mg/L	B2=D2×70%+D3×30%	(90, 100] (70, 90] (0, 70]	优 良 差	处理不稳定
				TN波动幅度（D3）	大于60℃	30~60℃	小于30℃				
2	运行质量（A2）	*微生物活性状态（B3）		基于小型反应体系监测的微生物呼吸状态稳定情况（D4）	微生物呼吸耗氧指示高且稳定	微生物呼吸指示在正常区间且波动	微生物呼吸耗氧指示弱，受抑制	B3=D3	(90, 100] (70, 90] (0, 70]	优 良 差	微生物活性稳定性维持差
		异常工况（B4）		异常工况自动识别率（D5）	大于90%	60%~90%	小于60%	B4=D5	(90, 100] (70, 90] (0, 70]	优 良 差	异常工况过多且识别率低
		设备稳定性（B5）	设备故障率（C1）	风机故障（D6）	0次/天	1~2次/天	3次以上/天	B5=(D6×40%+D7×40%+D8×20%)×30%+D9×30%+D10×30%+D11×50%+D12×50%)×10%	(90, 100]	优	设备运维不佳
				泵故障急停信号（D7）	0次/天	1~2次/天	3次以上/天				
				加药设备报警信号（D8）	0次/天	1~2次/天	3次以上/天				
			平均故障维修时间（C2）	故障维修时间（D9）	小于0.5h	0.5~1h	大于1h		(70, 90]	良	故障维修时间长
			平均故障间隔时间（C3）	故障间隔时间（D10）	大于2天	1~2天	小于1天				故障间隔时间长
			通信质量（C4）	通信故障次数（D11）	0次	1~3次	4次以上				通信故障次数多
				通信稳定性（D12）	故障间隔时间>3天	1天<故障间隔时间<3天	故障间隔时间<1天		[0, 70]	差	通信间隔时间短
		*能耗（B6）		处理吨水电量（D13）	小于AkWh/吨水	A~BkWh/吨水	大于BkWh/吨水	B6=D6	(90, 100] (70, 90] [0, 70]	优 良 差	电量使用多
		*物耗（B7）		处理吨水化学药剂用量（D14）	小于A元/吨水	A~B元/吨水	大于B元/吨水	B7=D7	(90, 100] (70, 90] [0, 70]	优 良 差	物化过多

图 4-36　印染废水处理运行性能在线量化评价

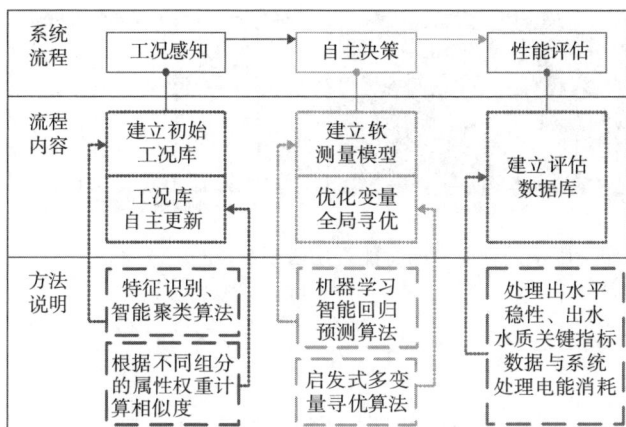

系统流程	工况感知	自主决策	性能评估

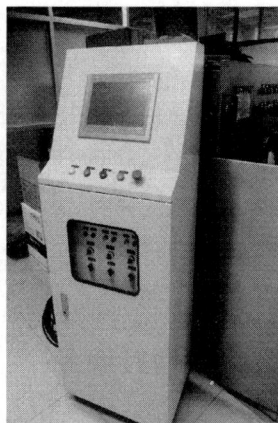

曝气决策优化系统流程

智能曝气一体化设备样机

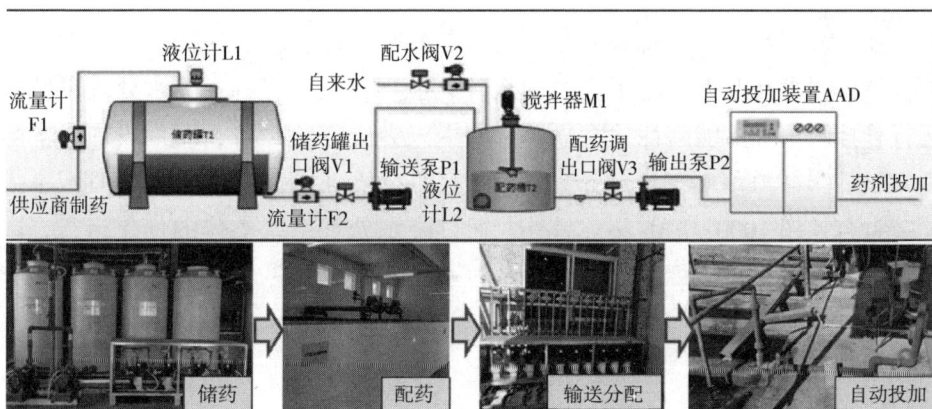

图4-37 印染废水处理关键环节在线智能控制

5. 印染废水处理业务的智能管控云平台

项目建立了面向印染废水处理业务的智能管控云平台，远程管控覆盖工艺、设备、人员、处理质量、物耗能耗等全因素，支持 Web 网页、微信公众号、大屏幕等多终端应用，以云平台为核心载体为印染废水处理设施提供线下自动化数字化，线上信息化智能化升级服务，强化人机协同运作，优化印染废水处理系统设施运行管控效率和成本。如图4-38 所示。

远程监控 　　　　　Web网页端应用 　　　　　手机微信公众号应用

图 4-38　印染废水处理业务的智能管控云平台

三、 典型应用

本解决方案在珠三角和长三角印染聚集地区的多家龙头企业、工业园区、印染环保治理企业和环保装备企业实现技术应用。

应用案例一　互太（番禺）纺织印染有限公司

互太（番禺）纺织印染有限公司为广东省针织印染龙头企业，自 2014 年项目整体技术在互太实施了完整的系统化应用，大幅提升了废水处理系统的运行管控水平，节能降耗效益显著，减少人力成本约 25%，药剂投加成本降低 40%，节省好氧曝气电耗 52.56 万千瓦时/年，企业在印染废水处理成本方面节省合计超 1000 万元/年，另外，通过废水处理系统整体的优化运行，废水处理后水质稳定达标，回用于生产过程的重复利用率达到 63.6%，由此节省的新鲜生产用水成本 1213 万元/年，应用企业被评为 2017 年国家重点用水企业水效领跑者。

应用案例二　佛山佳利达环保科技有限公司

该企业主要为印染工业园提供园区废水集中处理服务，其中，服务的佛山大塘工业园是以印染企业为主体的大型工业园区，印染企业有 100 余家，废水处理规模 10.6 万吨/天，2017 年起，本技术应用于该园区建立印染废水收集远程管控和废水处理加药、溶解氧优化控制技术，对 50 个分散布置的废水收集点进行远程监控，实现不同类型废水协同调度收集，缓解了园区废水处理厂进水负荷冲击影响，同时实现处理工艺的优化控制，提升了园区废水处理系统的稳定性和处理质量。

应用案例三　广东金颢轩环境工程设备科技有限公司

该企业主营印染废水深度处理系统和印染废水污泥深度处理成套设备销

售与服务，技术和设备先进，性能卓越，价格在数百万到千万级，销售后的系统及设备维护是难题，自2016年远程智能运维技术应用于该企业，实现售后产品的集中远程管控和优化运行，大幅降低了产品故障率和售后服务成本，提升了产品的运行稳定性和企业售后服务水平，该企业市场竞争力和销售业绩提升显著。

方案五 浙江瑞晟智能科技股份有限公司：服装生产吊挂输送系统整体解决方案

服装行业是一个劳动密集型行业，自动化和信息化程度低，劳动强度大，服装企业普遍面临产品季节性强、款式变化快、消费者个性化需求逐年增加，以及市场日趋快速多变的新挑战。如何采用信息化技术对传统服装生产过程的改造成为广大服装企业的迫切期待。近几年，随着计算机控制服装生产吊挂输送系统技术的不断成熟和功能的扩展，使其在服装企业得到广泛应用，但基本还停留在缝装加工缝制工序的应用上，各工序生产单元相对独立，自成一体，严重制约了企业的发展，信息化程度有待进一步提高。

为了有效解决上述问题，服装企业采用计算机控制服装生产吊挂输送系统整体解决方案是唯一有效的方法，彻底打破传统服装生产以班组和工序为单元的独立生产组织模式，将服装生产全过程的各工序采用吊挂生产线、吊挂存储线、吊挂分拣线，通过吊挂输送线衔接起来，并通过桥接机构将各线型连通，实现线线相连，站站相通，实时数据采集，网络信息共享，使生产资源利用最大化，管理更方便，决策更精准。

一、 解决方案

计算机控制服装生产吊挂输送系统整体解决方案采用计算机控制方式对系统的吊架、输送装置、各工作站等子系统的工作信息采集、数据传输、指令发送、执行等进行控制，实现多工位、多线性预设程序的吊架配送和配送过程中的信息数据处理、存储和输入输出等功能。它由计算机、专业软件、信息采集和指令执行器件等部件组成。在机械结构上通常由吊挂生产线、吊挂暂存线、吊挂输送线、吊挂分拣线、吊挂存储线、桥接机构等部分组成。吊挂生产线用于服装工序的加工，包括上片、缝制、整烫、后整、风干、入库等；吊挂暂存线用于生产中的物料存储，包括生产过程半成品存放、整烫后晾干等；吊挂输送线用于将吊挂生产线、吊挂暂存线、吊挂存储线之间的联通，是整个方案成为一个有机整体；吊挂分拣线用于将加工对象按工艺要求分配到目标线加工；吊挂存储线用于成品的存储；桥接机构用于将任意两种线性之间连通。软件控制由吊挂输送系统软件、电子看板软件、MES、WMS、WCS、系统集成软件等组成，用于对机械结构的控制和信息处理和系统整体协调。

计算机控制服装生产吊挂输送系统整体解决方案流程如图 4-39 所示。

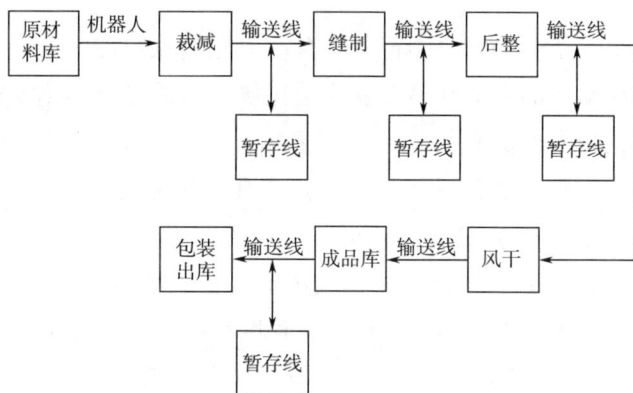

图 4-39　计算机控制服装生产吊挂输送系统整体解决方案流程

计算机控制服装生产吊挂输送系统整体解决方案设计原理如图 4-40 所示。

在计算机控制服装生产吊挂输送系统整体解决方案中，其各组成单元由服装生产工艺确定，各组成单元所配置的数量要充分考虑各部分生产能力的平衡，当出现严重失衡时，可通过吊挂暂存线调节解决。图 4-40 中未展示原材料库和裁减区。

二、　方案实施

计算机控制服装生产吊挂输送系统整体解决方案是两化融合在服装生产过程的典型体现，方案实施时主要研究以下内容。

（1）研发 RFID 与服装物料的实物绑定技术，实现控制目标的生成。

（2）研究在配送过程中服装物料信息的动态识别方法与数据处理技术。

研发整体解决方案中服装物料调度、分配技术及其优化技术。

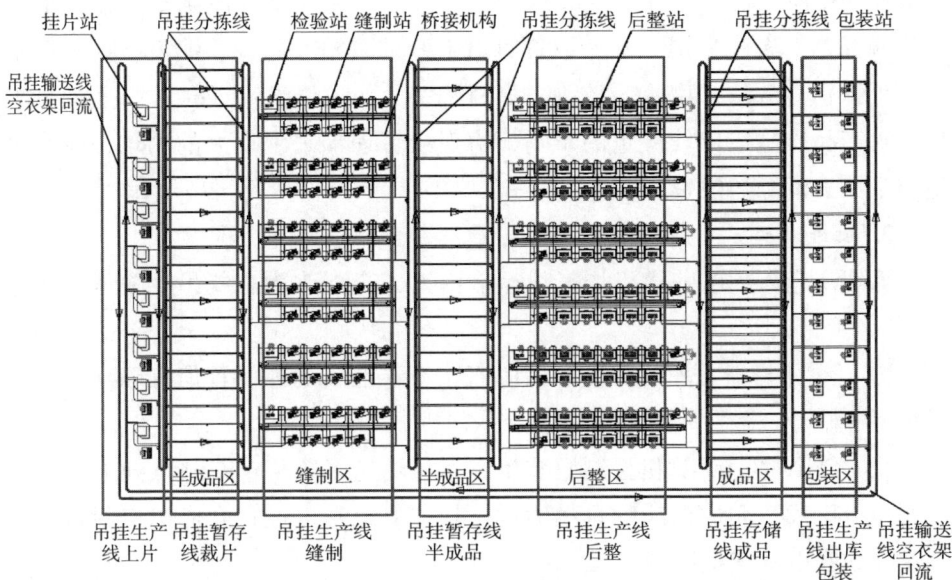

图 4-40　计算机控制服装生产吊挂输送系统整体解决方案设计原理图

研究多任务工作的机制及其相应的优化算法，各工序内部平衡调度算法。

研究基于集中分布控制的系统架构，设计高效的集中分布控制系统（DCS）。

研究基于 DCS 的通信数据格式、通信方式与反应速度和可靠性等之间的关系问题，研发面向 DCS 的高性能的通信技术。

研究软件的集成技术及可扩展性技术。

（3）研究在配送过程中动态控制服装物料运动路线的实现技术。

研究具有灵活可变的机械传输拓扑结构，研发准确定位技术。

研究采集信息的容错技术及运营数据保护技术。

三、 典型应用

通过采用计算机控制服装生产吊挂输送系统整体解决方案，实现服装企业两化融合的案例很多，下面以福建省南安市南益电脑针织有限公司的毛衫加工方案为例，说明两化融合在服装加工中的应用。

1. 痛点问题

羊毛衫加工过程从大的方面讲一般包括将毛线织造成衣片和将衣片缝制

成成衣两个阶段。其中在将毛线织造成衣片时，毛线从仓库到电脑横机加工位运输都是由人工完成。仓库取货时对毛线的规格、品种、颜色、缸号等都由人工识别，数量都由人为控制，材料浪费大，出错率高，时常产生批量报废，对产品质量造成较严重的影响，给现场管理带来了很大的困难，同时也造成了人力资源的浪费。

2. 改进措施

毛线从仓库到电脑横机加工位运输由人工全部改为智能吊挂输送，具体如下。

（1）在原材料入库时，要求供应商在每卷毛线上都设置信息码，信息包括批号、缸号、颜色、重量等。

（2）毛线通过计算机控制服装生产吊挂输送系统从上线站点处上线到下线站点处下线，完成毛线的自动输送。其中上线站点设在仓库出口附近，下线站点设在电脑横机区域。

（3）毛线输送系统控制流程如图4-41所示。

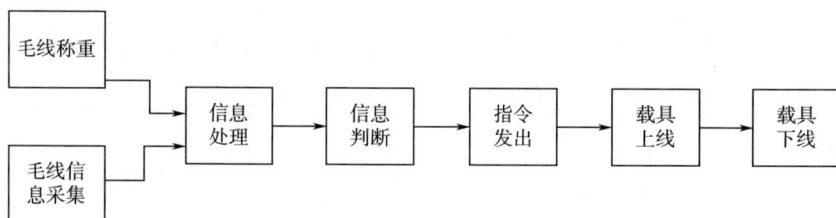

图4-41　毛线输送系统控制流程

3. 信息处理模式

（1）主计算机提前将对应制单（包括用户信息、产品信息、用料信息等）下传到控制器，控制器将收到的扫描信息与其进行比对处理。

（2）扫描信息经控制器上传到服务器，由服务器将收到的扫描信息与数据库里的对应制单信息（包括用户信息、产品信息、用料信息等）进行比对处理。

4. 信息判断模式

（1）控制器根据信息处理结果判断载具里的毛线是否正确，并在上线站点终端上提示。如正确，系统将载具里的毛线信息与当前载具进行绑定，控制器可接受载具上线指令，否则需在查找并消除错误后才能继续运行。

（2）服务器根据信息处理结果判断载具里的毛线是否正确，并在上线站点终端上提示。如正确，系统将载具里的毛线信息与当前载具进行绑定，控制器可接受载具上线指令，否则需在查找并消除错误后才能继续运行。

5. 指令发出

由当前登录员工或经授权员工刷卡发出上线指令，载具被输送执行上线动作。

6. 载具上线

载具从上线站点进入输送轨道。

7. 载具下线

载具从输送轨道进入下线站点。

8. 材料用量控制

毛线上线的数量根据制单里的材料用量进行控制，如出现某种异常，如制单出错、毛线质量问题等引起某一毛线数量不足，从下线站点终端可发出发料请求到上线站点终端，上线站点员工可依据请求信息增发或补发毛线，同时系统做好记录，便于管理人员查找原因。

9. 上线站点和下线站点的设置

上线站点根据需要可设置多个，下线站点分布设置在电脑横机区域。一个下线站点负责一个小区域内的数台电脑横机用料。

第四章

产业集群/园区数字化应用案例

案例一　浙江省兰溪市：助力企业数字化改造的"4+X"模式

兰溪市政府针对当地棉织企业数字化改造费用筹措难、软件系统互联互通难、信息化系统维护难、生产设备数据采集难、信息化人才招聘难五大难题，通过"政府+专家+企业"整体联动，引入招投标机制，遴选并培育发展棉织工业互联网平台，提炼出了适合中小企业数字化改造的"4+X"模式。

兰溪市政府将"4"和"X"称为规定动作和自选动作，并调整政策补助的导向。其中："4"包含打通生产设备之间的基础数据；生产经营全过程的应用数据，实现生产设备与软件之间、ERP 与 MES 之间的互联互通互操作；呈现实时化、可视化、无纸化、岗位化运行和操作数据；以及对企业全员进行智能制造基本知识和分层次分岗位的应知应会培训。"X"是根据各个企业发展需要和资金实力增加的个性智改可选项内容，如智能物流仓库、AGV 小车系统、设备数控化更新、智能验布等。

该模式以试点的方式，以点带面，逐步开展，前期参与的企业生产管理和服务得到全面提升，织机综合效率同比提升 5 个百分点，运营成本同比下降 10%，综合能耗同比下降 5%，劳动用工下降 16.6%，订单交期缩短 7 天以上。

案例二　江苏南通国际家纺园区："大数据+"赋能园区管理升级

南通国际家纺园区是经江苏省政府批准成立的省级开发园区，2021 年 11 月 23 日正式挂牌，总面积 51 平方公里，下辖家纺行业全国最知名的海门叠石桥和通州志浩两大市场。2021 年，园区市场实现交易额超 2300 亿元，其中电商交易额约 850 亿元。已形成"织、染、印、成品、研发、物流"较为完整的家纺产业链，园区内有金太阳、宝缦、凯盛、美罗等一批面料研发生产龙头企业。拥有研发设计单位 200 余家，外贸进出口企业 350 多家。家纺产业技术研究、海关监管、指数发布、质量检测、知识产权保护等各类公共服务平台完善，获批市场采购贸易方式和跨境电商综合试验区两大国家级试点。

园区内两大市场建筑面积约 200 万平方米，拥有中国驰名商标 10 个，江苏省著名商标 32 个，拥有个体工商户 38500 家，从业人员 40 多万，每天快递包裹量达 240 万件，周边集聚了全市 90% 以上的家纺制造企业，拥有企业 3800 多家，已形成特色鲜明的家纺产业集聚区。

1. 总体目标

为主动适应和抢抓以数字化、网络化、智能化为主要标志的第四次工业革命浪潮，加快园区两化融合步伐，推动南通家纺产业数字化转型、迈步跨越式发展，推动互联网、大数据、人工智能和实体经济深度融合，打造世界级家纺产业集群（园区）为目标，以"大数据+"赋能家纺产业为主线，推动南通家纺产业数字化转型，跨越式发展，为南通打造长三角一体化沪苏通核心三角强支点城市贡献力量。抢抓第四次工业革命浪潮，以 5G、大数据、云计算、人工智能等先进技术为牵引，以构建彰显南通家纺品牌形象、引领全球家纺流行趋势、提升南通家纺制造水平、契合全球客户需求为核心，推动家纺产业供给侧、需求侧同步发力，重塑南通家纺生产体系、流通体系、销售体系和人才体系，以试点先行、稳步扩面的方式，逐步实现家纺生产全流程的数字化转型，全面拓展家纺研发、设计、生产、物流、销售等全产业链智能化程度，为南通打造世界级家纺产业集群抢占数字化、网络化、智能化先机。

2. 重点举措

围绕"大数据+"赋能家纺产业发展总体目标，结合产业发展和现实需要，制订"大数据+"赋能家纺产业发展行动计划，促进家纺产业提质增效，全面转型，重塑生态，焕发家纺产业发展新动能。

（1）编制大数据赋能家纺产业项目专项发展规划。对南通家纺市场家纺品牌商、面料与成品档口、家纺设计师以及加工制造企业进行走访，梳理当前南通家纺产业结构，洞察每个环节当前的经营现状与发展困境，以产业化、市场化角度提炼出产业数字化转型的方向与详细建设路径，最终形成大数据赋能家纺产业项目专项发展规划。

（2）建设南通家纺行业工业大数据创新中心。围绕南通家纺产业链，建设家纺行业工业大数据创新中心，建立健全以企业为主体、产学研协同的技术创新体系，推动一批家纺行业领军企业实现智能制造，带动一批中小型企业提升网络化、数字化水平，增强微型企业工业大数据应用意识，不断提升南通家纺产业创新能力和核心竞争力，集中展示家纺行业两化融合典型。加快形成立足本地、辐射周边的家纺产业数字化、网络化、智能化发展能力，有效赋能南通家纺产业提档升级。

（3）建设南通家纺行业工业大数据供应链平台。建设家纺行业工业大数据供应链平台，聚焦家纺行业原料坯布、研发设计、印染整理、缝制加工、渠道销售、仓储物流、金融服务等全产业链，逐步上线缓解和破除家纺行业企业痛点、堵点、难点的各类实用型应用小程序，包括原材料集采、在线设计、产能匹配、企业 ERP、货物运输、仓配管理等。以四家家纺龙头企业为试点，汇聚各自上下游企业，推动试点企业生产数字化工作，推动试点企业及其上下游供应链企业逐步上云上平台，构建家纺行业制造协同，为家纺行业产业云图发布奠定基础，逐步实现以试点企业为核心的供应链金融。

3. 建设南通家纺行业大数据营销新模式

以南通国际家纺产业园区为集中试点地区，帮助品牌商进行终端销售网络数字改造，推动终端销售数据、客户数据上线，加强供需对接，探索家纺产业的反向定制新型生产模式，提升企业大数据经营决策能力。加强对家纺直播主体的监管，有序引导家纺直播业态，加深与各大平台合作力度，培育本土直播基地，推动家纺直播向个性化、定制化、品牌化、品质化方向良性发展。

案例三 山东省汶上县：中国休闲服装制造名城

随着我国经济进入新常态，依靠劳动力、土地等要素驱动为支撑的传统发展模式已难以为继。为促进纺织服装产业向创新驱动转变，汶上县委、县政府相继实施了一系列政策措施，努力培育以知识、技术、数据等为支撑的经济发展新动能，汶上县纺织服装产业焕发出新的勃勃生机。

1. 装备水平持续提升

纺织产业方面，如意技术纺织采用带自动落纱细纱长车，并利用"粗细络联"实现了连续化生产，大幅减少用工；凯蒙纺织是一家专注面料后整理的企业，拥有水洗机、烧毛机、拉幅定型机、预缩机、拉毛剪毛机、罐蒸机等设备，整体装备水平较好，并在拉幅定型机上安装整纬装置，进一步保证了产品品质，公司产品全部出口越南、柬埔寨等地区，为当地服装产业提供高品质原料。山东新花源纺织有限公司全部采用日本丰田的无梭织机。服装产业方面，拥有自动裁床、电脑花样机、模板机、吊挂系统等先进设备在规模较大企业中（400 人以上）得到广泛使用，能大幅提升产品标准化程度和降低工人特别是新员工技能要求。

2. 品牌更加自主化

2020 年 12 月，在省轻工集体企业联社的支持下，汶上县县域特色产业培育示范工程正式启动，聚焦汶上县本地优势特色产业，选取装备制造产业与纺织服装产业作为产业培育对象，对纺织服装产业开展品牌创建工作，选取七七服饰作为品牌营销专题共创的示范企业，启动网红直播基地跨地域共创项目，举办了"汶上县纺织服装产业'品牌共创'论坛"。成立了汶上县纺织服装产业"品牌共创小组"，并明确了开展品牌共创探索，推进跨区域产业品牌建设交流与合作的发展新路线。为应对新冠肺炎疫情影响，汶上县积极鼓励服装企业转型升级，走自主化品牌的发展路子，引进个性化、智能化定制，利用现有的新媒体，开拓线上线下自主营销渠道，以应对新冠肺炎疫情带来的严峻考验和复杂多变的国内外环境。七七服饰、大爱服装、博知服装等 10 余家服装企业快速开拓线上线下融合营销模式，搭建起零售虚拟组织，利用微信小程序功能，开展微信"全员营销"项目，通过直播等方式带动线上销售，有效减轻了新冠肺炎疫情带来的影响。其中七七服饰生产的"青恋子"品牌工装，得到汶上县许多企业的认可并定制，汶上本土 10 多家企业的工装均由七七服饰定制。大爱服装积极开展跨境电商，在亚马逊电商平台销售自主品牌"和心宝贝"童装，实现销售收入 120 万美元。

3. 数字化水平显著提升

大力实施纺织服装产业数字化提升工程，不断引导企业使用工业互联网技术、搭建工业互联网平台，促进产业向智能化、数字化发展。大力推广"互联网+服装定制"发展模式，培育发展大规模个性化定制，直接对接消费需求，运用大数据分析，推动全县纺织服装产业从制造走向智造。企业充分利用互联网、大数据、物联网改造升级传统生产，优化生产流程，缩短研发周期明显，提升生产效率，快速适应当前服装产业小批量、快时尚的发展需求。鸿瑞轩、爱丝制衣、大爱服装等企业上线 MES 系统，大幅提高生产管理效率。众多企业上线财务、人力资源、办公自动化等系统，实现管理效率提升。鸿瑞轩 MES 系统与 ERP 集成，完成采购、研发、生产、销售、物流等多种信息的有效整合，企业数字化转型有所突破。大爱服装开发的销产协同 C2B2S2C 供应链新模式，被认定山东省纺织服装行业新模式。

4. 人才支撑能力加强

激发人才双创活力，相继出台了《关于深化人才强县战略实施重点人才工程的若干意见》《关于印发汶上县创新驱动高质量发展的若干政策措施》等扶持政策，推动关键人才"作用点"和企业技术"需求点"紧密契合，建立健全产学研深度融合的创新体系。用最大的支持培育招聘人才。针对纺织服装企业用工缺口大、人员流失等问题，建立人才工程和平台项目人选信息库，定期为企业推送人才信息。组织上海交大领军人才班、北京服装学院服装产业转型升级培训班、山东大学人才新动能实践管理高级研修班等专题培训，为全县纺织服装行业顺应先进技术发展趋势、转型升级、创新发展奠定坚实基础。邀请知名专家学者来汶上县开展培训。县工信局先后联合中国纺联、行业专家学者等来汶上县培训，为汶上县纺织服装企业的管理提升带来了宝贵经验和重要启示。实施汶上县纺织服装产业创新人才引育工程，自 2018 年以来，"纺织服装产业创新人才引育工程"先后引进纺织服装领域领军型人才 5 名，骨干型人才 21 名、创新型实用人才 78 名，培养企业家和中层管理人才 531 人次；引进品牌建设、电商孵化等专业团队 10 个，为产业发展提供了强大的人才支撑。

5. 科技创新能力提高

2019 年，如意技术被认定为国家级单项冠军企业，如意润发被认定为省级企业技术中心。汶上县纺织服装产业研究所被认定为省级新型研究机构、省级科技成果转化中试基地。七七服饰与济南大学、济宁职业技术学院建立教学实践基地，亿臻服饰与东华大学合作建设智能制造生产基地，汶上县纺织服装产业研究所与山东纺织工程学会建立战略联盟，共建汶上研究中心，共同研究课题，解决产业技术难题。

6. 产业扶贫迈出了新步伐

鼓励引导骨干服装企业以农村贫困群众、留守妇女等为对象，在人口比较集中的乡村或社区建设"卫星工厂"，打造农村留守劳动力创业就业平台，实现产业精准扶贫。七七服饰，爱丝制衣等公司都是汶上县开发区产业扶贫企业。2020~2021年，汶上服装商会引导企业为社会捐款捐物价值共计100余万元，有力地展现了行业的影响力和社会责任感。